政企关系视角下制度与政策环境对企业研发投入的影响研究

谢乔昕 著

ZHEJIANG UNIVERSITY PRESS
浙江大学出版社

本书得到浙江省自然科学基金青年项目
（编号：LQ18G020039）资助

前　言

　　内生经济增长理论认为,技术进步是经济增长的关键决定因素。对照中国经济发展实践,改革开放三十多年来,以从计划经济体制向市场经济体制的转变和私人投资的引入为基本特征的经济改革极大地提升了生产效率,造就了我国经济长期高速增长的奇迹。然而,随着经济总量的不断扩大,我国经济发展所面临的资源、环境约束日趋严重,以资源大量消耗、牺牲环境为代价的粗放型经济发展模式难以持续,迫切需要经济增长模式由"要素驱动型"向"创新驱动型"转变。

　　企业作为技术创新的首要主体,是国家创新体系的核心环节,只有提高企业的技术创新能力,才能从根本上提高国家层面的核心竞争力。制度环境与政策环境塑造了经济行为主体的激励机制与结构,经济行为主体所受的激励安排最终会影响其行为方式。与发达国家企业相比,转轨国家企业面临制度环境不完善问题以及政策环境不稳定所引发的外部不确定性问题,这些外生的制度因素对企业行为特别是研发投入行为施加了与西方发达国家不同的约束条件。处于特定制度政策环境背景下的中国企业所表现出"行为短视化""创新不足"等行为特征,其原因可能并非源于企业非理性,而是特殊的制度环境与政策环境因素所致。因此,从政企关系视角出发对我国特殊制度政策背景下企业研发投入行为展开研究,具有重要的理论与实践价值。

　　基于上述研究背景,本书针对我国企业研发活动、制度环境及政策环境的实际情况,重点研究了如下问题:制度环境对于企业研发投入产生了怎样的影响? 政策环境对于企业研发投入产生了怎样的影响? 政企关系是否调节了制度环境以及政策环境的影响效应?

　　围绕上述问题,本研究首先通过已有研究文献以及相关理论基础的梳理,结合中国制度政策环境历史沿革及现状特征,围绕制度政策环境影响企业研发投入的理论机制以及政企关系调节机理展开讨论。在此基础上,运用沪深上市公司的样本数据对理论分析假设予以检验,最终得到如下研究结论。(1)金融发展、知识产权保护、政府研发资助政策、货币政策和环境规制政策对企业研发投入具有显著的激励效应,晋升激励对企业研发投入具有显著的抑制效应,财政分权放大了晋升激励对于企业研发投入的负向效应。(2)制度因素方面,金融发展、知识产权保护、政府干预均显著地改善了企业研发投入经济后果;政策因素方面,研发资助政策、货币政策宽松以及环境规制政策对企业研发投入经济后果产生负面效应,三类政策的政策扰动均对企业研发投入经济后果构成不利影响。(3)政企关系对制度及政策环境企业研发投入及其经济后果具有显著调节作用。

　　本书研究结论的政策启示在于:一应加快推进市场化进程,增强市场在资源配置中的支配地位;二应适度减少政策扰动,提高政策透明度;三应完善官员治理机制,克服以经济增长为主导政绩考核体系带来的消极后果;四是理清政企利益纽带,构建新型政企关系。

　　与已有研究相比,本书的贡献主要体现在如下三方面:(1)将制度环境、政策环境引入企业研发投入研究中,对金融发展、政府干预等因素的影响效应进行了细分考察,对现有研究形成了有益补充;(2)将政策扰动因素纳入政策环境影响企业研发投入的分析框架中,为研发投入政策环境影响效应研究提供新视角,有助于更全面理解政策环境对企业研发投入的影响方式;(3)本书从产权性质、高管政治关联、经济影响力三方面对政企关系可能产生的调节效应进行研究,有助于深入了解政企关系对制度政策环境影响效应的调节机理及不同维度政企关系作用效应的差别。

目　录

第一章 绪 论

1.1 研究背景及研究意义

1.1.1 研究背景

所谓研发,即研究与开发(简称 R&D),是指个体或机构为获取科学技术领域(不包含人文社科)新知识,开创性地运用科学技术新知识或实质性改进技术、产品和服务而持续进行的具有明确目标导向的系统性活动,通常是指产品、科技的研究与开发。根据研发的内容和阶段,研发具体包括三类活动:基础研究、应用研究和试验发展。"基础研究"是一种基础性、理论性工作,其主要目的在于获取新知识,了解、发现现象或事实背后的本质规律和基本原理。"应用研究"的主要目的与基础研究类似,也是为了习得新知识,但其研究对象主要是为了确定"基础研究"成果的可能用途,是对"基础研究"取得成果应用路径的一种探索。"试验发展"是研发活动的高级阶段,是系统性地利用"基础研究"、"应用研究"和实际工作经验积累的现有知识,制造新产品、采用新流程或对现有产品服务或流程进行实质性改造。

宏观层面,研发创新通过发明专利等创新成果的产出推动技术进步,增进生产效率,进而对经济发展产生促进作用。微观层面,研发创新与企业产品市场竞争力以及成长的可持续性都具有高度相关性。鉴于研发创新的重要性,长期以来,研发创新都是产官学各界关注和讨论的热门话题。熊彼特(1934)在《经济发展理论》中明确提出,创新对经济增长具有巨大的推动作用。波特(1990)认为,一个国家即便拥有优越的资源禀赋条件,但如果长期依靠大量持续地投入要素的方式驱动经济增长,而无法通过创新实现生产力的持续提高以及具有国际竞争力产业的快速扩张,其经济的发展繁荣就难以维继。一些国家之所以长期停滞于低水平的增长路径上,其根源在于研发创新的不足和技术进步的滞缓(Romer,1990)。

改革开放以来,中国经济增长取得显著成就,经济长期保持较高速度增长。以计划经济向市场经济转轨和私人资本引入为特征的社会经济体制改革,极大地增进了社会生产效率并激发了经济活力,造就了中国长期高速增长的经济奇迹。然而,由于中国经济增长长期依靠廉价劳动力、高储蓄率及高投资率的要素驱动模式实现,而非资源的高效利用与技术创新驱动,使中国经济增长的可持续性存在诸多隐忧(吴敬琏,2006)。在市场化改革持续推进和全球竞争一体化程度不断深化的背景下,要素驱动型增长模式面临着严峻的挑战。伴随着粗放型经济增长路径表现出的产业层次低、资源耗费高等一系列问题,在投资领域的具体体现便是"高投资率-低产出效率""高固定资产投资-低技术投资"等一系列现象特征。随着经济总量的不断扩大,中国经济发展所面临的资源、环境约束日趋严重,特别是在经济发展进入新常态阶段后,这种以资源大量消耗、环境破坏为代价的粗放式经济发展模式难以持续,迫切需要完成经济增长模式由"要素驱动型"向"创新驱动型"的转变。党的十九大报告中明确指出,"建设现代化经济体系,必须把发展经济的着力点放在实体经济上,把提高供给体系质量作为主攻方向,显著增强我国经济质量优势",并强调,创新是引领经济发展的第一动力,是建设现代化经济体系的战略支撑,应加快推进创新型国家建设,建立以企业为主体、市场为导向、产学研深度融合的技术创新体系。

企业作为技术创新的首要主体,是国家创新系统的核心环节。只有提高企业的创新能力,才能从根本上增强国家核心竞争力。研发投入和研发效率是实现技术创新能力提升的两大关键,研发投入为技术创新提供了基础和保障,而研发效率则侧重于将研发资源的投入更好地转化为发明专利等技术创新产出。企业战略管理理论中的资源基础观认为,技术创新能力的提升需要企业研发资源方面高水平、持续性地投入。企业研发投入强度常被视作企业研发投入水平的衡量指标,它被视为反映企业研发创新的一种"币值"(a dollar figure),通常使用企业研发投入占营业收入额的比重进行测度。Hall 和 Oriani(2004)对西方国家企业平均研发投入强度的统计结果显示,美国为 4.9%,德国为 4.5%,法国为 4.2%,意大利为 3.3%,英国为 2.9%。然而,根据 2007 年全国工业企业创新调查,在 2004—2006 年,我国工业企业中开展研发投入活动的企业占比仅为 28.8%,研发投入强度不足 2%。从《2016 年全国科技经费投入统计公报》看,作为研发强度相对较高的高技术制造业,我国该行业企业的研发投入强度也仅为 1.9%,与美国、德国、日本等主要发达国家 2.5%~4% 的研发投入强度水平存在明显差距。因此,在探讨中国企业技术创新时,亟须研究的问题就是为什么中国企业研发投入整体水平相对偏低,或者说究竟是什么因素影响了中国企业研发投入。

North(1990)将制度定义为一系列正式规则与非正式规则的集合。现实中,每个企业都嵌于特定的环境之中,其行为方式难免会受到所处外部环境的制约和影响。区别于西方发达国家,中国正处于由计划经济体制向市场经济体制转变的经济转轨时期,企业需要面临正式制度大量缺位、政府过度干预、产权保护制度匮乏以及政策调整频繁等多重制度约束(余明桂和潘红波,2008)。这些特殊的制度环境和政策环境对中国企业的研发创新活动施加了与西方发达国家企业截然不同的行为约束条件。外部环境塑造了经济行为主体的激励机制与结构,经济行为主体所处的激励安排结构最终会影响其行为方式。企业行为是企业作为经济利益主体为实现自身利益目标对外部环境做出的连续决策或行为反应,经济性是其基本的行为准则(周立群,1999)。处于转轨经济期的中国企业表现出的"创新短缺""投资冲动"等行为特征,其原因可能并非由于行为非理性或是治理结构缺陷,而是由特殊的制度环境和政策环境因素所致。因此,从制度环境、政策环境以及政企关系视角出发对我国特殊背景下企业研发投入行为展开研究,具有重要理论意义与实践价值。

1.1.2 研究意义

1.理论意义

首先,通过对制度环境对于企业研发投入的影响效应进行考察,为理解企业研发投入的影响因素提供了新的研究视角。基于新制度经济学理论,结合我国企业面临制度环境与成熟市场制度环境的差异性特征,从制度环境角度入手对企业研发投入问题进行分析,有助于全面深刻地理解企业特别是处于转轨期制度背景下企业研发投入的制度动因,进一步丰富和拓展现有企业研发投入行为的研究成果。

其次,以往有关企业研发投入政策影响效应的研究主要从静态角度入手,侧重于对研发资助强度、环境规制水平等静态政策安排对于企业研发投入的作用效应展开讨论,对政策动态调整因素对于企业研发活动的干扰关注不足。Julio和Yook(2012)提出,政策环境的不确定性对利益相关者决策行为具有重要影响。Stokey(2015)利用理论模型研究发现,企业在面对高度的政策不确定性时往往持有观望态度,选择推迟投资项目的开展。本书拟将政策环境对于企业研发投入影响区分为静态安排与动态扰动两方面,在考察静态政策水平影响的基础上,对政策调整因素对于政策效应的影响做进一步探讨,有助于更好地把握政策环境与企业研发投入的关联关系,同时也可以为政策"朝令夕改"产生的调整成本提供经验证据。

再次,大量文献研究表明,政企关系对于企业业绩与价值具有显著影响。特别是处于转轨经济期的中国,政府手中仍然掌握大量经济资源并保持对市场经济较强的干预,政企关系在政府资源配置过程中仍然扮演重要角色。在正式制度政企未完全建立的背景下,关系作为非正式制度,在社会经济活动中扮演十分重要的角色,对正式制度政企环境形成补充。对政企关系对于制度环境、政策环境与企业研发投入之间调节效应进行研究探讨,有助于进一步理解政企关系对于企业经营业绩及价值的影响机理,从理论层面与经验层面为同一制度政策环境下企业研发投入的异化提供可能解释。

2. 实践意义

2015 年 11 月,习近平同志首次提出了"供给侧改革"的概念,指出"在适度扩大总需求的同时,着力加强供给侧结构性改革,着力提高供给体系质量和效率,增强经济持续增长动力"。2016 年 3 月,"供给侧改革"在政府工作报告中首次出现,成为之后一段时期政府经济政策制定和体制改革的指导方向和依据。推动劳动生产率的持续提升,实现经济产业由价值链低端向中高端的转移,提高经济供给体系的运作效率和质量是供给侧改革的题中之意,而技术改造和科技创新则是生产率增进、价值链攀升乃至高质量发展的重要驱动力量。建设创新型国家,提高企业自主创新能力已经成为政府工作的重要内容。研发投入作为科技创新活动开展的前提和基础,一方面研发投入能够直接产出新产品、新工艺、新技术,另一方面研发投入的过程也能促进新知识的产出,增进企业的吸收能力,间接推动企业创新能力的提升(Cohen 和 Levinthal,1990)。如何优化制度及政策环境激励企业大力追加研发投入,是激发创新活力,保障创新活动持续开展,从而实现供给侧改革顺利推进的关键问题。

从政府角度而言,本书研究为中国企业研发投入不足的原因提供新的研究视角,对转型经济与新兴市场经济国家制度安排调整以及政策制定具有重要参考价值,能够为创新型国家建设提供制度安排导向与政策制定的启示。

从企业角度而言,本书研究有助于全面评价制度和政策环境以及政企关系对于企业的价值效应,为企业如何依据所处制度及政策环境合理安排研发投资活动以及政企关系管理运用提供参考依据。

1.2　文献综述

为了梳理和归纳与本书主题有关的研究成果,对标和发现已有研究的缺口和可拓展空间,本研究对国内外相关文献进行了搜集,并在此基础上整理和归纳了其中主要的理论观点。本研究的文献梳理主要围绕制度环境与企业研发投入、政策环境与企业研发投入以及政企关系与企业经营行为关联性三个主题展开,在阐述方面区分国外研究与国内研究分别予以展开。面对浩瀚如烟的文献,我们将文献的覆盖面主要限定于社会科学引文索引(SSCI)、科学引文索引(SCI)期刊以及国内中文社会科学引文索引(CSSCI)及以上期刊,少数刊载于较低级别期刊但与研究主题高度相关的文章也纳入分析范畴。检索方式主要是,我们通过谷歌学术以及中国知网(CNKI)键入关键词,对检索结果根据标题和摘要进行筛选和提取,并对筛选出的文献进行深入阅读和分析,并对文献末尾参考文献进行分析和拓展阅读,通过这种方式,最终搜集了290余篇期刊论文和著作。

1.2.1 国内文献综述

1.制度环境与企业研发投入方面

在制度环境对企业研发投入的影响方面,国内学者主要围绕融资环境、法治产权环境、政府干预等影响因素展开讨论。

(1)关于融资环境

创新活动的长投资周期以及资金密集型特征决定了研发项目需要大量、持续的资金支持。由于信息不对称程度高、投资风险大以及抵押品缺乏等问题,企业的研发投资活动常常面临较为严重的融资约束问题,仅靠自有资金难以满足研发资金需求,外部融资环境对于研发活动的重要性不言而喻。陈仲常和余翔(2007)基于产业层面的经验数据研究发现,金融部门信贷投放以及政府资金等并未对我国企业研发投入构成显著影响,现有金融发展未对企业研发创新提供有效支持或支持力度不足。解维敏和方红星(2011)的研究发现,中国地区金融的发展对企业研发投入构成了显著正向影响,金融发展水平的提高有利于企业研发创新水平的稳步提升。夏冠军和陆根尧(2012)对资本市场对于研发投入的作用效应考察发现,资本市场发展显著地促进了企业研发投入水平的提升。张杰等(2012)利用微观企业数据,对企业研发投入的融资渠道以及金融发展对于企业研发融资约束的影响效应进行考察,研究结果表明:内部现金流、追加投资以及商业信用构成了企业研发投入的主要融资渠道;融资约束对于企业研发投入具有明显的抑制效应;现阶段的中国金融市场化改革尚未明显改善融资约束对于民营企业研发投入的抑制效应。黄鹏和张宇(2014)提出,不同所有制企业之间存在的融资成本差异对企业研发创新动力具有抑制作用,且与企业融资绝对成本相比,融资制度环境的公平程度对于企业研发创新积极性的激发具有更为重要的作用,进而提出放松对民营企业融资的体制性束缚是激励民营企业提高创新投入水平的关键。谢家智、刘思亚和李后建(2014)利用世界银行投资环境调查数据分析发现,融资约束对企业研发投资具有显著的抑制效应,且这种抑制效应在具有政治关联的企业中表现得更为明显。孙晓华、王昀和徐冉(2015)将金融发展因素纳入企业研发投资决策函数模型中,并在此基础上对金融发展对于企业研发投入的影响效应展开实证考察,结果表明企业研发投入受到融资约束问题的困扰,金融深化能够在一定程度上减少研发投入对于企业内部资金的依赖度,而资本市场的发展未对企业研发融资约束产生显著影响。戴小勇和成力为(2015)对中国工业企业数据的统计分析结果显示,金融发展有效地缓解了中小企业以及民营企业的融资困境,对企业的研发投入产生了积极的促进作用。汪伟和潘孝挺(2015)将四大国有银行市场份额占有作为金融市场化测度指标,对金融要素扭曲对于企业创新活动的影响效应进行分析,研究结果显示,金融要素扭曲限制了企业研发投入的提升,这种抑制效应在不同所有制企业间存在差异。顾夏铭和潘士远(2015)研究发现,间接融资市场的发展并未显著影响企业研发投入,而直接融资市场的发展则对企业研发投入产生了显著的促进作用,且这种作用存在地区差异。张玉喜和赵丽丽(2015)对科技金融对于技术创新的影响效应进行考察发现,短期内科技金融对技术创新具有显著正向影响,长期内科技金融对技术创新影响不显著。唐清泉和巫岑(2015)对银行业市场结构对于企业研发融资约束的影响效应进行了实证分析,结果表明,竞争性的银行业结构有助于企业研发融资约束的缓解,这种影响在民营、高科技以及小规模企业中表现更为明显。邵传林和邵姝静(2015)对信贷配给对于企业研发投资影响地区差异效应展开分析,研究发现,地区金融发展和地区制度质量是造成信贷配给影响企业研发投资地区差异的主要原因。巫岑、黎文飞和唐清泉(2016)从银企关系入手,对银行业结构对于企业研发投入的影响效应考察发现,银行业竞争激烈程度对企业研发投入具有显著的促进作用,银行业竞争反向调节了银企关系对企业研发投入的影响效应。郭园园和成力为(2016)对外部融资渠道对于企业研发投入的影响效应进行考察发现,金融部门资金与政府补贴两种外部资金渠道对企业研发投入的影响存在异质性,政府补贴对于企业研发投入的促进作用要强于金融部门资金支持。郑妍妍、戴晓慧和魏倩(2017)利用微观企业层面数据对企业融资能力对于研发投入的影响进行分析,研究发现,企业融资能力每增加1%,企业的研发投入将会增加0.34%,进一步的研究表明,融资能力对企业研发投入的影响效应随着企业所在地域金融发展水平的不同而不同。王昱、成力为和安贝(2017)对金融发展对于企业研发投入的边界效应进行考察,研究结果显示金融发展对企业研发投入的边界效应包含规模与效率两方面,金融规模对研发投入的影响具有双门槛值,发展过度或不足都会导致金融发展对企业研发投入支持作用的偏离,金融效率对企业研发投入的影响具有单门槛值,即金融纯技术效率和前沿技术的推移和提升均会促进企业研发投入水平的增进。钱水土和张宇(2017)的研究发现,科技金融发展水平对企业研发投入具有显著的正向推动作用,这种推动作用主要通过研发融资约束缓解、产品市场竞争和非融资渠道等方式实现。与低研发投入强度企业相比,科技金融对于高研发投入强度企业的研发投入水平具有更强的促进作用。

(2)关于产权保护环境

产权保护是企业开展创新活动重要的制度环境(路甬祥,2005)。国内有关知识产权保护与企业研发投入之间关系的研究结论并不一致。第一,知识产权保护有利于企业研发投入的增加。纪晓丽(2010)通过实证分析发现,随着法制化程度的提高,中国企业的研发投入强度以及研发效率均出现明显提升。蔡地、万迪昉和罗进辉(2012)利用世界银行调查数据研究发现,产权保护水平的提高对民营企业研发投入强度的提升具有显著正向影响,这种影响在中小企业中表现更为明显。尹志锋等(2013)基于世界银行企业数据研究发现,名义和实际知识产权保护对企业研发投入均产生显著激励效应,其中实际知识产权保护具有更大的激励作用。张鸿武和钟春平(2016)等人的研究得到了类似研究结论。第二,知识产权保护不利于企业研发投入的增加。庄子银和丁文君(2013)通过模型推演发现,发展中国家苛刻的知识产权保护强化了发达国家企业的产品市场势力,削弱了发达国家企业开展研发创新的行为动力,进而限制了外资技术溢出效应的发挥,对本国企业研发创新活动的开展产生不利影响。李蕊和沈坤荣(2014)的实证研究结果表明,现阶段中国知识产权保护尚未对企业研发投入产生显著影响。曹琪格、任国良和骆雅丽(2014)对市场化进程与企业研发投入的关系进行分析,研究发现:在市场中介组织发育的制度细分指标中,"律师和会计师等市场中介组织服务"等指数对地区企业研发投入的影响不显著。第三,知识产权保护与企业研发投入存在非线性关系,且依据一定条件而异。张亚斌、易先忠和刘智勇(2006)研究发现,在技术进步水平较低时,宽松的知识产权保护有利于技术后发国家研发创新活动的开展,但从长期看,严苛的知识产权保护对研发创新活动具有积极影响。王林和顾江(2009)基于85个发展中国家面板数据的实证分析结果显示,知识产权保护对研发创新的促进效应受到地区技术差距的影响,即当一国技术水平较世界前沿技术差距相对较大时,宽松的知识产权保护对促进研发创新活动的开展具有积极影响,反之,严苛的知识产权保护则更有利。张杰和芦哲(2012)利用中国工业企业统计数据研究发现,知识产权保护与企业研发投入呈倒 U 型关系。张望(2014)研究发现,知识产权保护并不单独作用于企业研发投入,而是与技术差距共同作用企业研发投入。赵娜和王博(2016)通过构建古诺模型发现,知识产权对企业研发投入呈倒 U 型影响效应,且影响程度具有显著的行业差异,行业创新动机对最优知识产权保护水平具有重要影响。李伟、余翔和蔡立胜(2016)基于 1992—2012 年数据的实证研究发现,知识产权保护是促进企业研发投入的主要动力源泉。吴先明、黄春桃和张亭(2016)讨论了知识产权保护对于企业研发投入的间接效应,即知识产权保护有助于正向调节金融发展、制造业进口与后发国家研发投入水平的关系,在知识产权保护程度较高的地区,金融发展对于研发投入水平的促进作用更明显,而制造业进口对于研发投入水平的抑制效应相对更大。鲍宗客(2017)从研发企业生存风险入手探讨了知识产权保护强度对企业研发投入的影响,认为宽松的知识产权保护导致研发企业面临较高的生存风险,从而遏制了企业研发创新的行为动力,可能是企业研发投入不足的重要制度根源。

（3）关于政府干预

与发达国家不同,政府高度干预经济运行是转轨经济体的重要特征之一。张保柱和黄辉(2009)研究发现,政府对经济干预越严重,企业研发创新表现越差,地方政府政治社会目标与企业长期发展目标存在较大偏离是造成这一现象的主要原因。解维敏(2012)认为,关于地方政府干预行为的讨论应放在财政分权与晋升竞争制度框架下进行,地方政府官员对于任期内政绩的诉求,驱使地方政府运用其对地区经济资源的控制权和影响力,积极地对辖区企业经营活动进行干预,对企业研发投入产生消极影响。顾元媛和沈坤荣(2012)认为财政分权与官员晋升竞争一同构成了中国地方政府官员主要行为激励来源,通过构建理论模型发现,在现行政府治理框架下,地方政府倾向于减少政府研发补贴方面的投入,进而会对企业研发投入产生消极影响。谢乔昕(2014)从研发融资约束入手考察财政分权与研发投入相关性,研究发现财政分权对于研发投入的直接作用效应并不显著,但对研发融资约束水平具有显著增进作用,间接对研发投入产生抑制效应。谢乔昕和宋良荣(2015)运用 2008—2012 年沪深上市公司数据研究发现,晋升压力与财政分权对企业研发投入构成显著影响。晋升压力越大、财政分权越充分的地区,企业研发投入强度越低。企业对于地区经济影响力大小,对于政府干预与企业研发投入相关性具有正向调节作用。左晶晶、唐跃军和季志成(2016)对政府干预与市场化改革,对于企业研发投入的影响进行了深入的考察,研究结果显示,理顺政府与市场之间的关系,减轻企业税外负担等有利于促进企业研发投入水平的提高,而增加市场在经济资源配置中的比重对研发投入的激励作用有限,政府干预的市场化改革对国有控股企业研发投入具有明显的推动作用,但对民营控股企业的作用效应不显著。元颖(2017)的研究支持了市场化进程对于企业研发投入的正向驱动作用。

2.政策环境与企业研发投入方面

在政策环境对企业研发投入的影响方面,国内学者主要围绕政府创新激励政策、环境规制政策等影响因素展开讨论。

(1)关于政府创新激励政策

目前政府创新激励政策措施主要包括以税收优惠为主导的间接激励政策与政府补贴为主导的直接激励政策两大类。朱平芳和徐伟民(2003)利用上海市经验数据对政府税收与研发补助政策对于企业研发投入的影响展开研究,结果显示,税收优惠与研发补助对于企业研发投入水平具有积极的促进作用。王俊(2010)分别利用静态模型与动态模型对研发补助对于企业研发投入的影响效应进行考察,研究结果均显示,政府研发补助有效地推动了企业研发投入的增加。梁彤缨等(2012)基于省际面板数据的研究发现,税收优惠对企业研发投入具有显著地促进作用,而财政补贴的促进效应不明显。吴祖光、万迪昉和吴卫华(2013)围绕税收对于企业研发投入的影响展开讨论,认为税收负担一方面会掠夺企业内部现金流,强化企业融资约束,对研发投入产生挤出效应,另一方面又会对企业利用税收优惠政策开展避税行为产生激励,促进研发投入的增加。穆天和杨建君(2015)运用中国1998—2009年时间序列数据研究发现,公共研发支出与财政直接拨款均对企业研发投入产生积极的促进作用,且公共研发支出的促进作用要大于财政直接拨款。李永、王砚萍和马宇(2015)的研究结果表明,在中国制度框架下,政府研发资助对企业研发投入产生挤出效应,这种挤出效应大小主要取决于研发资源的配置方式。李爱玲和王振山(2015)运用倾向评分法对政府研发资助对于企业外部融资约束的作用效应进行考察发现,政府研发资助有助于企业获取债务融资便利,间接验证了政府研发资助对于企业研发投入具有积极效应。周海涛和张振刚(2015)对政府研发资助与税收优惠两种创新激励政策的效果进行了比较分析,结果显示,直接资助方式对企业研发投入更容易产生挤出作用,而税收优惠方式对企业研发投入更具杠杆效应。翟海燕、董静和汪江平(2015)运用Heckman模型研究发现,政府研发资助对于企业研发投入的激励作用主要体现在短期,其长期激励效果相对有限。江希和和王水娟(2015)利用问卷调查数据对税收优惠政策激励效应进行检验,研究发现研发支出税前扣除对企业研发投入具有明显激励作用,企业当年应纳税所得额对研发投入具有正向影响但作用效应不显著。刘放、杨筝和杨曦(2016)对税收激励对于企业研发投入杠杆效应进行实证分析,研究发现税收优惠整体上对企业研发投入产生显著激励,且企业融资约束越强、市场竞争越激烈、地区市场化水平越高,税收的激励效果越明显。李昊洋、程小可和高升好(2017)利用双重差分法对 2014 年颁布的固定资产加速折旧政策对于企业研发投入的影响进行实证检验,结果发现,固定资产加速折旧政策的颁布显著地促进了企业研发投入,且这种促进作用在高税率企业以及市场化程度较低地区的企业中表现得更为明显。胡华夏等(2017)利用 2008—2015 年 A 股上市公司样本对税收优惠政策与企业研发投入的相关性进行实证分析,研究显示:税收优惠对企业研发投入具有积极的促进作用,且这种作用受到成本粘性和产权性质的调节。陈玲和杨文辉(2017)对研发税收抵扣的分配效应进行探讨,发现,研发税收抵扣对制造业企业研发投入具有明显的激励作用,但对信息技术和科技服务业企业研发投入的推动作用不显著。谭光荣、周游和李乐(2017)对我国"营改增"政策对于服务型制造业企业研发投入的影响进行分析,结果显示,"营改增"政策对企业研发投入具有显著正向影响,"营改增"后,服务型制造业企业的研发投入强度较政策变更前提高了 1.132%。

　　(2)关于环境规制政策

　　随着工业化水平的提升,环境污染问题日益突出,公众程度环境保护意识不断增强,政府面临的环境规制决策压力倍增。与此同时,国内学者对实施环境规制、污染治理可能对企业研发活动产生的影响也给予了一定关注。张成等(2011)实证分析发现,环境规制与企业技术创新之间存在 U 型关系,随着环境规制由弱变强,中国环境规制的影响效应将会逐渐由抵消效应向补偿效应转变。李小平、卢现祥和陶小琴(2012)基于面板数据研究发现,环境规制对企业产品的国际竞争力产生显著的积极影响,间接支持环境规制对于企业技术创新的激励作用。沈能和刘凤朝(2012)运用非线性门槛模型研究发现,环境规制对企业技术创新的影响存在门槛效应,只有当环境规制强度跨越一定门槛值后,环境规制才会对企业研发投入产生激励作用。李阳等(2014)研究结果显示,无论短期还是长期,环境规制对企业技术创新活动均具有显著促进效应,且这一影响效应存在行业异质性。王杰和刘斌(2014)采用中国工业企业数据发现,适度的环境规制水平有利于企业生产率的提升,二者关系整体呈现倒 N 型。蒋为(2015)基于制造业企业经验数据的研究发现,环境规制对技术创新的影响无论是广沿边际还是集约边际都具有积极的促进作用。水会莉、韩庆兰和杨洁辉(2015)利用 2011—2013 年制造业上市公司数据研究发现,有关污染治理的环境规制对重污染行业企业的研发投入构成挤出,而有关能耗管理的环境规制则对清洁型行业企业的研发投入产生了激励效应。李停(2016)运用规范分析发现,在同质产品市场结构下,排污权交易对于企业研发投入的激励效应要弱于排污税手段,而在异质性产品市场中,设立排放标准规制措施对企业研发投入的激励效应较弱。谢乔昕(2016)从环境规制扰动入手讨论了环境规制与企业研发投入关系,认为环境规制不仅通过静态水平变动对企业研发投入产生影响,同时也通过动态扰动改变企业预期,对企业研发投入水平的提升构成阻碍。郑建明、许晨曦和李金甜(2017)以2009—2014年沪深A股上市公司为样本,检验了环境规制对于企业研发投入的影响,研究发现,环境规制与企业研发投入之间存在U型关系,只有当环境规制强度跨越一定门槛值后,波特假说才能成立。张彩云和吕越(2018)通过实证研究发现,绿色生产规制会对企业研发创新产生负面效应,创新类型的多样性、规制的严格性是导致绿色生产规制负面效应的主要原因,他们进而提出,在实践中须将绿色生产规制与政策补贴相结合才能更好地达到政策效果。

3. 政企关系与企业经营行为方面

在中国转轨制度体系下,政企关系与企业经营行为的关联关系是一个无法回避的问题,其研究成果相对丰富。早期研究主要围绕所有权性质与企业债务融资问题展开,即国有企业受"父爱主义"影响产生预算软约束问题。林毅夫和李志赟(2004)观察到,由于国有企业在日常运营活动中承担了大量政策性负担,政府诸多公共治理目标在很大程度上依靠国有企业实现,当该类企业发生亏损时,受到信息不对称问题的影响,政府无法准确区分造成企业亏损的原因是政策性负担还是企业自身管理问题,迫使政府不得不给予企业提供政策性支持,对银行信贷资源配置进行干预,最终导致国有企业债务约束的软化。龚强和徐朝阳(2008)通过构建三阶段动态博弈模型研究发现,政策性负担是造成企业预算软约束的重要根源,如果增加政企间博弈次数,预算软约束问题将得到有效缓解。裴益政和洪怡恬(2014)等人通过经验研究证实了预算软约束问题的存在性。余明桂、回雅甫和潘红波(2010),谢家智、刘思亚和李后建(2014)等人将政企关系的研究拓展至高管政治关联领域,研究讨论政治关联对企业融资约束的影响效应,得到结果与所有权性质相类似,即与其他企业相比,具有高管政治关联企业面临更低的融资约束,密切的政企关系有助于企业克服融资约束。谢乔昕、张宇(2013)从经济影响力入手衡量政企关系研究发现,高经济影响力有助于提升政企关系密切程度,企业经济影响力提高有助于企业融资约束的缓解。

随着研究的深入,对于政企关系与企业经营行为研究视角不再局限于信贷融资领域。潘越、宁博和肖金利(2015)利用地方国有企业样本数据研究发现,地方政府官员更替与企业高管变更具有密切的关联关系。张龙鹏和蒋为(2015)研究发现,密切的政企关系有助于企业产能利用率的提升,这种增进效应在正式制度环境不完善地区尤为明显。朱益宏、周翔和张全成(2016)的研究结果显示,企业建立政治关联对其短期投机行为与长期技术创新均具有正向激励作用。杨星等(2016)研究发现,与民营企业相比,国有企业定向增发活动往往更容易被审核通过且获取更大融资额度,另外,高级别政治关联的民营企业具有更高的增发审批通过率。徐业坤和李维安(2016)利用 2004—2011 年民营上市公司样本数据分析发现,政府政绩压力越大,辖区企业过度投资越严重,而政治关联有助于缓解政绩压力与过度投资正向关联。罗党论和应千伟(2012),陈维、吴世农和黄飘飘(2015)等人直接对政企关系与企业经营成果的关联性进行考察,其中罗党论和应千伟(2012)从官员对企业视察次数测度政企关系密切程度,研究发现官员视察频度提高对企业经营绩效具有显著的促进作用。陈维、吴世农和黄飘飘(2015)的研究结果表明,密切的政企关系有利于企业获取政府扶持,但这种扶持尽管在短期内能够帮助企业获取高于行业均值的超额业绩,但会对企业长期竞争力产生消极影响。于蔚(2016)认为具有政治关联的企业更容易倾向于开展非相关多元化经营、减少研发创新活动、承担更重的政策性负担。最终导致企业生产效率的降低,对经营绩效产生负面影响。薛宏刚、王典和何乔(2017)研究发现,政治关联与企业股价崩盘风险存在显著的正向关联关系,政治关联通过为企业提供盈余管理的空间,加剧了企业财务信息质量风险,导致股价崩盘概率提升。苏屹和陈凤妍(2017)基于社会资本互惠互换理论,对企业家政治关联与创新活动关联性进行分析,研究发现,企业家政治关联对技术创新活动的开展产生了消极影响,研发投入在二者中扮演中介角色。顾振华和沈瑶(2017)的研究则显示具有政治关联的企业更容易发生生产安全事故,政治关联有助于企业抵御轻微事故对经营绩效的冲击,但对严重事故的作用不明显。况学文、陈志锋和金硕(2017)实证分析结果显示,与非政治关联企业相比,政治关联企业具有更高的资本结构调节速度以及相对更低的资本结构调整成本。

1.2.2　国外文献综述

1.制度环境与企业研发投入方面

在制度环境方面,国外学者主要围绕融资环境、法治产权环境等因素与企业研发投入的相关性展开讨论。

(1)关于融资环境

Schumpeter(1991)开创性地提出了金融发展水平对于企业研发投入的决定作用。Hall(1992)对 1973—1987 年美国制造企业的研究发现,企业现金流与研发投入水平呈显著正相关关系,并据此提出,企业研发投入存在显著的融资约束问题且融资约束的高低受制于外部金融环境的影响。King 和 Levine

(1993)认为,金融市场体系的完善有助于提高金融资源配置效率,分散创新者面临的风险,最终对研发投入水平的提高产生促进作用。Demirguc 和 Maksimovic(1998)提出,在金融发展水平相对发达的地区,投资者在搜集与投融资活动有关信息方面更为便利,市场信息不对称程度相对更低,企业的研发项目更容易获取资金支持。Tadesse(2002)的研究结果表明,良好的金融体系能够为研发创新活动提供大量融资机会,能够保障企业技术创新活动的稳定性和持续性,从而对企业研发投入构成显著促进效应。Kim(2008)针对 38 个国家的实证检验发现,企业在 IPO 或次级权益募股后 4 年内,其累计研发支出约为固定资产支出的 4 倍。Benfratello(2008)的研究结果显示,银行信贷的发展能够有效地降低企业固定投资支出的现金流敏感度,对其从事创新的可能性具有显著的增进效应,对高技术企业和小企业的促进作用尤为明显。Lin(2009)发现金融发展水平的提高对小规模企业的研发投入具有更为明显的促进效应。Ang(2009)基于韩国的经验研究表明,金融自由化对企业研发投入产生显著的促进作用。Martinsson(2010)通过对 20 世纪 90 年代美国和欧洲年轻高新技术企业的研发融资来源进行对比分析发现,与基于银行主导型的金融体制相比,基于市场主导型的金融体制能够更好地满足企业研发投资活动的资金需求。Shin 和 Kim(2011)发现,在低效金融市场条件下,中小企业往往无法获取必要外部融资,转而通过持有现金资产对自身研发项目支出进行平滑。Amore 等(2013)研究发现,美国州际银行管制的放松对企业技术创新投入构成显著地促进效应,银行地域多元化水平的提升有助于企业研发创新活动的开展。Hsu,Tian 和 Xu(2014)利用发达国家数据样本分析发现,权益市场的发展对研发创新具有积极促进作用,而信贷市场发展会对研发活动产生负的随机效应,强势的银行机构通过收取信息租金和保护已建立紧密联系的在位企业,对新兴产业发展形成压制,对研发创新活动的开展产生不利影响。此外,金融发展对新兴市场国家、股东权益保护良好国家以及英美法系国家企业的研发投入具有更显著的促进作用。

(2)关于产权保护环境

外部产权环境通过设定企业创新活动的激励结构,对企业创新行为构成影响,即企业会依据产权保护环境不断调整自身研发创新战略(Boettke 和 Coyne,2009)。尽管 Allen,Qian 和 Qian(2005)提出设问,中国经济在缺乏有效的司法环境下仍然取得了高速增长的巨大成就,但大量研究仍然支持了产权保护体系对于企业创新活动的重要性。Baumol 等(1970)将企业活动区分为非生产性活动、生产性企业活动与破坏性活动三类,认为包括产权保护环境在内的外部制度环境决定了企业不同类型活动的收益水平,进而对企业行为选择产生影响。Nordhaus(1969)较早对知识产权保护制度的创新效应进行讨论,认为知识产权保护对技术创新的作用效应存在两面性,一方面知识产权保护强化了市场垄断势力,阻碍竞争,损害了企业技术创新的行为动机;另一方面会促进主体创新积极性,对研发投入的增加产生推动作用。尽管许多学者对 Nordhaus(1969)理论进行扩展研究(Klemperer,1990;Gilbert 和 Shapiro,1990),但其核心理论含义并未实质性改变,并一直是各国知识产权保护制度设计和调整的基本依据。Teece(1986)提出,在市场机制不完善、市场模仿行为无法得到遏制的条件下,企业研发活动所创造的收益往往会流向相关行业企业,而非创新者本身,从而对企业开展研发活动积极性产生消极影响。早期有关知识产权保护对企业研发投入影响的研究文献多集中在北(发达国家)-南(发展中国家)分析框架内展开讨论。Chin 和 Grossman(1990)通过构建双寡头理论模型,假设北方国家实施完全专利保护制度且南方国家企业可以在无成本条件下复制北方企业研发创新成果,对南方国家强化知识产权保护制度的福利结果进行推演,其最终的局部均衡结果显示,无论何种条件,北方国家都较南方国家获利更多,也就是说南方国家实施知识产权保护反而会对国家福利产生损害。随后,Branstetter 等(2006)、Fershtman 和 Markovich(2010)也分别对国际贸易条件下知识产权保护强度对于企业研发创新活动以及福利水平的影响进行相应讨论。

近期的研究逐渐转向新兴国家及发展中国家知识产权保护制度对本国企业研发投入的作用。Maskus(2000)认为严格的知识产权保护能够为发展中国家企业提供创新激励,从而促进研发投入的增加。Kumar 和 Saqib(1996)基于印度企业样本的研究发现,知识产权保护不利对企业研发投入强度的提升造成了不利影响。Chen 和 Puttitanun(2005)对发展中国家知识产权制度对于国内企业创新的激励效应进行研究,结果表明国内企业研发投入会随着知识产权保护的强化而增加。Léger(2005)基于墨西哥企业的经验进行研究并表明,知识产权保护对于企业研发投入的促进作用可能会因本地企业较弱的技术吸收能力而受到限制。Ang,Cheng 和 Wu(2014)研究发现中国产权保护存在明显地域差异,不同地区知识产权纠纷原告胜诉率分布在 25%~87%,且知识产权保护程度与企业创新投入存在密切关联。Fang,Lerner 和 Wu(2016)基于中国经验数据的研究发现,在知识产权保护相对良好的城市,企业创新活动开展水平相应较高,且民营企业对知识产权保护制度的敏感性要高于国有企业。

2.政策环境与企业研发投入方面

政策环境方面,国外学者主要围绕政府创新激励、环境规制政策等因素与企业研发投入的相关性展开讨论。

(1)关于政府创新激励政策

Arrow(1962)的研发活动外部性理论为政府对研发活动进行适度干预提供了理论依据。政府对于企业研发活动提供的包括研发资助、税收优惠等政策支持,这些激励政策有助于降低企业研发活动的成本,缩小研发活动中的私人收益与社会收益间的差距,缓解技术外溢性对企业研发动机的抑制效应,从而对企业扩大研发投入形成激励(Yager 和 Schmidt,1997)。

首先,研发资助政策。一方面,由于政府研发资助对象通常具有一定的指向性和选择性,获得政府研发资助本身意味着政府对其科技创新活动的支持与肯定,有助于企业吸收更多外部私人投资,获得市场融资便利(Kleer,2010)。然而,在另一方面,政府研发资助政策也具有负向效应,政府研发资助增加了社会对研发资金的需求,在资源数量给定条件下,抬高了研发资金要素价格,对企业研发投入形成挤出(Goolsbee,1998);如果政府对本可以依靠企业自有资金完成的研发项目进行资助,那么这些企业可能仅仅将政府资金作为自身投资资金的替代,形成替代效应。由于政府研发资助政策影响效应存在两面性,在相关经验分析中,学者们并未得到一致结论。Howe 和 McFetridge(1976)针对加拿大企业的研究发现,政府研发资助仅在电气行业中对企业研发投入产生了积极影响,对其他行业企业的研发投入则产生了显著的抑制效应。Folster(1991)运用案例分析法研究发现,瑞典政府研发资助对于企业研发投入水平的影响不显著。Gonzalez 和 Pazo(2008)、Katrin 等(2008)分别基于西班牙、德国数据对政府研发资助对于企业研发投入的作用效应进行考察,研究结果均显示,政府研发资助对企业研发投入产生了显著的推动作用。Oliviero(2008)利用意大利制造业部门数据的经验进行研究并发现,与没有获得政府研发资助的企业相比较,接受政府研发资助的企业进行了更多的私人研发活动。Hewitt-Dundas(2010)的经验研究结果显示,在政府研发资助的支持下,从事研发创新活动的企业数量显著增加,且在创新类型方面,政府研发资助对于突破性创新活动的激励效果最为明显。Raffaello Bronzini 和 Paolo Piselli(2015)基于意大利微观企业数据对政府研发资助政策对于企业研发创新的作用效应进行分析,研究发现,政府研发资助项目的实施显著地激励了企业研发创新。与此同时,Lichtenberg(1988)、Gorg 和 Strobl(2007)分别利用美国、爱尔兰数据,研究则显示政府研发资助对研发投入产生挤出效应。Guellec(2003)、Gorg 和 Strobl(2007)基于经合组织、爱尔兰制造企业经验数据的研究表明,政府研发资助强度与企业研发投入呈倒 U 型关系,当激励强度低于 25%时,政府研发资助强度的提升会对企业研发投入产生杠杆效应,而当激励强度超过 25%时,政府研发资助强度的提升会对企业研发投入产生挤出效应,即存在最优政府研发资助强度。

其次,税收优惠政策。Hall 和 Reenen(2000)研究发现,1 美元的研发支出税收抵扣能够带来 1 美元研发支出的增加。Berube 和 Mohnen(2009)提出,税收政策支持研发活动的优势在于其对不同行业和不同性质企业的影响具有中性。Waegenaere 等(2012)构建跨国税收环境与研发投入模型,研究发现,如果企业利用研发专利在国内生产产品,国内税率的提高会导致企业研发投入水平的降低,如果企业利用研发专利在国外生产产品,国内税率的提高会对企业研发投入产生促进作用。Yang 等(2012)的实证研究结果显示,税收优惠政策具有明显激励效应,获得税收减免企业的研发投入较未获得的企业多 53.8%。Fazzari 和 Herzon(1995)则认为,税收优惠政策具有较高的政策成本,在解决研发外部性导致市场失灵问题方面缺乏效率。Eisner(1984)研究发现,税收优惠政策对研发投入的激励效应相对有限,并有可能对私人部门研发投入形成阻碍。Marino(2016)利用 1993—2003 年法国企业样本数据对税收优惠政策的研发投入效应进行检验,研究结果显示,整体上样本期税收优惠政策并未对企业研发支出产生显著影响,但进一步的研究显示,普惠性的税收优惠政策可能会对企业研发投入形成挤出效应。

(2)关于环境规制政策

国外学者对于环境规制与企业研发创新之间关系的观点存在分歧:一是污染天堂假说,认为发展中国家严格的环境规制会对境外企业投资构成阻碍,从而抑制外资技术溢出效应的发挥,对本国技术创新活动不利,进而引申的政策建议是,由于发展中国家技术水平较低,故应保持相对宽松的环境规制以有利于外资流入,对本国研发活动发挥技术溢出效应(Cole 和 Elliott,2003;Kneller 和 Manderson,2012);二是波特假说,认为环境规制强度的提升会在一定程度上侵蚀企业短期利润,促使企业通过技术创新消化吸收因环境规制造成的收益水平下降,即环境规制会通过"创新补偿效应"对企业研发投入产生积极促进作用,提升研发创新活动水平(Porter 和 Linde,1995)。

无论污染天堂假说抑或是波特假说,学者们在实证检验中尚未得到一致结论。Gollop 和 Robert(1983)利用美国经验数据研究发现,美国 1973—1979 年实施的二氧化硫排放限制政策对电力产业的生产率造成了损害。Barbera 和 McConnell(1990)的经验研究结果显示,环境规制水平提高在 10% 至 30% 程度上解释了美国造纸业、钢铁制造业等产业生产率的下降,为污染天堂假说提供支持。Gray 和 Shadbegian(1998)利用美国企业面板数据研究发现,企业污染治理成本对企业生产率产生了显著的负向影响。Xepapadeas 和 De Zeeuw(1999)在构建 X-Z 模型的基础上,利用机器年限长短度量技术创新水平,以环境税度量环境规制强度,研究发现,严苛的环境规制政策显著地增进了技术创新水平。Antweiler 等(2001)基于跨国面板数据的经验研究结果也支持污染天堂假说的成立。Ederington 和 Minier(2003)、Levinson 和 Taylor(2008)的研究均发现,发展中国家通过降低环境规制对本国产业施加保护的政策倾向在一定程度上遏制了企业创新活动的开展。Arouri 和 Caporale(2012)的研究结论则未能验证污染天堂假说。波特假说方面,Jaffe 和 Palmer(1997)基于美国制造业经验数据的研究发现,环境规制对企业研发投入构成显著正向影响,对波特假说形成支持。Berman 等(2001)利用美国石油冶炼业数据研究表明,受到环境规制的石油冶炼业企业生产率明显提升,但未受到环境规制影响的其他企业,其同期生产率则出现了一定程度的下滑,进而提出环境规制有利于企业技术创新的开展。Greenstone 和 List(2012)分析认为,环境规制强度的提升显著地增强了美国制造业的产品竞争力;Rubashkina,Galeotti 和 Elena Verdolini(2015)实证分析发现,环境规制显著地促进了研发创新产出,但环境规制对企业生产率的影响效应并不显著。

3. 政企关系与企业经营行为方面

Kornai(1979)首次提出"预算软约束"一词,用以描述社会主义国家对濒临破产的国有企业持续性的救助行为。由于政府救助行为和经济干预活动的存在,国有企业面临的预算约束发生软化,企业面临的实际破产威胁可置信性不足。Dewatripont 和 Tirole(1994)通过构建理论模型对预算软约束的衍生机理加以描述。该模型指出,如果金融机构追加的贷款成本低于收回本息可能产生的收益,金融机构就愿意软化预算约束,为企业提供补充信贷支持。Lavigne(1999)研究发现,在东欧及俄罗斯等国进行大规模私有化、市场化改革之后,预算软约束现象仍然普遍存在。Faccio 等(2006)研究也发现,政企关系越密切,企业在遭遇财务困境时更容易获取政府救助。Claessens 等(2008)认为政治关联有助于企业获取融资便利,并导致银行信贷资源错配问题。除此之外,国外学者也对政企关系对于企业其他经营行为的影响展开讨论。Brandt 和 Li(2003)提出,与国有企业和外资企业相比,民营企业面临的契约实施环境相对较差。Goldman 等(2008)研究发现,企业与政府关系越密切,获取政府采购订单的难度越低。Chaney,Faccio 和 Parsley(2011)发现政企关系越密切,企业会计信息质量越低,密切的政企关系有助于企业获得较为宽松的法律环境。Maria(2014)基于美国的研究也得到类似结论,即具有政治关联的企业受到证券交易委员会处罚的概率明显低于其他企业。围绕政企关系与企业担负环境责任的相关性展开分析,研究结果显示政企关系的密切程度与企业担负的环境责任呈显著正相关关系,且企业担负的环境责任与企业获取政府补助规模以及税负减免均存在密切关系,对政企关系"利益交换"理论形成支持。

1.2.3　文献评述及本书的研究重点

综合而言，尽管国内外学者围绕制度环境与企业研发投入的相关性、政策环境与企业研发投入的相关性以及政企关系对企业经营活动的影响进行大量讨论，但针对本书研究主题目前存在或尚未解决的主要问题有：

第一，对于制度因素在企业研发投入决策中所扮演角色的关注相对不足。以往研究大多在企业所处制度环境一致的假设条件下对研发投入行为展开考察，忽视了转轨经济与非转轨经济、发展中国家与发达国家之间制度环境存在的巨大差异对企业研发活动具有的解释力。由于研发创新活动的长期性以及高度不确定性特征，企业研发活动对于制度因素的敏感度远远超过其他投资活动。此外，国内围绕企业研发投入制度环境因素的实证研究在测度指标方面大多采用市场化综合指数作为制度环境的替代变量，缺乏针对多重具体制度安排影响企业研发投入的系统研究，无法区分不同制度安排对企业研发投入的影响效应及其作用机制，限制了研究结论的推广性和针对性。中国目前具备转轨经济和新兴市场经济双重制度背景特征，其制度环境和政策环境具有特殊性，且不同地域间存在显著差异，对中国情景下制度环境和政策环境对于企业研发投入行为的影响进行研究十分必要。

第二，以往研究主要从静态角度考察政策环境对于研发投入的作用效应，缺乏从动态视角对政策扰动、制度变迁等对企业研发投入影响效应的考察。除了制度规范不完善、相关法律规范缺失等问题之外，转轨期中国企业所面临外部环境的重要特征便是政策法律的动荡性。与西方发达国家基于稳定规则和制度的商业环境相比，中国企业面临更多规则、结果以及方案等多方面的不确定性，而现有文献鲜有涉及这种不确定性对企业研发投入的影响，其影响方向、作用机理尚不明确。

第三，现实中，即便处于同一制度环境中，企业间研发投入仍存在差异，以往研究对其各种原因的解释存在不足。政府干预与管制是经济转型过程中客观存在的一个制度环境（孙刚等，2005）。那么密切的政企关系能否克服政府干预对企业造成的负面效应，政企关系的差异是否能够解释制度、政策环境影响企业研发投入的异质性，不同维度的政企关系的影响效应是否有所区别，对于这些问题现有文献并未给予充分的关注。

因此，本研究在制度与政策环境视角下构建企业研发投入决策的分析框架，在此基础上，分析制度环境与政策环境影响企业研发投入以及政企关系调节作用的理论机制。然后利用中国沪深 A 股上市公司经验数据，为理论分析提供支撑，对已有研究进行完善和改进。综上所述，本书以企业研发投入为研究对象,旨在系统考察制度环境与政策环境对于企业研发投入的影响以及政企关系所具有的调节作用。具体来说,本书主要关注以下三个重要的问题。

问题1:制度环境对于企业研发投入产生了怎样的影响?

新制度经济学认为,制度为社会经济主体构造了政治、社会或经济方面行为的激励结构。企业一系列经营决策和战略选择行为不仅仅是企业自身自主行为,其所处的制度环境是引导企业行为的关键因素。相对于制度环境更完善、市场机制更成熟的发达国家的企业而言,转轨期国家的企业由于制度环境的不完善以及不稳定性面临更高的不确定性和风险性。一般而言,制度环境主要通过两种渠道对企业研发投入行为产生影响:

第一,制度环境会对企业研发资源配置的行为动机构成影响。Olson(2000)发现"在任何一个社会里,当掠夺比生产建设更容易,投资、合作等创造性活动的个体行为动力就会受到破坏,从而导致经济社会发展的缓慢与贫穷"。制度环境通过改变企业不同类型投资行为收益影响企业从事研发活动的行为倾向,当知识产权保护良好、市场合理竞争、政府对研发活动予以大力支持时,企业研发活动行为收益增加,研发投入行为意愿也会更加强烈;反之,在知识产权保护状况欠佳、政府支持力度有限、寻租活动普遍的制度环境下,企业研发活动行为收益便会减少,企业家创新精神受到抑制,研发投入行为倾向受到阻碍。

第二,制度环境会对企业研发投入的资源支持构成影响。企业研发投入需要大量资源特别是资金资源的支持。作为转轨期国家,金融系统存在发展水平低、地区差别明显以及政府干预色彩浓厚等特点。这些特征一方面会影响研发项目资金供求双方有效匹配,另一方面,银行信贷资源配置在很大程度上会受到政府行为偏好的影响。由于政治晋升的时效性,地方政府官员往往更偏向于短期见效的投资项目,从而会对信贷资源向研发创新领域的配置构成限制。

那么,我国制度环境是否对企业研发投入产生了影响?具体而言,政府干预、金融发展、产权保护等具体制度环境是否影响了企业创新投入动力以及资源获取,从而导致企业研发投入的变动?

问题2:政策环境对于企业研发投入产生了怎样的影响?

所谓政策是由政府行政机关或社会公共机构制定和实施的各种规则。与制度环境类似,政策环境也会对企业创新活动损益造成直接或间接影响,进而调节企业研发投入决策。政策的易变性作为转轨期国家重要特征之一,一方面,已制定的政策由于市场化调控经验不足、经济结构复杂性导致实施效果出现偏差,从而面临短期被迫调整的需要;另一方面,由于地区间实际情况的巨大差异以及地方政府的行为偏好,所制定政策在落实过程中也往往会出现一定扭曲,导致不同地域政策实施力度产生较大差别,同时在不同年份间政策执行力度也会存在较大波动。在这样的背景下,企业投资决策面临更大的政策不确定性,从而增加了研发项目面临的政策风险,同时也会对企业对于未来政策方向预期产生影响,进而导致企业研发投入行为的调整。Xin 和 Pearce(1996)指出,政府政策缺乏连续性和一致性会增加经济活动外部环境的不确定性并导致市场交易费用的提高。那么,政策环境对企业研发投入的影响效应如何? 这种影响的形成机制是什么? 政策水平与政策扰动之间是否存在交互效应?

问题 3:政企关系是否调节了制度因素以及政策因素的影响效应?

在资源配置缺乏足够正式制度安排的环境下,作为替代机制的非正式制度就会在很大程度上支配资源配置过程。在转轨期国家,由于法律法规体系不完善以及长期以来政府在资源配置中所处的支配地位,政企关系的密切程度在很大程度上决定了企业本身获取资源的能力,在资源配置中扮演重要角色。密切的政企关系是一把双刃剑,一方面有助于企业外部资源的获取,另一方面也更容易受到政府行为倾向的影响,将资源配置到符合政府行为偏好而非有利于自身长远发展的领域。那么,对中国而言,密切的政企关系能否帮助企业克服制度环境与政策环境的外部约束,对企业研发投入产生推动? 抑或受到政府短期行为偏好的干扰而导致研发投入的减少? 政企关系的密切程度究竟是由哪些因素决定,不同维度下政企关系的作用机制是否一致?

1.3　研究内容、逻辑框架与研究方法

1.3.1　研究内容与逻辑框架

本书拟从理论与实证层面对制度环境、政策环境与企业研发投入之间的关系以及政企关系在其中的调节作用展开研究。在理论研究与实证检验的基础上,结合我国实际情况,从企业与政府两方面,提出促进企业研发投入的具体政策、建议和措施。本书共分为九章,具体内容安排如下:

第一章为绪论。主要介绍选题背景与意义、相关文献述评及研究重点、研究内容、逻辑框架和研究方法等内容。

第二章对研究的理论基础进行梳理。与本书有关的主要理论有制度观理论、资源观理论和预期理论。在理论介绍基础上,分析理论对本研究的支撑作用。

第三章对我国制度环境与政策环境背景特征进行介绍。本章首先从金融发展、知识产权保护等方面对中国制度环境进行分析,然后从研发资助政策、货

币政策等政策背景进行分析。

第四章为理论机理分析。首先分析梳理制度环境与政策环境对于企业研发投入的理论作用机理,并在此基础上构造理论模型刻画这种影响机理。进一步,研究了在制度、政策环境不完善背景下,政企关系作为一种替代机制,对制度、政策与企业研发投入关系的调节效应及其作用机理。

第五章对制度环境对于企业研发投入的影响进行实证分析,通过构造模型对政策环境的影响效应、作用渠道等进行计量分析。

第六章对政策环境对于企业研发投入的影响进行实证分析,具体包括:(1)构造基础模型对政策环境的影响效应进行计量分析;(2)引入政策扰动条件下,对政策环境的影响效应进行实证分析;(3)引入政策环境变量与现金流交叉项,对政策环境影响的融资效应与研发动机效应进行分离。

第七章主要针对制度环境、政策环境对企业研发投入经济后果的影响进行实证分析。

第八章实证分析政企关系对制度环境、政策环境对于企业研发投入及其经济后果的调节作用。

第九章为研究结论与展望。首先,对本书基本研究结论进行总结,提出相对应对策建议;其次,对本书主要创新点进行归纳;最后,针对本书不足之处对未来研究方向进行展望。

本书的技术路线如图 1-1 所示。

1.3.2 研究方法

本书的研究方法主要有:

1. 文献研究与规范分析法

对国内外高水平期刊文献进行广泛搜索与重点搜索相结合,收集、整理和分析与制度环境、政策环境、企业技术创新等领域相关研究文献。通过文献梳理、理清制度环境、政策环境与企业技术创新特别是研发投入的研究现状,包括主要学术观点、主要研究结论等。运用现有理论对制度环境、政策环境对于企业研发投入的影响机理进行规范性分析,构建理论分析框架,并围绕政企关系概念范畴、衍生机制以及调节作用产生机理展开理论分析。

2. 模型推演法

在对制度及政策环境对于企业研发投入的影响机理进行理论分析的基础上,构建理论模型,通过模型推演对制度环境、政策环境对于企业研发投入具体作用机理进行刻画,在构建企业研发投入决策基本模型的基础上对模型进行

```
┌─────────────────────────┐              ┌─────────────────────────┐
│ 现实背景：               │              │ 理论背景：               │
│ 中国企业研发投入水平偏   │              │ 制度观理论               │
│ 低、个体差异大           │              │ 资源观理论               │
│ 转轨期相关制度及政策环   │              │ 预期理论                 │
│ 境背景特征               │              │                         │
└─────────────────────────┘              └─────────────────────────┘

        研究问题：政企关系视角下制度、
        政策环境对企业研发投入的影响

┌─────────────────────────────────────────┐        ┌──────────────┐
│ (1) 理论基础分析及研究框架构建：         │        │ 文献梳理     │
│  ◇ 相关概念界定                         │◄───────│ 规范分析     │
│  ◇ 转轨期相关制度、政策背景分析         │        │ 模型推演     │
│  ◇ 制度及政策环境影响企业研发投入理论机理分析 │    └──────────────┘
│  ◇ 政企关系调节效应的理论机理分析       │
└─────────────────────────────────────────┘

┌──────────────┐
│ 面板回归模型法│
│ 交互效应模型  │
└──────────────┘

┌─────────────────────────────┐    ┌─────────────────────────────┐
│ (2) 制度对企业研发投入的影响研究 │  │ (3) 政策对企业研发投入的影响研究 │
│ ◇金融发展对企业研发投入的影响   │  │ ◇政府研发资助政策对企业研发投入的影响│
│ ◇知识产权保护对企业研发投入的影响│  │ ◇货币政策对企业研发投入的影响    │
│ ◇政府干预对企业研发投入的影响   │  │ ◇环境规制政策对企业研发投入的影响 │
│ ◇政企关系调节作用下制度环境对企业│  │ ◇政企关系调节作用下政策环境对企业研发│
│   研发投入的影响                │  │   投入的影响                    │
└─────────────────────────────┘    └─────────────────────────────┘
                                       ┌──────────────┐
                                       │ 面板回归模型法│
                                       │ 交互效应模型  │
                                       └──────────────┘
┌──────────────┐  ┌─────────────────────────────────────┐
│ 面板回归      │  │ (4) 制度政策环境对企业研发投入经济后果影响研究│
│ 模型法        │◄─│ ◇ 制度环境对企业研发投入经济后果的影响 │
│ 交互效应      │  │ ◇ 政策环境对企业研发投入经济后果的影响 │
│ 模型          │  │ ◇ 政企关系的调节效应                  │
└──────────────┘  └─────────────────────────────────────┘

            ┌─────────────────────────┐
            │      研究总结和展望       │
            │      研究结论             │
            │    研究的主要创新点       │
            │  研究不足与进一步研究展望 │
            └─────────────────────────┘
```

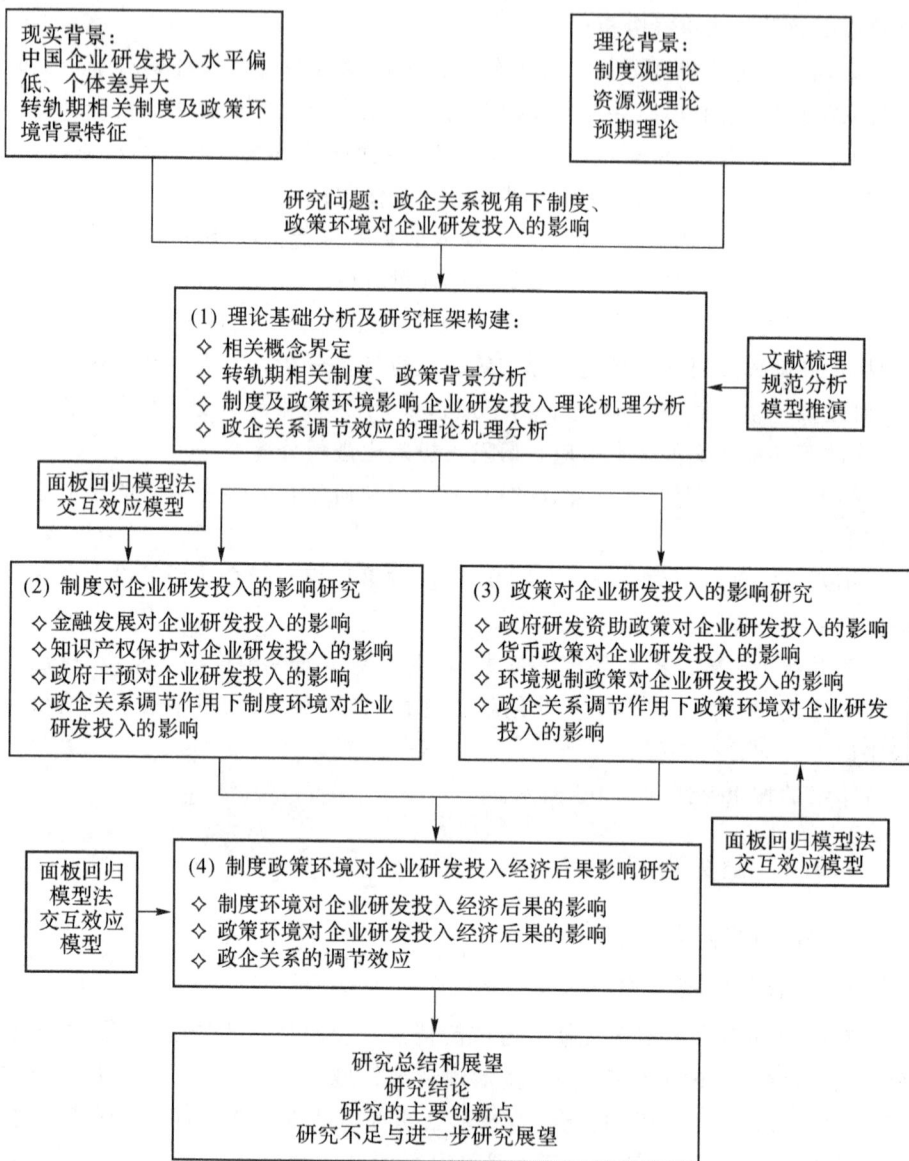

图 1-1 技术路线

拓展。

3.实证分析法

实证分析采用我国沪、深两市 A 股制造业上市公司的经验数据,研究过程包括变量相关性分析、描述性统计以及面板回归分析。实证分析旨在对理论分析假设进行验证。在分析制度环境、政策环境对企业研发投入具体作用渠道时,构建交互效应模型对行为意愿渠道效应与资金供给渠道效应进行分离。在分析政企关系的调节作用时,运用分组比对法,对所有权性质维度和政治关联维度下政企关系的调节效应进行经验考察;构建交互效应模型,对经济影响力维度下政企关系的调节效应展开经验分析。

1.4 本章小结

本章首先对课题研究背景与研究意义进行了阐述。在明确对政企关系视角下制度及政策环境影响企业研发投入问题研究必要性的基础上,对国内外已有相关研究文献进行梳理。通过文献整理分析发现,尽管国内外关于制度及政策环境影响企业研发投入以及政企关系作用效应积累了一定的研究成果,但存在对制度环境考察过于宏观、对政策环境影响的研究忽视政策不确定性因素的干扰、对政企关系考察维度相对单一等问题。进一步,本书提出研究重点问题,并对研究内容和逻辑框架进行设计,最后根据研究内容选择合适的研究方法。

第二章　相关理论基础

本章主要对涉及的主要理论基础进行梳理，如前所述，重要研究问题包括制度及政策环境对企业研发投入的影响，政策扰动是否会对政策效应产生影响以及政企关系在其中产生怎样的调节作用。与这些问题有关的理论包括制度观理论、资源观理论、预期理论等。制度观理论为制度及政策等外部环境影响企业研发活动提供理论依据；预期理论则为政策扰动影响政策效应提供可能解释；政企关系作为企业一种无形资源，资源观理论对其调节作用的存在性提供了理论依据。

2.1　制度观理论

尽管制度环境对于企业战略的影响早有提及(Lawrence 和 Lorsch，1969)，但早期的战略管理研究多将制度作为企业战略决策的给定背景条件，在企业战略决策过程研究中常被视作外生因素。20 世纪 90 年代以来，社会经济的快速发展变化使企业面临的战略决策环境发生了巨大改变，为理论研究提供较为丰富的研究素材，对制度观战略理论的形成起到了促进作用。以 Scott(1995)为代表的早期制度观理论学者，主要从组织层面入手，对不同制度框架下的战略形成演化进行比较研究。其后，Peng(2009)等学者将研究重心转移到制度、组织与战略关系整合领域，逐步对制度观战略理论进行补充完善。目前，有关制度观理论的研究主要形成了以 North 为代表的制度经济学派和以 Scott 为代表的组织社会学派两大派系。

以 North 为代表制度经济学派认为，制度环境是经济组织间效率差异的主要来源。社会制度结构对契约交易费用具有重要影响，并导致了经济组织间绩效差异。North(1991)根据制度在经济生活中的作用区别，将制度区分为产权制度和契约执行制度两大类,其中产权制度主要是指约束政府和利益关联方掠夺的制度,契约制度则主要为保护企业合约的制度。在此基础上,North 用交易费用差异对第三世界国家与发达国家间经济效率存在的差距进行解释,认为第三世界国家制度缺位的普遍存在抬高了市场交易费用,阻碍了经济交换活动的发展,从而导致了相对较低的经济运行效率。总体而言,在制度经济学视角下,制度观理论主要关注外部制度环境与市场交易费用间存在的相关性,在不同制度环境下企业开展经营活动需要的适应成本水平以及经济组织面对市场不确定时的行为反馈。

组织社会学的制度观理论将制度视为"为获取合法性需要遵循的行为规则及规范"(Zucker,1986)。组织社会学视角的制度观理论认为,出于获取组织合法性的需要,企业行为应当遵循社会主流价值体系,即使在某些情况下这种遵循行为需要组织付出牺牲效率的代价。组织社会学视角的制度观理论与制度经济学视角的制度观理论之间的主要差异在于:组织社会学主要强调在系统范围内,企业通过提供社会所期望行为的方式,获取并增强企业身份的合法性,而制度经济学则要求企业在给定制度环境下追求自身效率或效用的最大化。

制度观理论认为,企业作为经济组织,嵌于内部制度环境(Meyer 和 Rowan,1977)和外部制度环境之中(Granovetter,1985)。所处环境差异是企业战略选择行为异质性的重要来源。根据制度观理论,倘若制度无法给予企业从事价值创造或创新性活动足够的行为激励,就会导致技术创新活动受到抑制,经济资源向非生产领域的错配,这为本研究制度环境及政策环境影响企业研发投入提供重要理论基础。此外,制度观理论也为政企关系调节作用提供理论解释。在制度经济学视域下,关系被视作一种重要的非正式制度安排。在正式制度缺乏的条件下,关系作为一种替代机制对资源配置及交易成本具有重要影响。

2.2　资源观理论

资源基础观理论强调资源对于企业竞争优势的重要意义。Penrose(1956)最早提出企业资源观理论,认为企业不仅是一个行政单位,生产要素的集合是企业更为重要的存在形式,而对资源进行组合配置则是企业家最重要的职能。Birger Wernerfelt(1984)也表达了类似观点,认为与外部环境相比,内部环境对于企业竞争力的形成和发展更具决定意义。Barney(1991)创造性地提出,资源在企业间分布不均匀且难以自由流动,资源差异是企业竞争优势的重要来源,企业管理的核心工作是对市场的优质资源进行搜寻和配置。Simon,Hitt 和 Ireland(2007)提出,有关资源基础观讨论多局限于静态分析,对资源转换的相关分析较为匮乏,导致企业内部资源产生竞争优势的过程成为一个"黑箱"。围绕资源观研究存在的问题,学者们转而开始关注资源创造价值的过程,Newbert(2007)在对资源创造价值机制展开研究过程中,尝试将研究重心由资源特征向资源利用过程转向,这在一定程度上克服了资源观静态截面分析方法存在的固有弊端。随着理论的发展,该理论学派认为除了资源禀赋之外,企业对资源配置利用的行动和能力同样也是竞争优势的重要来源。

资源基础观理论研究表明,能够帮助企业创造竞争优势的资源往往需要具备价值性、稀缺性、不可模仿性和不可替代性等四个条件。我们认为政企关系作为一项有价值的资源,资源基础观理论能够为政企关系调节作用的发挥提供理论依据,具体理由如下:

1. 政企关系是一种有价值的资源

资源观理论认为,资源和能力是企业获取超额回报的主要来源。政企关系作为一种无形资源,建立与政府密切的关系有助于企业获取各种信息、资金等资源,更好地创造或把握投资机会,抵御安全事故等不利事件对企业运营的负面冲击,从而对企业绩效产生增进效应。同时,在信息不对称条件下,政府对企业的支持可以充当隐性担保,缓解企业面临融资约束,帮助企业获取融资便利。

2. 政企关系是一种稀缺的资源

尽管关系资源本身不具有排他性,但由于政府控制经济资源具有有限性以及在进行资源分配过程中存在的优先顺序和配置偏好,企业政企关系密切程度的差别就会体现在最终获取资源的数量以及质量上。从这个角度看,政企关系特别是密切、稳定的政企关系具有稀缺性。

3. 政企关系是一种不可模仿的资源

政企关系在不同企业之间的分布呈非对称、稀缺和非竞争性特征,除了股权上天然联系外,构建政企关系需要通过与政府一定期间的互动积累而成,由于不同企业与政府互动方式、持续时间以及时期上存在的差异性,导致政企关系无法轻易复制且具有较高的模仿成本。

4. 政企关系是一种难以替代的资源

密切的政企关系能够帮助企业以更低的搜寻成本获取准确的政策信息、更容易获取行政垄断资源,这些竞争优势的获取难以通过其他资源途径实现。尽管企业也可能通过贿赂等手段取得类似效果,但企业凭借政企关系寻求竞争优势活动所具有的合法性却是其他手段无法比拟的。

根据资源观理论,企业间政企关系疏密程度的差异可能导致企业经营行为异化。当企业构建密切的政企关系时,企业能够通过这种关系资源营造更好的外部经营环境,抵御外部环境对企业不利影响的同时充分利用外部环境带来的机会,这为本书考察政企关系调节制度及政策环境对企业研发活动影响提供理论基础。

2.3　预期理论

所谓预期,是经济行为主体在进行某项活动前,对未来状况进行的主观估计和判断。自 Marshall(1890)引入预期因素分析以来,国外学者不断发展和完善预期理论。Fisher(1896)提出了利率期限结构预期假说,认为长期利率相当于一定期限内短期预期利率的平均数,收益率曲线是金融市场参与者综合预期的一种反映。Hicks(1939)提出"预期弹性"的概念,即因现时价格调整而引发的预期价格波动幅度与现时价格波动幅度之比。当预期弹性小于 1 时,经济系统就能够维持自我均衡,反之,则无法实现均衡。Keynes(1936)的预期理论创造性地将不确定性与预期联系起来,确立了预期在经济体系中的地位。

目前已有预期理论主要有以下几种:

1.静态预期

静态预期假定经济活动主体完全依据过去的情况推断未来的状况,即 $p_{t+1}^e = p_t$,其中 p_{t+1}^e 为经济主体对 $t+1$ 期变量预期,p_t 为该变量在 t 期实际值。静态预期形成所获取的信息完全来自于当期,行为主体这种处理信息的方式完全忽略了学习效应,因此存在较为严重的缺陷。

2.外推性预期

由于静态预期存在过于简化、假设脱离实际情况等问题,Metzler(1941)对静态预期进行拓展,提出外推性预期,他认为经济主体的预期不仅依赖过去变量实际水平,还会考虑变量未来变化趋势。用公式表示为:$p_{t+1}^e = p_t + \lambda(p_t - p_{t-1})$,$\lambda$ 表示预期系数;当 $\lambda = 0$ 时,外推性预期即为静态预期;当 $\lambda \neq 0$ 时,外推性预期等于当期变量实际水平加上(或减去)一定比例的前两期变量变动趋势。外推性预期克服了静态预期的缺陷,考虑了变量的变动方向,但其存在的问题在于,仅考虑了前两期而未将更前期因素的影响纳入分析,同时外推性预期也忽视了经济主体对过去错误预期进行修正的可能。

3.适应性预期

Cagen(1956)在研究恶性通货膨胀问题时提出了适应性预期理论,将其定义为：$p_{t+1}^e = p_t^e + \lambda(p_t - p_t^e)$，$\lambda$ 表示人们根据过去预期误差修正当期预期的速度。适应性预期强调人们在进行预期时，不仅会对考虑以往预期状况，还会对预期偏差进行修正调整。通过无限次迭代，p_{t+1}^e 可以使用过去所有期实际变量值加权平均表示，即 $p_{t+1}^e = \sum_{n=1}^{\infty} \lambda(1-\lambda)^{n-1} p_{t-n}$。适应性预期克服了静态预期和外推性预期未考虑经济主体从以往预期错误中吸取教训的缺点，但该预期方式仍然假设人们只是凭借过去经验对未来进行判断，忽视了当期信息对于预期形成的影响。因此，其预期的准确程度主要取决于相关变量是否处于相对稳定合理状态。

4．理性预期

Muth(1961)认为无论静态预期、外推性预期还是适应性预期都不符合理性人的行事规则，进而提出理性预期假说。理性预期假定经济主体会充分利用过去和现在的全部信息形成对未来进行预期，人们对信息资源的利用充分有效，即信息搜寻活动的边际收益等于边际成本。理性预期用公式可表示为：$p_{t+1}^e = E(p_{t+1} | I_t)$，$I_t$ 表示 t 期经济主体获取的信息集。当然，理性预期并非意味经济个体的预期完全正确并与客观现实相一致，个体预期准确性与其掌握信息集密切相关，信息越完备，预期的准确性越高。Lucas 进一步发展了理性预期理论，认为微观意义上经济行为主体能够充分搜集利用信息进行预期，这种预期是无偏、不存在系统性错误的。Lucas 和 Prescott(1971)将理性预期作为一个均衡概念，从数理上对理性预期均衡唯一不动点的存在性进行论证，使得理性预期与宏观经济计量研究产生交织。进一步，Lucas(1976)提出，由于经济行为主体具有理性预期能力，会随着经济环境的变化对自身行为进行调整，故无法获取政策效应的正确评价，即"卢卡斯批判"。此外，Sargent 和 Wallace(1975，1976)等人也对政策无效性命题以及理性预期均衡鞍点路径的稳定性等进行证明，对理性预期理论进行拓展。

预期理论认为，在信息不完备条件下，经济主体根据预期调整自身行为，而不确定性对预期具有重要影响和决定作用，这为政策扰动影响政策效应提供重要理论参考。在信息不对称条件下，政策扰动信息对企业对于未来政策动向预判具有重要影响，当政策存在高度不确定性时，企业预期难度增加，政策预期与实际政策执行偏差增大，导致企业行为政策非合意性，进而对政策效力产生影响，影响政策环境与企业研发活动之间的关联关系。

2.4　本章小结

　　本章对文章研究重点问题所涉及的基础理论进行梳理,制度观理论为制度环境及政策环境影响企业研发投入提供重要理论依据,企业嵌入外部制度和政策环境,制度环境和政策环境通过影响研发项目的成本—收益状况,从而对企业研发投入决策产生影响,进而作用于企业研发投入水平。资源观理论为政企关系调节效应提供理论参考,企业政企关系作为一种资源,其分布的异质性和竞争性使得制度环境和政策环境对不同企业研发投入的影响效应存在分化。作为转轨经济,社会经济的复杂性和易变性决定政策调整相对频繁性,预期理论能够为这种政策扰动对于政策效应的影响提供有力的理论支撑。

第三章 企业研发投入相关制度及政策背景分析

新制度经济学理论认为,制度对企业行为具有重要的引导作用,适当的制度环境为企业开展研发创新活动提供动力机制和重要前提。与西方发达国家较为完善的市场经济体制和制度环境相比,新兴市场和转轨经济制度环境的不完善性使得企业面临较高的不确定性与风险性。在对制度及政策环境与企业研发活动相关性展开讨论前,有必要就中国具体制度及政策背景做大致的了解,从而为后文的理论分析与实证检验进行铺垫。

本书结合国内外已有文献研究,筛选影响企业研发投入主要制度环境和政策环境因素,从金融发展、知识产权保护、政府干预方面进行制度环境背景分析,从政府研发资助政策、货币政策以及环境规制政策对政策环境背景展开分析。

3.1 相关制度背景分析

3.1.1 金融发展

金融发展是一个具有丰富内涵的概念,既包括金融规模"量"的增长,也包括金融效率、金融结构"质"的提升。金融发展理论在探讨金融发展对经济发展的影响这一问题的过程中,其关注点经历了"金融规模观—金融结构观—金融功能观"的演变历程。鉴于中国金融体系长期以银行业为主导的现实特征,下面主要结合银行业发展历程对中国金融发展的状况进行分析。

改革开放前,与计划经济体制相适应,中国实施集中统一的银行信贷管理体制,银行仅仅作为社会经济体系的出纳结算机构存在,实行"统存统贷""统收统支"的信贷管理制度。这一时期,中国人民银行作为全国唯一一家银行,同时扮演中央银行与商业银行的双重角色,控制了全国绝大多数金融资产和全部的金融交易。由于不具有独立的资产支配权,这一阶段的人民银行作为金融中介,其资本筹集能力相对有限。

20世纪70年代末80年代初,随着经济社会体制改革的实施,原有以财政主导为特征的银行业管理体系被打破,中央银行与商业银行职能逐步分离,中国农业银行、中国工商银行、中国建设银行和中国银行逐步恢复或成立。1980年,中国人民银行总行宣布废止"统存统贷"的信贷管理模式,很大程度上改变了以往银行单一被动性执行计划指令的管理格局。进入20世纪80年代后,通过进一步金融体制改革,招商银行、光大银行等股份制商业银行纷纷成立,打破了国有银行一统银行业的局面,多元化金融中介体系逐步形成,银行业竞争结构初具雏形。1994年后,国家发展银行、中国农业发展银行和国家进出口银行三家政策性银行成立。进入2000年后,城市信用社及农村信用合作联社纷纷进行改制重组,北京银行、上海银行等城市商业银行纷纷成立,经营区域、治理架构发生重大调整,运营模式日趋规范。与此同时,四大国有银行也进行了商业化改革,引入战略投资者,治理结构得以进一步完善。随着中国加入世界贸易组织(WTO),在经历过渡保护期后,外资银行机构以各种形式进入中国开展业务,银行业对外开放程度日渐加深,政府干预程度进一步降低。近年来,国家通过一系列努力,消除了民营资本进入银行业等金融行业的法律限制,如2005年提出的"非公有制经济36条"扫除了民营资本进入银行业的法律障碍,2013年国务院颁布的《关于金融支持经济结构调整和转型升级的指导意见》允许民营资本设立民营银行等金融机构等,民营资本筹建的商业银行也开始逐渐出现。至此,中国银行业已经形成了国有商业银行、股份制商业银行、外资商业银行、民营银行等多元化竞争性发展格局,金融生态环境不断得到优化。

尽管加入WTO后,国有商业银行业务份额出现一定程度的下降,但国有商业银行在中国银行业中仍然占据主导地位。为了增进金融资源配置效率以及提升国内商业银行的盈利质量,国家对银行业实施一系列改革,旨在提高国内商业银行特别是四大国有商业银行的运营效率。在实施商业化等一系列改革措施后,现有国有商业银行的管理考核导向更加趋向于经济性,银行的经营绩效、资产质量及风险状况等在评价体系中扮演角色越发重要,政府干预商业银行经营的程度进一步降低(巴曙松和吕国亮,2005)。同时,为了更好应对开放市场条件下银行业的激烈竞争,国家对国有商业银行组织体系进行大幅度调整,建立扁平化的组织结构和规范化的公司治理架构。随着改革的深化推进,国有商业银行资产质量得到很大改进,信贷资源配置效率显著增进,业务创新活力明显提升,国有商业银行的业务运行逐渐趋于市场化。

然而,与此同时,中国金融发展也面临着发展路径不均衡问题,如在融资结构方面,过分依赖银行间接融资,直接融资比例过低,资本市场特别是多层次资本市场建设发展相对滞缓,市场发展普惠效应有待进一步提升;资本市场投资周期偏短,投机性的短期投资比例较高,不利于市场价格发现、促进公司治理功能的发挥,市场交易规则和制度仍存在一定漏洞和不足;在金融工具方面,存款作为居民主要投资工具的角色虽然存在弱化趋势,但直接投资渠道仍然有限等等。这种失衡对金融体系功能发挥构成限制。

3.1.2　知识产权保护

知识产品的正外部性决定了在完全市场条件下,知识创新主体难以获得创新成果收益完全补偿。因而,对知识产品提供适当程度的保护,通过人为制造排他性方式保障创新主体对创新收益的充分占有,对鼓励经济主体开展研发创新活动、激发创新活力具有必要性。知识产权保护制度历史悠久,起源于西方并且随着市场经济的发展不断完善,在全球经济贸易和科技文化交流中作为基本规则发挥着重要的作用。

下面将对我国法律对于知识产权的保护状况进行简要分析。知识产权保护体系建设在我国起步较晚,在计划经济时期,国家鼓励发明专利共有,仅对发明创造者提供一定荣誉和少许物质补偿,知识产权保护制度基本处于缺位状态。在技术水平处于较低水平时,知识产权保护制度的缺位对于技术溢出效应的发挥,推动社会整体技术水平的提升具有一定的积极作用。之后,随着生产力水平的提升,计划经济体制向市场经济体制转型,对知识产权施以适当保护的需求日趋紧迫。为提高创新主体从事研发创新积极性,中央政府于1978年做出了"我国应建立专利制度"的重要决策,随后,中国陆续颁布、修订了《商标法》《专利法》《著作权法》《计算机软件保护条例》等一系列法律法规对知识产权予以保护。

加入世贸组织之后,为了满足世贸组织相关要求,我国对原有的知识产权保护体系进行大面积调整和修订,对知识产权保护涵盖范畴进行拓展,将植物多样性、集成电路等纳入保护对象范围。同时,中国遵循世贸 TRIPS 协议要求对专利法、商标法等知识产权保护法规分别进行了修订。

随着相关法律出台和修订,中国已基本形成一套较为完善的知识产权法律保护体系。从目前我国现行的知识产权保护制度体系的主要内容看,涵盖了创造、运用、管理和保护等环节。从知识产权保护制度的客体看,包括专利、商业秘密、商标、版权等诸多知识产权。通过《巴黎公约》《伯尔尼公约》等一系列国际公约的签署,中国知识产权法律保护体系实现与国际惯例相接轨。

据《2016 年中国知识产权保护状况》统计,2015 年全国地方人民法院新收知识产权民事一审案件为 136534 件,同比增长 24.82%,其中,商标案件、著作权案件等分别同比上升 12.48%,30.44%。这些统计数据一方面反映出中国知识产权司法保护力度不断加强,法治建设水平不断提升;但同时也反映出市场上仍存在大量知识产权侵权行为,知识产权保护制度建设和执法体系仍需不断完善提升。此外,知识产权保护意识相对落后,对被侵权企业司法救济措施不够完善,知识产权保护行政管理主体过多,管理权限存在交叉也是我国知识产权保护领域存在的客观问题。

3.1.3　政府干预

在计划经济体制下,政府对经济活动和资源配置拥有绝对的控制权和支配权。改革开放后,随着经济体制改革的推进,大量计划指令管控手段被取消。但社会主义市场经济体制的建立完善尚未彻底改变政府对资源及市场的干预方式,政府对资金、土地等一些重要的经济资源及行政资源等仍保有巨大的控制力和影响力(McMillan,1997)。公共选择理论将政府描述为理性经济人,认为政府对于经济活动的干预和控制受到政府治理框架下行为激励模式的影响。中华人民共和国成立以来,中央政府和地方政府之间的集权与分权管理关系历经了多次变动调整,其中以 1994 年开始实施的分税制改革对我国现行地方政府激励模式的影响较为深远。这里主要针对这一时期政府治理框架予以分析。

20 世纪 90 年代初期,针对"分灶吃饭"财政包干体制存在的一系列问题和弊端,以财政集权为主要特征的分税制财政体制开始实施。分税制财政体制明确了中央政府与地方政府之间对于税收收入的划归,确立了中央政府与地方政府之间规范化的财政支出权力分配结构(张军,2007)。分税制改革使地方政府在对地区经济资源方面拥有较大支配控制权限的同时,也承担了较大的本级财政支出压力。

政治上的集权管理体制是分税制时期地方官员激励模式另一个重要的制度安排。在中国,中央政府在对地方政府下放财政权限的同时始终保持了政治上的高度集权。史宇鹏和周黎安(2007)认为政治集权与财政分权在一定程度上构成互补:一方面,政治晋升机制需要赋予地方政府官员一定经济裁量权和控制权,地方政府官员能够对地区经济资源进行配置和影响,从而使得地区发展绩效能够成为官员能力的评价依据;另一方面,以国民生产总值(GDP)考核为导向的政治晋升制度是财政分权框架下地方政府推动本地经济增长的前提,保障了中央政策意图有效向下贯彻,是财政分权积极作用发挥的基础和必要条件。

　　财政分权与政治晋升制度对地方政府官员的治理结构与行为导向产生深刻影响,使地方政府拥有了独立的经济利益诉求,成为地区经济活动中重要的行为主体和利益相关者。但是,经济分权与政治集权的治理结构在铸就经济持续快速增长的同时,也产生了一系列扭曲后果,如地方保护主义、重复建设等(陆铭等,2004;周黎安,2007)。造成扭曲的原因在于官员晋升考核的时效性,地方政府更多注重能够在短期内获得 GDP 的工作领域,而对关注地区长期发展绩效的行为激励不足(王永钦等,2007)。在现行考核机制下,经济增长、税收收入、基础设施建设等硬指标对于地方政府政绩考核的帮助更大,对地方官员实现个人政治晋升目标的作用更为直接,而具有长期性、公共性地区建设则相对缺乏吸引力。在干预手段上,除了通过政府投资对地区经济直接干预外,地方政府还常常利用手中的经济资源和行政资源对企业行为倾向施加影响,利用政策资源促使企业将政府目标如投资、就业等内生化,具体表现为雇员冗余、投资过度等行为特征,这类干预行为在经济发展相对落后、市场化进程相对迟缓的地区表现得尤为明显。

3.2　相关政策背景分析

3.2.1　政府研发资助政策

　　研发活动的外部性特征为政府对企业研发活动特别是基础类研发活动提供适度扶持提供了理论依据。广义上,政府研发资助的政策工具大体可分为三类:政府对私人部门的资助、对公共研究部门的资助和税收优惠。本书的政府研发资助特指政府对企业提供的直接资助。

　　政府研发资助政策的沿革与国家科技管理体制以及财政管理体制密切相关。新中国初期,受到苏联模式的影响,我国形成了依靠行政权力安排基础项目研究的科技发展格局。原国家科技委员会与原国家计委等政府部门,通过与中科院的沟通协调,来确定国家科学研究计划以及基础研究经费调拨安排。这一阶段,我国财政上实行"统收统支"、以中央高度集权为特征的单一财政体制,政府研发资助资金全部由中央财政统一安排,资助方式采用机构式,即以机构为单位分配资助资金。原中国科学技术委员会作为基础研究的主要资助机构,而中国科学院、各部委研究机构及高校则是政府资助项目的主要执行主体,企业获取政府研发资助的规模相对有限。

十一届三中全会后,伴随着政府工作重心开始向经济建设转向,科技领域工作也完成了经济建设、产业化研究以及基础性研究等不同层次的科技战略部署。在国家中长期科技发展规划指导下,我国陆续出台了多个专项科技计划。1982 年国家科技攻关计划出台,成为我国科技计划体系新的发展里程碑。之后,我国先后在基础研究、应用开发等科技活动各阶段推出一系列专项科技计划,例如星火计划、火炬计划、973 计划等。在项目式资助模式下,各科研主体凭借研发能力、项目创新性等竞争政府研发资助,企业在承担政府研发资助项目方面扮演越来越重要的角色。

财政体制方面,1985 年我国在全国范围内推行财政包干制,赋予地方政府一定财政收入剩余索取权。1988 年,中央政府在财政包干制基础上对财政管理体制做了进一步调整,赋予地方政府本级支出的决策权,地方财政也开始对辖区企业提供一定的研发资助资金。随着 1994 年分税制管理体制的确立以及经济增长为导向官员考核体系的影响,各地区出于吸引资本流入以及促进地区科技发展的目的,科技资助资金规模不断增长。与国家研发资助不同,地方研发资助方式相对随意,名目繁杂,既有科技型企业的机构类资助方式,也存在项目类研发资助方式。资助动机上也更为复杂,除了激励企业开展研发活动外,部分地方政府以研发资助名义对经营困难企业特别是国有企业提供扶持。

3.2.2 货币政策

货币政策是政府进行宏观调控、熨平经济波动的重要手段。在过去数十年的时间里,全球经济既经历了类似于 1998 年亚洲金融危机和 2008 年全球次贷危机的经济衰退,也经历了 20 世纪末第四次科技革命带来的经济高速复苏和增长。在全球经济经历衰退、萧条、复苏和繁荣的经济周期历程中,货币政策在宏观经济调控中的戏份越来越多。在调控方式上,货币政策存在市场型与计划型两种调控方式,经济体对于调控方式的选择主要依赖于其市场化水平以及经济体制安排。一般来说,经济体市场化程度越高,市场运行机制越健全,政府越倾向于采取市场化的调控方式。

在改革开放以前,中国缺乏真正意义上的商业银行及金融市场,货币政策调控主要以计划指令型形式出现,与现代意义上货币政策存在差距。中国人民银行实施的信贷计划作为计划经济系统的一部分,其存在的主要意义在于促进财政、物资等多方面平衡的实现。20 世纪 80 年代,国家通过金融改革,将央行的职能与商业银行职能相分离,中国人民银行开始专注于履行中央银行的相应职能。1995 年,《中国人民银行法》确立了中国人民银行在货币政策制定及执行方面的主体地位。自中国人民银行商业银行与中央银行职能相分离后,我国货币政策的发展沿革大体上可划分为三个阶段(见表3-1)。

表 3-1　我国货币政策框架的演变①

	1949—1984 年	1985—1997 年	1998 年至今
政策工具	信贷现金计划 信贷政策 利率 行政手段	信贷现金计划 再贷款 利率 存款准备金 信贷政策 再贴现 公开市场操作 窗口指导等	再贷款 利率 存款准备金 信贷政策 再贴现 公开市场操作 窗口指导等
操作目标		从贷款规模向基础货币过渡	基础货币(关注货币市场利率)
中介目标	财政、信贷、外汇与物资平衡	从贷款规模向贷款规模、货币供应量过渡	货币供应量(关注贷款总量)
最终目标	发展经济、稳定物价	从发展经济、稳定物价到保持货币币值稳定,并以此促进经济增长	保持货币币值稳定,并以此促进经济增长

　　1984—1997 年为信贷规模管理框架阶段。从 1984 年开始,中国人民银行商业银行职能被剥离,以信贷总量控制为主的货币政策框架体系得到构建。具体调控方式为,中央银行首先确定全国信贷总额,在此基础上,通过各个商业银行总行向下分配额度,以此实现对全国信贷规模的管控。1989 年,人民银行将信贷规模控制更名为贷款控制限额,采取"限额管理、以存定贷"的管理方式,即央行确定贷款控制限额,商业银行在确定的贷款额度内,通过存款吸收确定各自贷款发放限额。在市场经济发展水平较低,银行运营计划色彩较浓的条件下,以信贷规模管控为主导的货币政策调控在促进经济发展、维持物价稳定方面发挥了一定的积极作用。

　　1998 年开始,中国货币政策进入货币总量调控框架阶段,货币政策调控对象由贷款规模转为货币总量调控。随着金融业市场化改革的推进,市场经济体制日趋完善,对银行信贷活动施以直接管控与银行经营自主权的发挥、银行经营活力的激发之间的矛盾日趋突出。20 世纪 90 年代早中期,人民银行逐渐降低了对信贷规模的管控力度,同时加强对货币供应量的统计、监测与研究工作。

---

①　资料来源:张晓慧.中国货币政策[M].北京:中国金融出版社,2012.

1998 年,国有商业银行信贷限额管控被取消,人民银行货币政策调控转为通过调节基础货币数量手段实现,标志着货币总量调控货币政策框架的建立。2017年 9 月 30 日,央行宣布,自 2018 年起对普惠金融实施定向降准政策,即如果商业银行为单户授信 500 万元以下小微企业贷款、个体工商户和小微企业主经营性贷款等普惠金融业务信贷增量或余额达到一定比例,则能够享受到准备金率下调的政策。这一行为反映出货币政策由总体调控开始向微调控转型,由过去单纯的通过宽松或紧缩的政策选择实现政策目标,开始转向以优化经济结构、引导企业行为为抓手实现调控目标,作用方式更加灵活。

随着利率市场化改革的推进以及汇率形成机制的改变,目前我国货币政策框架正经历由以数量型调控为主向价格型调控为主转型。货币政策的中介目标由货币数量向市场基准利率转移,通过公开市场操作影响市场利率的间接调控方式在货币政策框架中扮演越来越重要的角色。随着互联网金融的发展,货币供给量可控性下降,观测难度大幅提升,而以市场利率为调控对象的价格型调控方式与互联网金融背景下金融发展生态环境更为相符,货币政策调控的市场化特征日趋明显。

3.2.3　环境规制政策

环境规制政策是指政府部门在一定时期内为有效保护环境,约束环境污染并达到预期环境目标的一系列政策措施。环境规制政策具有阶段性、灵活性等特点。在我国,随着经济发展水平的提高和社会进步,不同时期的环境规制政策体现出不同的侧重点和要求。1972 年,第一次人类环境会议在瑞典斯德哥尔摩召开,拉开了人类环境保护的大幕,随后一年,我国召开了第一次环境保护会议,环境保护领导小组和各省市环保机构也相继成立,工业三废治理工作也随之展开。1979 年中国颁布《环境保护法(试行)》,成为我国环境保护实施的重要法律依据,该项法律建立了环境影响报告制度以及排污收费制度。20 世纪 80年代,我国确立了"预防为主,防治结合","谁污染、谁治理"等环境保护方针。进入 90 年代后,我国环境规制工作原则实施了由重视污染物的末端治理向全过程控制等"三个转变"。2000 年以后,我国开始倡导"科学发展观""包容性增长"等可持续发展观,主张灵活使用多种环境管理手段,创新环境规制政策工具,环境规制政策体系日趋丰富完善,政策手段也更为灵活。在"十一五"期间,我国设计了节能减排、发展低碳绿色技术、构建"资源节约型和环境友好型社会"的发展目标。在"十二五"期间,我国明确了资源节约和环境保护量化约束指标,要求 2015 年和 2010 年相比,全国万元国内生产总值能耗降低 16%,在控制化学需氧量、二氧化硫的基础上增加氨氮和氮氧化合物的控制指标。于 2015

年召开的十八届五中全会,明确提出了"创新、协调、绿色、开放、共享"五大发展理念,对未来数年环境保护工作具有方向性、决定性的重要影响。在《"十三五"生态环境保护规划》中,进一步明确要以全面达标排放计划为抓手大幅度削减污染物存量,以排污学科落实治污减排责任,系统构建全过程、多层级污染风险防范体系。目前,我国已经建立中国特色环境规制政策体系,具体包括环境法律法规、环境监管机构以及环境辅助机构等,在规制主体方面更为多元化,形成政府部门、行业协会等协同规制态势,在政策工具使用方面则逐步由直接管控向间接管理转变。从政策工具类型上看,目前我国环境规制工具主要可分为命令型、市场型与自愿型政策工具三大类。其中命令型政策工具包括环境影响评价制度、污染物排放标准、污染限期治理制度等,例如《中华人民共和国环境保护法》等,其作用方式以法律法规形式对企业环境行为进行约束实现规制目标。市场型政策工具主要包括超标排污费、排污许可证交易、环境税费等,例如扶持清洁生产技术进步专项资金、2012 年试点的碳排放权交易等,其作用方式主要将企业外部环境成本内部化,从而引导企业调节自身环境行为的方式实现规制目标。自愿型政策工具主要包括环境认证、自愿环境协议、信息披露等,例如我国 1993 年开始实施的环境标志、2003 年实施的清洁生产和全过程控制、2008年开始实施的环境信息公开办法等,其作用方式主要通过增强公众环境意识,降低企业与社会公众之间环境信息不对称,间接增加企业环境污染成本,约束企业环境行为的方式实现规制目标。

尽管我国环境规制政策体系日益完善成熟,但在具体执行过程中仍然受到一系列因素的干扰,导致政策执行力度受到限制。由于环境规制限制甚至关停高污染企业生产、增加企业生产成本等措施会对地区经济增长产生短期负面影响,而地方官员晋升竞争的时效性导致地方官员往往不愿意因环境保护而舍弃短期经济增长。在管理制度上,尽管国家环境保护局在各省、自治区、直辖市等分别设立环保局,但这些环保局除了受到国家环境保护总局的领导外,还受到本级政府的领导,同时各级环保局人员的薪酬由本级财政拨款发放。这些因素使得环境规制在地方具体执行过程中容易受到地方政府经济增长偏好的影响,导致环境规制软化,对环境保护工作可能产生不利影响。据《2016 年全球环境绩效指数报告》统计结果显示,中国的环境绩效指数仅排列在全球第 109 位,远低于欧美发达国家,这反映出我国环境规制任务仍然面临较为严峻的挑战。

3.3　本章小结

本章围绕与企业研发投入密切相关的制度、政策环境,就中国相关历史沿

革及现状特征展开分析,通过分析可知:

　　中国制度环境存在不完善性,具体体现在金融发展水平相对较低、金融结构失衡、区域发展不平衡;知识产权保护体系尚不健全,立法水平与执法水平存在失衡;经济运行仍存在浓厚的政府干预色彩,政府治理体制对地方政府干预行为具有决定作用。政策环境方面,计划经济在各项政策演进过程中扮演重要角色,早期政府研发资助主要采用机构式资助,企业参与度不高,现行的政府研发资助则存在名目繁杂、缺乏统一分配标准等问题,使政府在配置研发资助资金时存在较大的随意性和可操纵性;货币政策方面,中国货币政策经历信贷规模管理、信贷货币总量管理两阶段,并在向利率管理阶段演进,调控手段也由最初直接行政干预向市场调控转变;长期以来对 GDP 增长的强调导致中国环境规制政策建设相对滞后,尽管环境规制工具不断丰富、环境立法不断完善,但环境规制部门在组织机构上对地方政府的依赖性,使得环保执法仍然会受到地方政府干预因素的干扰且存在明显的地域差异。因此,分别针对这些制度环境和政策环境对企业研发投入的影响进行考察十分必要。

第四章　制度与政策环境对企业研发投入影响机理及政企关系调节机理分析

在第三章中国制度及政策背景分析基础上,本章就具体制度环境及政策环境对企业研发投入的作用机理进行分析,具体分析思路如下:首先,运用规范分析梳理制度及政策对企业研发投入的影响机理;其次,构建理论模型刻画影响机理;最后,根据规范分析与模型推演,提出相应研究假设。

4.1　制度环境对企业研发投入影响的作用机理

4.1.1　金融发展与企业研发投入

1.理论分析与研究假说

研发项目融资约束是联结金融发展和企业创新投资的重要纽带,研发项目融资难已经成为学术界的广泛共识。与企业其他投资项目相比,研发投资项目由于周期长、风险高、信息不对称等特征,因而更容易受到融资约束问题的影响。Baltensperger(1978)提出,信贷配给是指即使借款人愿意接受信贷契约中的所有条款,但其贷款需求仍然无法得到充分满足的状况。Stiglitz 和 Weiss(1981)研究发现,信贷配给是金融机构针对由信息不对称引发逆向选择的理性应对行为,在逆向选择风险存在的前提下,金融机构会在低于市场竞争均衡利率的水平上实施信贷配给,以保障信贷资产安全。具体到研发项目上,金融发展对企业研发投入的主要影响机理如下几点。

首先,由于研发项目信息的高度专业性以及长投资周期带来的不确定性,与研发项目相关的信贷市场存在较为严重的信息不对称问题,银行往往难以观察到企业研发项目的真实风险状况和投资价值(Brealey, Leland 和 Pyle,

1977），容易引发逆向选择问题，即质量较差的研发项目可能会被伪装成质量较好的研发项目向银行申请融资支持，对高质量研发项目的融资形成挤出。相对于短期、低风险的投资项目，具有高度专业化特征的研发项目，其研发项目质量的辨别往往需要潜在投资者花费更多的信息成本耗费和更高的专业知识门槛，即研发项目比一般项目具有更高的"柠檬溢价"，信息不对称问题对研发项目融资活动的负面效应也要较其他投资项目更为明显。即便企业可以通过信息披露的方式部分缓解银企之间信息不对称问题，但研发活动的战略重要性和保密性会限制企业对外披露研发信息的行为意愿，担心研发信息披露被竞争对手获取，损害研发项目的盈利性。因此，将信息披露作为缓解研发项目融资领域信息不对称问题会受到较大制约。

其次，研发项目的高风险特征决定了研发项目在融资上较其他投资项目具有较大的风险溢价。这种溢价一方面来源于研发活动存在极高的失败概率，受到技术、资金支持、法律多方面因素导致研发项目失败的风险。同时，由于研发项目从试验到商业化需要经历较长时间，研发投资需要较长时间才能得以回收，而在此期间任何外部因素变动都有可能造成研发项目商业上的失败，而项目一旦失败，此前的研发投入都将作为沉没成本计入企业损失，如果项目研制成功，也有可能因被竞争对手模仿而无法获取足额预期报酬。另一方面，研发项目在设计和执行过程中，存在较严重的代理问题，由于研发项目信息不对称问题的存在，外部股东可能出于担心管理层以研发项目为掩护谋求私利，转而否定管理层提出的研发项目方案或中止正在进行中的研发投资项目，这也增加了企业研发项目开展过程的不确定性。这些风险因素导致研发项目外部融资成本要显著高于其他投资项目，考虑到投资者风险厌恶倾向对风险溢价的放大作用，这也令研发项目难以以合适成本获取所需资金支持，导致研发融资约束的重要原因。

再次，企业的研发支出中绝大多数被用以支付科研人员以及工程师的薪金报酬（Hall 和 Lerner，2009），该类支出存在较高的调整成本。在研发过程中，研发人员创造出以知识技术为核心的无形资产，这些无形资产难以固化，主要内嵌于研发人员的人力资本中，随着研发人员的离职或被解雇而发生流失。企业研发人员通常需要花费企业大量资源进行长期培养，研发人员的流失导致企业前期人力资源沉没成本的无效投入，增加了研发信息泄露风险。由于研发人员的中途流失会产生极高成本，企业往往需要在较长的研发周期内保持高水平、连续的人员薪水支付，以确保研发活动不会因人员流失而中断，这对企业研发项目融资支持的持续性、稳定性提出较高要求。

此外，出于历史原因以及控制坏账比例的考虑，金融机构更倾向于提供短期贷款与抵押贷款(江伟和李斌,2006)。研发活动成果通常表现为未来可能惠及企业的无形资产,而非厂房、机器设备等固定资产,这类无形资产具有高度的专用性,流动性较低。金融机构出于变现能力考虑,往往倾向于为能形成固定资产的企业投资提供信贷支持,这也进一步加剧了研发投入的融资约束问题。

在新古典经济学阿罗-德布鲁(Arrow-Debreu)分析框架下,假设市场不存在交易费用和信息成本,在这样的条件下,金融中介存在与否并不重要。但现实中,市场的摩擦性使得交易费用和信息成本均存在,此时,金融中介的存在就会变得十分重要。Merton(1995)从金融功能观视角出发,将金融体系主要功能归结为:①支付结算功能;②筹集配置资源功能;③跨期、跨空间转移经济资源功能;④管控风险功能;⑤信息归集功能;⑥处理信息不对称和激励问题功能。下面,文章从 Merton(1995)金融功能观理论出发,对金融发展对于企业研发投入作用机理进行分析。

(1)风险控制功能与企业研发投入

Acemoglu 和 Zilibotti(1997)提出,当金融体系无法使投资者持有分散化的投资集时,投资者出于风险规避的需要,趋向于对低风险项目进行投资。高效的金融系统使投资者能够持有包含高风险项目在内的多样化投资集合,通过风险分担机制促进金融资源向高风险领域如研发创新领域配置,从而对企业研发创新产生推动作用。同时,发达的金融系统有助于风险的跨期分担,使一些在特定时点难以分散或无法分散的风险,可以在代际间实现分散化配置,从而增加了长期性、具有获利预期的项目取得资金支持的可能性。此外,研发项目作为一种高风险性投资活动,其现金流具有明显的随机性特征。当项目现金流在特定时间出现问题时,即便项目本身仍具有经济上的可行性,但投资项目仍可能面临当期被强制清算的命运,导致项目投资的失败。金融发展通过改善市场流动性,降低研发项目面临的流动性风险,减少研发活动因现金流断裂产生的清算问题,提高了研发项目的成功概率。

(2)信息搜集功能与企业研发投入

对投资信息有效的搜集和整理是高质量投资决策的重要基础和前提。资金供给决策被认为是信息不对称程度的减函数,信息不对称程度越高,信息距离越长,资金供给主体获取收益的不确定性越高,资金供给意愿相应越低。在对研发项目进行投资前,投资者通常往往需要获取和分析投资项目包括企业、管理层以及市场状况等多方面详细信息。在缺乏金融中介的条件下,单个投资者在进行项目信息归集时往往需要面临高昂的信息搜寻和处理成本,导致投资者因信息成本承担能力限制或抵减信息成本后的投资回报不足难以获取有效信息,最终放弃潜在的优质研发投资项目。在金融发达地区,金融中介能够以较低成本更为便捷地获取借款企业的信息,其集中性的特点能够克服信息搜集过程中"搭便车"问题的影响,充分发挥信息归集规模经济优势。Schumpeter(1912)认为,功能良好的金融系统能够有效甄别企业家的能力水平,从而提高资源配置的有效性。

(3)公司治理功能与企业研发投入

信息不对称会引发事后道德风险问题。企业在获取所需资金后,管理层可能选择高风险项目以追求私人收益,导致债务违约风险增加,对债权人利益构成侵害(De la Fuente 和 Marin,1996)。在研发项目融资活动,这种代理问题体现在由于外部资金供给者无法准确观察研发进程以及开支状况,管理层可能会将研发项目融资所获资金挪作其他用途,降低研发项目融资资金的使用效率,增加外部资金供给者回收资金的风险。在发达的金融市场上,金融中介通过动员个人储蓄,将零散资金集中提供给研发项目所有人,并由其代替个体投资者对企业实施监督。这种监督既避免了个人监督存在的"搭便车"问题,也通过信息归集规模效应带来监督成本的节约,提高了监督活动的有效性,从而改善了代理问题对研发项目融资活动的负面影响。

(4)动员储蓄功能与企业研发投入

储蓄动员是金融的基本功能之一,通过对零散闲置资金筹集和配置,能够为不同规模、不同期限的项目提供资金支持,是金融系统实现资源跨期、跨地域配置的主要手段,也是金融提供增进经济系统效率的重要方式(Levine,1997)。在金融储蓄动员功能不足的条件下,许多生产投资活动都会受到无效率经济规模的限制。研发项目需要大量、长期性的资金支持,单一、零散的资金供给者无法满足研发项目在资金规模、投资期限上的要求。金融系统良好的储蓄动员功能通过广泛吸收社会闲置资金,为研发创新资金需求提供规模及期限上的资金供给匹配。Nourzad(2002)发现,高水平的金融体系能够动员储蓄资源并向高风险的研发创新领域配置资源,对研发创新活动提供资金支持。

然而,在金融发展通过上述功能发挥为研发项目提供充足资金支持,促进企业研发投入增加的同时,也可能对个体企业研发投入构成抑制。由于金融发展提供的融资效应具有普惠性,在推动特定企业自身研发项目的同时,也可能会对行业竞争对手研发活动产生促进作用,提高了产品市场竞争激烈程度。这会在一定程度上抵消研发项目的预期收益,缩短企业研发项目的受益期,对企业研发投入动机产生负面影响。考虑到研发项目的异质性,这种抵消效应可能是有限的、不确定的,而金融发展的融资效应则具有相对确定性。另外,我国金融体系长期以来都是以银行间接融资为主导,与市场直接融资为主导的金融体系相比,银行在向研发项目提供融资过程中通常仅能够获取固定收益,而无法从研发创新带来的高额回报中获益,造成银行在研发项目融资活动中承担风险与获取收益不匹配,这也会在一定程度上限制金融发展对企业研发投入的促进效应。总体而言,本书提出假设1:

H_1:金融发展水平对企业研发投入具有推动效应。

2. 理论模型构建

(1)基础模型

根据上述理论机制的分析,下面我们借鉴借鉴黄俊、陈信元(2011)等人的分析思路,构建理论模型对金融发展对于企业研发投入的作用机理予以描述。

设定企业研发投资的行为目标函数为:

$$U = R - C \tag{4-1}$$

其中,R 为研发项目的投资收益,C 为研发项目的投资成本。

企业研发投入收益可进一步表示为:

$$R = [1 - P(I,F)]\delta I \tag{4-2}$$

其中 $P(I,F)$ 表示企业研发项目失败的概率,$P \in [0,1]$。它由研发投入 I 与其他影响因素 F 决定,如企业知识经验、行业特征等。δ 表示企业研发项目投资回报率,包括项目投资资金的直接收益、项目对企业生产效率、市场拓展等所产生积极促进作用。

企业研发项目投入成本 C 可表示为:

$$C = rI \tag{4-3}$$

其中,r 表示单位研发投入的综合融资成本,如银行贷款利率与发行股票产生的权益资本成本等。

将式(4-2)与式(4-3)代入式(4-1),得:

$$U = [1 - P(I,F)]\delta I - rI \tag{4-4}$$

为便于分析,这里假定企业研发失败概率 $P(I,F)$ 为研发投入 I 的线性函数,即 $P(I,F)$ 可表示为 $P(1,F)I$,那么,式(4-4)可表述为:

$$U = [1 - P(1,F)I]\delta I - rI \tag{4-5}$$

上述效用函数最大值的一阶条件为:

$$\frac{\partial U}{\partial I} = \delta - 2P(1,F)\delta I - r = 0 \tag{4-6}$$

据此得到企业最优研发投入 I^*:

$$I^* = \frac{1}{2P(1,F)} - \frac{r}{2P(1,F)\delta} \tag{4-7}$$

式(4-7)给出了几个重要结论:

第一,企业研发失败的概率 $P(I,F)$ 与企业研发投入负相关,研发项目失败率越高,企业研发投入水平越低。

第二,研发项目投资回报率 δ 与企业研发投入正相关,研发项目投资回报率越高,企业研发投入水平越高。

第三,融资成本 r 与企业研发投入负相关,融资成本越高,企业研发投入水平越低。

(2) 模型的拓展

金融发展一方面有助于资金市场对研发项目风险进行更为准确的判断,从而降低因信息不对称引起的融资溢价,从而对企业研发融资成本产生影响,故企业研发融资成本可重新表述成 $r(FD)$。其中 FD 为金融发展水平,且 $\frac{\partial r}{\partial FD} < 0$,即随着金融发展水平的提高,企业研发项目的融资成本会随之降低。另一方面,金融发展具有普惠效应,金融发展水平的提升增强了产品市场竞争,从而降低了企业研发投入的预期回报水平。企业研发项目投资回报率可重新表述为 $\delta(FD)$,且 $\frac{\partial \delta}{\partial FD} < 0$。

在上述假设条件下,可以将企业研发投入效用函数重新表述为:

$$U = [1 - P(I,F)]\delta(FD)I - r(FD)I \tag{4-8}$$

由此得,由此企业最优研发投入 I^*:

$$I^* = \frac{1}{2P(1,F)} - \frac{r(FD)}{2P(1,F)\delta(FD)} \tag{4-9}$$

将式(4-9)对 FD 求导,得:

$$\frac{\partial I^*}{\partial FD} = -2P(1,F) \cdot \frac{\frac{\partial r}{\partial FD} \cdot \delta(FD) - \frac{\partial \delta}{\partial FD} \cdot r(FD)}{[2P(1,F)\delta(FD)]^2} \tag{4-10}$$

当 $\frac{\partial r}{\partial FD} \cdot \delta(FD) - \frac{\partial \delta}{\partial FD} \cdot r(FD) > 0$ 时, $\frac{\partial I^*}{\partial FD} > 0$;

当 $\frac{\partial r}{\partial FD} \cdot \delta(FD) - \frac{\partial \delta}{\partial FD} \cdot r(FD) < 0$ 时, $\frac{\partial I^*}{\partial FD} < 0$。

其经济含义是,金融发展对于企业研发投入的影响效应取决于融资效应与竞争效应相互抵消的结果,当金融发展的融资效应大于竞争效应时,金融发展会对企业研发投入产生促进作用;当金融发展的融资效应小于竞争效应时,金融发展会对企业研发投入产生抑制作用。

4.1.2　知识产权保护与企业研发投入

1.理论分析与研究假说

制度环境对市场交易费用具有重要决定作用(North,1990)。在制度较完善的地区,通常拥有较为完善的产权保护制度,企业在维护自身知识产权过程中产生的交易费用相对较低(如能够以较快速度在侵权官司中获胜并获取足额赔偿、能在短时间内制止侵权方的侵权行为以减少侵权损失等),企业的知识产权利益不容易受到侵害;当法律对产权保护不力时,对知识产权的侵犯无论从广度和深度上都会明显增加,企业维权的难度随之提升,进而导致企业研发活动具有更大的不确定性,包括知识产权交易转让等一系列活动在内的交易成本水平的提高,对研发创新活动的开展产生不利影响。

具体到企业研发创新活动,对创新活动经济产出的独占性直接影响研发项目的盈利水平,从而在很大程度上决定了企业研发投入动力。只有当企业预期能够充分占有创新成果收益时,研发项目盈利水平才能得到保障,企业才会有足够动力进行创新。因此,独占性被视作企业技术创新战略成功的关键因素之一(Brockhoff,2003)。

知识产权保护首先会影响企业研发投入意愿。当知识产权保护水平较低时,创新主体对于创新成果的获取无法得到很好的保障,创新收益容易面临被"搭便车"的竞争对手掠夺的风险,企业家缺乏足够意愿和动力开展研发投资活动。Claessens 和 Laeven(2003)提出,与固定资产投资相比,研发活动中产生知识信息排他性较低,容易因员工流动被竞争对手获得,低知识产权保护水平会增加企业创新收益被侵占的风险,对企业研发投入的行为意愿造成损害。强有力的知识产权保护会促使非创新企业向创新主体支付费用,抬高非创新企业技术模仿的成本,间接激励非创新企业通过自主创新对模仿创新或技术购买行为进行替代。而知识产权保护制度不健全,则会降低非创新企业模仿创新和技术购买成本,损害其自主创新行为激励,抑制企业研发投入意愿。

低水平的知识产权保护也会对各类研发合作活动的进行产生阻碍。由于创新活动具有高投资、高风险等特点,出于风险分散或技术互补的需要,往往需要企业间开展一定程度的合作活动。如果知识产权保护水平很低,容易诱发合作方之间机会主义行为,损害企业间的合作意愿,对研发合作活动的开展构成不利影响,最终导致企业研发活动可行性降低,阻碍企业研发投入水平的提高。

另一方面,知识产权保护制度也有对企业研发创新活动不利的一面。宏观层面,低水平的产权保护有助于企业技术溢出效应的发挥,促进其他企业模仿创新行为的开展,对技术创新成果的扩散产生推动,对于技术落后、现有技术与前沿技术具有较大差距的地区尤其如此。从这个方面看,知识产权保护水平的提高会在一定程度上对技术溢出效应构成抑制,增强模仿创新型企业的学习成本与模仿成本,对研发投入水平提升产生消极影响。作为发展中国家,高强度的知识产权保护还会固化境外投资企业由竞争优势衍化的垄断利润,使境外企业在不开展研发的情况下仍然能够在产品市场竞争中占据优势,削弱其研发创新动力,抑制外商直接投资 FDI 技术扩散效应,从而对本国企业研发投入水平的提升产生不利影响。

就中国实际情况而言,知识产权保护特别是执法长期处于较低水平,企业以及公众知识产权保护意识不强,模仿行为带来的短期收益造成地方政府机会主义倾向,降低了政府对企业知识产权施加保护的行为动力。部分落后地区为保障自身经济发展甚至会包庇、保护本地企业侵权行为,对企业正当维权行为进行干预。在这一背景下,知识产权保护水平的提高虽然会对技术创新的扩散产生抑制,但会增强研发的技术、产品的排他性,降低创新被抄袭或侵权的可能性,减少企业对技术创新投入的感知风险,同时也有助于企业事后通过法律维权成本的降低,从而对企业研发投入产生促进作用。此外,本书研究对象为上市公司,这些公司具有良好的财务绩效以及技术水平,其在所在行业多处于原始创新而非模仿创新地位,因此强化知识产权对于这类企业研发投入的推动效应要大于抑制作用。据此,本书提出假设 2:

H_2:知识产权保护水平对企业研发投入具有推动效应。

2.理论模型构建

沿用 4.1.1 基础模型对知识产权保护影响企业研发投入的机理进行描述。知识产权保护的强化首先会对企业技术外溢构成限制,从而影响企业研发成功率,即企业研发成功率重新表述为 $[1-P(I,F)]/(kL)(k>0)$,其中 k 表示影响系数,L 表示知识产权保护强度,知识产权保护强度越高,可能会挤出 FDI,限制外资技术溢出效应,降低企业研发成功的可能性。同时,知识产权保护有助于企业获取研发项目垄断收益,从而对企业研发项目收益率产生影响,研发项目投资回报率 δ 可重新被表述为 $\delta(L)$,且 $\frac{\partial\delta}{\partial L}>0$。

在上述假设条件下,可以将企业研发投入效用函数重新表述为:

$$U = \frac{[1-P(I,F)]\delta(L)I}{kL} - rI \tag{4-11}$$

由此得,由此企业最优研发投入 I^*:

$$I^* = \frac{1}{2P(1,F)} - \frac{kLr}{2P(1,F)\delta(L)} \tag{4-12}$$

将式(4-12)对 L 求导,得:

$$\frac{\partial I^*}{\partial L} = -\frac{2krP(1,F)\delta(L) - 2krLP(1,F)\cdot\frac{\partial\delta}{\partial L}}{[2P(1,F)\delta(L)]^2} \tag{4-13}$$

经推导可知:

当 $\frac{\partial\delta}{\partial L}>\delta/L$ 时,$\frac{\partial I^*}{\partial L}>0$,即企业研发投入随着知识产权保护强度提高而增

加；

当 $\frac{\partial \delta}{\partial L} < \delta/L$ 时，$\frac{\partial I^*}{\partial L} < 0$，企业研发投入随着知识产权保护强度提高而减少。

其经济含义在于，当知识产权保护程度提高带来的技术溢出效应小于创新激励效应时，企业研发投入与知识产权保护强度呈正相关关系；反之，当知识产权保护程度提高带来的技术溢出效应大于创新激励效应时，企业研发投入与知识产权保护强度呈负相关关系。

4.1.3　政府干预与企业研发投入

1.理论分析与研究假说

浓厚的政府干预色彩是转轨经济的重要特征之一，政府干预对于企业研发投入的影响效应与政府对经济资源干预程度以及政府行为偏好密切关联。在政府对地区经济资源仍然存在较高程度控制的背景下，当政府存在提高企业研发投入水平的行为偏好时，政府干预会对企业研发投入产生推动作用；反之，则会产生抑制效应。因此，单纯讨论政府干预的影响效应无法得到确定结果，对于这一问题的讨论需要放在特定制度框架下对政府行为偏向的分析基础上进行。在中国，对于地方政府行为偏好的分析就需要在财政分权与晋升竞争的基本制度框架下进行。

在分税制改革以前，为了激发地方经济活力，自 1980 年起，中国开始实施财政包干管理体制，以"分灶吃饭"为特征的财政包干体制在增加地方政府财力的同时，也对中央政府财力构成削弱，中央财力占比不断下降，调控能力受到很大限制。为了解决财政包干体制产生的中央政府财力受限问题，中国于 1994 年推行了具有集权性质的分税制财政管理体制，并沿用至今。期间尽管历经税收收入分配比例、税种变动调整，但大体制度框架并未发生根本性的变化。

有别于西方发达国家的政府治理框架，中国高度集中的政治管理体制使地方政府官员行为激励呈现"自上而下"结构而非西方发达国家"自下而上"的结构。财政分权与政治集权相互交织，为地方政府官员间晋升锦标赛的开展和改革开放以来经济奇迹的铸就创造了制度条件。一方面，财政分权给予地方政府官员较大的地区经济裁量权和资源支配权，使地区发展绩效能够在一定程度上提供和反映地方官员能力信息，从而为上级政府选拔评价官员提供了评判参考的依据，通过为地方官员调控辖区经济提供必要的调控权限，这保证了地方政府官员参与竞争的积极性；另一方面，高度集中的政治管理体制使地方政府行为激励主要受到中央政府偏好而非公众偏好的影响，而改革开放以来中央政府对经济增长目标的关注和强调,使得地方政府官员特别注重在其任期内地区增长绩效的改善或提升,已有研究表明,在 20 世纪 90 年代至 21 世纪初,中国地方官员的升迁与官员任期内辖区经济增长率呈显著正相关,这为财政分权框架下地方政府发展地区经济提供制度保障。

尽管政治集权与财政分权的结合以及中央政府对经济增长的强调,确保地方政府间晋升竞争有效开展,对地方官员为促进地区经济增长绩效发展提供充足激励。但是,这种竞争模式的作用效应存在趋好与趋坏两面性,且随着经济发展水平的提升,社会经济制度改革步入深水区,竞争模式的"趋坏"效应逐渐突出。由于官员周期性调动,晋升竞争具有时效性特征,地方政府官员在政绩考核制度下表现出明显的短视化机会主义行为倾向。一方面,地方政府倾向于通过干预地区经济实现短期增长绩效最大化,产生了地方保护主义、重复建设等一系列问题;另一方面,地方政府对短期增长绩效明显领域特别关注,而对具有长期增长效应领域则缺乏关注的行为激励。由于研发创新活动在短期内无法见到成效,且需占用大量资源,对短期增长绩效具有一定负面效应,与地方政府官员短期增长偏好相悖,使其在现有晋升竞争制度框架下容易被地方政府忽视。

具体来说,中国式分权框架下政府干预对企业研发投入的影响机理如下:

一方面,财政分权与晋升锦标赛制度的结合为地方政府干预辖区经济提供了行为动机,对市场经济运行产生了一定扭曲效应,破坏了市场条件下研发创新活动的激励结构。在市场条件下,市场通过价格机制、供求关系平衡对企业行为进行调节引导,鼓励企业通过研发创新活动产生创新租金,获取超额收益,进而在产品市场竞争中取得优势,不被市场竞争淘汰。财政分权使地方政府官员享有较大的经济资源支配权和事务裁量权,在晋升竞争机制的作用下,地方政府倾向于运用其对地区经济资源支配力和影响力对辖区企业投资活动施加影响,诱导企业将资源配置到有利于地区经济短期增长绩效的投资领域。在这样的条件下,那些经营活动安排有助于地方政府取得短期增长绩效的企业,往往能够取得地方政府在资源安排上的支持,赢取较为有利的外部经营环境;而那些从事具有长期增长效应的研发创新活动的企业则会在政府资源配置结构中处于劣势地位,造成了市场竞争机制的扭曲。在这样的制度环境下,企业热衷于对周期短,税收、就业产出高,具有短期增长绩效的项目进行投资,而对研发创新活动投资激励不足。寻租理论认为,政府对经济的干预活动会创造租金,对企业寻租行为产生激励。财政分权管理体制下,地方政府与企业互动关系越发密切,地方政府也更容易被地区企业捕获,政府对地区经济的干预活动诱使企业较集权财政管理制度下更加积极地开展寻租活动以攫取租金。寻租活动对经济资源的大量消耗,无疑会对研发创新资源产生挤出效应,对研发投入产生不利影响。

另一方面,在晋升锦标赛制度框架下,地方政府存在"损人利己"的行为动机,即干预行为如果在阻碍存在竞争关系省份经济增长绩效的同时,对自己辖区增长绩效产生推动作用,地方政府官员就能够获取更好的绩效表现以及更大的晋升机会。在企业所得税属地管理制度下,地方政府出于保护辖区企业经营利益,防范外来省份企业在本地经营获利而产生的财税资源流失问题,地方政府倾向于采取地方保护主义措施,造成地区间市场分割。市场分割限制了商品及服务地区间自由流动,对研发创新成果市场销售范围形成挤压,从而对企业研发创新收益构成不利影响,损害了研发投入的行为激励。基于上述分析,得到:

H_{3a}:官员晋升压力对企业研发投入增长具有抑制作用;

H_{3b},财政分权度的提高对企业研发投入增长具有抑制作用。

2.理论模型构建

由于政府干预对于企业研发投入的作用机制与金融发展、知识产权保护等存在一定差异,借鉴田伟(2007)的分析思路,重新构建模型对此进行描述。

(1)企业目标函数的构建

长期以来以 GDP 作为导向的官员考核评价制度使地方政府官员特别关注地区的经济产出状况。根据前面理论分析,在政府干预行为存在的条件下,这种政府目标偏好也会对企业目标函数产生间接影响,令企业行为目标不再局限于自身利润最大化,还需要兼顾地区经济产出目标。这里用式(4-14)对企业行为目标函数进行描述:

$$U=U(Y,\pi)=\lambda Y+(1-\lambda)\pi \tag{4-14}$$

其中,λ 为地区经济产出占企业行为目标权重,即政府偏好对企业目标内生化程度($0<\lambda<1$)。由于地区经济产出目标的存在主要源于地方政府对于晋升考核导向的偏好,因此可将 λ 视为政府对于企业经营活动的干预程度。

假定研发活动与生产活动均在同一企业内完成。在晋升锦标赛框架下,由于晋升竞争的时效性,地方政府官员特别关注其任期内辖区短期经济产出状况,相对忽视具有长期产出效应的研发创新活动。这里假设企业研发投入为 I,企业的短期生产函数表述为:

$$Y=A\left(\frac{K}{I}\right)^{\alpha} \tag{4-15}$$

其中 K 为物资资本要素投入,α 为投入产出弹性,$\frac{\partial Y}{\partial I}<0$,即研发投入与产出在短期内呈负相关关系,这与研发投入产出滞后性特征相符。企业短期生产

函数经过变换,可以得到式(4-16):

$$\ln(Y) = \ln(A) + \alpha \cdot \ln(K) - \alpha \cdot \ln(I) \tag{4-16}$$

令企业研发项目成功的概率为 $P(I)$,概率 P 是研发投入 I 的增函数,即研发投入越多,研发项目获得成功的概率越大。假定 $P(I) = \ln(BI)$,其中 B 表示研发投入对研发项目成功概率的影响系数,$1 \leqslant BH \leqslant e$。如果企业研发项目取得成功,令新增市场份额 ϕ,产品市场消费总支出为 C,故包含研发创新活动企业的期望利润表示为:

$$E(\pi) = [(\ln(B) + \ln(I))\phi C](1-t) - (1-\theta)wI - rK \tag{4-17}$$

这里 t 为税率,θ 为政府给予企业研发投入的支持力度(包括研发补贴以及税收抵免等),w,r 为研发投入与普通资本要素投入单位成本。将式(4-16)、式(4-17)代入式(4-14),得到:

$$U(Y, \pi) = \lambda(\ln(A) + \alpha \cdot \ln(K) - \alpha \cdot \ln(I)) + (1-\lambda)\{[(\ln(B) + \ln(I)](1-t)\phi C - (1-\theta)wI - rK\} \tag{4-18}$$

(2)地方政府目标函数的构建

在传统晋升考核体系下,中央政府对地方官员最主要的考核指标为 GDP,与此同时,财政分权框架下本级财政支出压力的增加使地方政府希望筹集尽可能多的财政收入。因此,地方政府的行为激励同时受到职位晋升与财政盈余两方面影响,将其目标函数描述为:

$$\nu = \nu(Y, F) = \phi Y + (1-\phi)F \tag{4-19}$$

其中,ϕ 反映晋升锦标赛下地方政府官员对辖区短期经济产出的重视程度,F 为地方政府财政盈余。将期望财政盈余表述为:

$$E(F) = \beta_1(\ln B + \ln I)\phi C \cdot t - \beta_2 \theta wI \tag{4-20}$$

其中 β_1,β_2 分别表示财政收入分权程度与财政支出分权程度,将式(4-16)、式(4-20)代入式(4-19)式,地方政府目标函数可进一步表述为:

$$v(Y, F) = \varphi(\ln A + \alpha \cdot \ln K - \alpha \cdot \ln I) + (1-\varphi)[\beta_1(\ln B + \ln I)\phi C \cdot t - \beta_2 \theta wI] \tag{4-21}$$

(3)两阶段序贯博弈均衡分析

假定政府与企业进行两阶段序贯博弈,利用逆向求解法求取博弈均衡点。考虑到地方政府拥有先发优势,政府先确定对企业研发投入的扶持力度 θ 和对企业行为的干预程度 λ,然而由企业决策确定 K,I。因此,这里首先在给定 θ 和 λ 条件下,对企业目标函数求 K、I 最优解:

$$K^* = \frac{\lambda\alpha}{(1-\lambda)r} \tag{4-22}$$

$$I^* = \frac{(1-t)(1-\lambda)\phi C - \lambda\alpha}{(1-\theta)(1-\lambda)w} \tag{4-23}$$

由 K、I 表达式(4-22)、(4-23)可得:

$$\frac{\partial K^*}{\partial \lambda} = \frac{\alpha}{r(1-\lambda)^2} \tag{4-24}$$

$$\frac{\partial I^*}{\partial \theta} = \frac{(1-\lambda)(1-t)\phi C - \lambda\alpha}{(1-\lambda)(1-\theta)^2 w} > 0 \tag{4-25}$$

$$\frac{\partial I^*}{\partial \lambda} = -\frac{\alpha}{(1-\theta)(1-\lambda)^2 w} < 0 \tag{4-26}$$

从上述式子可以发现,地方政府干预程度越强,企业投入的物质资本要素越多,研发投入相对减少;同时,政府对企业研发投入的扶持力度越大,越有助于研发投入水平的提升。

将式(4-22)、式(4-23)代入式(4-21),并对政府目标函数 θ 的一阶条件,得到 θ^* 表达式:

$$\theta^* = \frac{[\beta_2(1-t)-\beta_1 t] \cdot \phi C(1-\varphi)(1-\lambda) - [\beta_2\lambda - \varphi(1-\lambda+\beta_2\lambda)] \cdot \alpha}{(1-\lambda) \cdot \{\alpha\varphi + \phi C(1-\varphi) \cdot [\beta_2 - (1-t)\beta_2^2 - (\beta_1+\beta_1)t]\}} \tag{4-27}$$

根据 θ^* 可以得到:

$$\frac{\partial \theta^*}{\partial \varphi} = -\frac{\alpha\beta_2 \cdot [\beta_2\phi C(1-\lambda)(1-t)-\alpha\lambda]}{(1-\lambda) \cdot \{\alpha\varphi + \phi C(1-\varphi) \cdot [\beta_2 - (1-t)\beta_2^2 - (\beta_1+\beta_1)t]\}} < 0 \tag{4-28}$$

$$\frac{\partial \theta^*}{\partial \beta_1} = \frac{\beta_2 t\phi C(1-\varphi)^2 \cdot [\beta_2\phi C(1-\lambda)(1-t)-\alpha\lambda]}{(1-\lambda) \cdot \{\alpha\varphi + \phi C(1-\varphi) \cdot [\beta_2 - (1-t)\beta_2^2 - (\beta_1+\beta_1)t]\}} > 0 \tag{4-29}$$

$$\frac{\partial \theta^*}{\partial \beta_2} = \frac{(1-\varphi) \cdot [\alpha^2\lambda\varphi + \alpha\phi C(A_1 - A_2\phi C)]}{(1-\lambda) \cdot \{\alpha\varphi + \phi C(1-\varphi) \cdot [\beta_2 - (1-t)\beta_2^2 - (\beta_1+\beta_1)t]\}} < 0 \tag{4-30}$$

其中　　$A_1 = -2\beta_2(1-\phi)(1-t)+\beta_2^2\lambda(1-\phi)(1-t)+\beta_1\lambda t(1-\phi)$

　　　　$A_2 = \beta_2(1-\lambda)(1-\phi)(1-t)[\beta_2(1-t)-2\beta_1 t]$

ϕC 表示企业销售额绝对值,与其他系数相比是一个极大值,故得到式(4-30)符号。式(4-28)、(4-29)、(4-30)的经济学含义在于,政府对 GDP 注重程度即晋升竞争压力越大,财政支出分权程度越高,政府对企业研发活动扶持力度越小,即对企业研发投入产生抑制,而财政收入分权程度的提高对企业研发投入具有促进效应。

事实上,由于企业研发活动一方面在增加销售额、创造生产税的同时,也会因税收优惠政策对地区财政收入产生抵减效应。另外,研发产出的滞后性也会无法保证地方官员在任期内能从扶持企业研发活动产生的财政增收效应中受益。因此,财政收入分权对于企业研发投入的促进效应并不像模型显示那样明确,而是取决于两种不同方向作用效应相互抵消后的结果。

4.2　政策环境对企业研发投入影响的作用机理

4.2.1　政府研发资助政策与企业研发投入

1.理论分析与研究假说

政府研发资助是政府或其他公共组织直接或间接对微观主体研发活动提供无偿经济支持,以鼓励企业研发创新活动开展的行为。文献研究认为,研发活动领域存在的市场失灵为政府动用公共财政资源为研发活动提供资助提供了理论依据。由于研发活动具有成果非排他性、收益非独占性等特征,研发项目的承担者难以阻止他人对研发成果的模仿创新以及直接购买研发成果导致项目收益的外溢,如果将研发活动完全交由市场完成,将导致企业创新动力不足,使企业实际研发水平偏离社会最优水平(Arrow,1962)。到了 20 世纪 70 年代,学术界已经对政府对研发活动领域提供资助的必要性问题达成共识。

研发资助作为矫正研发活动市场失灵的重要手段,其初衷旨在通过为企业研发活动提供资助以分担企业研发成本,缩小企业研发活动私人收益与社会收益之间的差距,缓解研发活动引起的资金短缺问题,从而对企业从事研发活动产生激励效应。然而国内外学者的研究表明,研发资助活动对于企业研发投入水平的影响效应存在两面性,在提供诱导效应的同时也可能导致企业减少研发投入,产生挤出效应。当杠杆效应更强时,政府研发资助会对企业研发投入产生促进作用,反之,政府研发资助则无法对企业研发投入形成激励甚至产生挤出效应。

杠杆效应方面,由于研发活动具有公共产品属性,投资者无法独占技术创新的全部收益,企业从事研发活动私人收益与社会收益存在差距,导致企业缺乏足够动力开展研发活动(Guellec 和 Van Pottelsberghe,2003)。政府通过对企业研发活动提供研发资助,降低企业的研发活动成本,缩小研发活动私人收益与社会收益之间的差距,从而提高了企业研发活动的回报率,使原始条件下期望利润率不足的研发创新项目变得有利可图。同时,研发项目常常面临融资约束问题,政府研发资助能够为研发项目提供直接资金支持,改善研发活动资源支持条件。此外,在信息不对称条件下,政府研发资助具有信号显示功能,发挥质量认证的作用。由于政府研发资助具有选择性,获取政府研发资助在一定程度上向外部金融机构提供企业研发项目质量信息,使得获取政府研发资助的企业在进行项目外部融资获得便利。Lunawat(2009)对政府研发资助与获取风险投资资本相关性进行检验,发现研发资助在企业质量信号显示方面产生了积极地正面作用,有利于研发项目获取外部融资支持。

政府研发资助在缓解市场失灵、促进企业研发投入的同时,也有可能会对企业自身研发投入产生替代效应。公共选择理论认为,由于政府研发资助的有限性,为了避免公共财政资源的浪费和更好的账面资助绩效,政府官员通常倾向于选择成功可能性高或商业回报高的研发项目提供资助,而这些项目往往是在不提供政府研发资助条件下,企业原本就打算投资的。如果政府对这些研发项目进行研发资助,企业就会利用政府研发资助替代一部分自身研发投入资金,抵消了政府研发资助对于企业研发投入水平的促进作用,进而削弱了政府研发资助的杠杆作用效果。除此之外,研发资助项目的遴选机制设计和实践状况对政府研发资助有效性具有重要影响。Kleer(2010)通过构建理论模型发现,如果政府研发资助仅仅能帮助第三方区分基础研发项目和应用研究项目,政府研发资助的信号作用对于银行信贷决策没有明显帮助。而一旦政府研发资助添加质量信号,则会有助于信号机制的发挥,即获得政府研发资助的企业研发项目,其融资额度、融资条件能够得到明显改善。同时,政府腐败因素也会对政府研发资助信号显示机制的有效性产生干扰,如果大量企业通过寻租渠道获取资助,外部金融机构难以根据政府研发资助获取情况判断研发项目质量,那么获取政府研发资助并不能有效改善企业外部融资条件,无法对企业研发投入产生明显的杠杆效应。总体而言,基于上述分析,得到假设4:

H_4:政府研发资助对企业研发投入具有促进效应。

2. 理论模型构建

沿用4.1.1基础模型对政府研发资助政策影响企业研发投入的机理进行描述。就个体企业而言,政府研发资助能够为企业研发项目提供直接资源支持,减少企业研发项目外部融资规模,假定政府研发资助率为s,故企业研发投入成本C表示为$(1-s)I$。根据理论分析,政府研发资助具有信号显示效应,即获取政府研发资助的企业对外部金融机构传递研发项目高质量信号,从而在融资活动中获得便利,即研发融资成本r重新表述为$r(s)$且$\frac{\partial r}{\partial s}<0$。

在上述假设条件下,可以将企业研发投入效用函数重新表述为:

$$U=[1-P(1,F)I]\delta I-r(s)\cdot(1-s)I \tag{4-31}$$

由此得,由此企业最优研发投入I^*:

$$I^*=\frac{1}{2P(1,F)}-\frac{r(s)\cdot(1-s)}{2P(1,F)\delta(L)} \tag{4-32}$$

将式(4-32)对s求导,得:

$$\frac{\partial I^*}{\partial s} = -\frac{\frac{\partial r}{\partial s} \cdot (1-s) - r(s)}{2P(1,F)\delta} \tag{4-33}$$

由 $\frac{\partial r}{\partial s} < 0$、$r(s) > 0$ 可知 $\frac{\partial I^*}{\partial s} > 0$，即企业研发投入随着政府研发资助的提升而增加。

4.2.2　货币政策与企业研发投入

1.理论分析与研究假说

长期以来，货币政策是否有效存在较大争议。货币数量论者认为货币政策是中性的，即货币供给的变动除了造成物价波动外，不会对实体经济构成任何实质性影响。凯恩斯学派则认为，除了特殊的危机时期以外，货币政策能够通过利率渠道对经济运行产生实质性影响（Fischer，1977）。早期的实证研究主要侧重从宏观层面对货币政策实际产出影响效应进行考察。对货币政策影响效应微观层面的关注最早可追溯至 Bernanke 和 Blinder（1988）。此后，Oliner 和 Rudebusch（1996）、Hu（2000）等人从微观层面对货币政策对于企业投资行为的影响效应进行分析，其研究结果均显示，货币政策能够对企业投资活动产生显著影响，从而对货币政策微观层面的有效性形成支持。

新古典投资理论认为，企业投资活动同时受到供求两方面因素的影响。供给因素主要是指投资项目的资金支持情况，需求因素主要来源于企业对投资项目盈利性的评价状况。企业在项目投资决策时通过对成本与收益进行权衡以期实现自身利润最大化。在传统理论中，利率是货币政策的唯一传导媒介，货币政策变动主要通过利率渠道效应对企业投资决策产生影响，即货币政策变动引发市场利率波动，进而对投资项目盈利性评价结果产生影响。但 Bernanke 和 Gertler（1995）认为，除了利率渠道以外，货币政策还可能通过信贷渠道进行传导，货币政策变动能够通过调节银行信贷投放规模，对企业投资活动产生影响。国外早期的实证研究结果显示，在货币政策传导中，利率渠道效应占据绝对支配性地位（Kashyap 等，1993），但在后续研究中，Kashyap 和 Stein（2000），Aschcraft（2006）等人的研究结果则对货币政策信贷渠道效应的存在性提供了经验证据支持。Angelopoulou（2009）等对英国公司的研究发现，在紧缩货币政策时期，企业具有更高的投资—现金流敏感系数，说明紧缩货币政策加剧了企业面临的融资约束水平。Ciccarelli 等（2011）基于美国及欧洲的商业银行数据研究发现，货币政策主要通过影响家庭、企业及银行的资产负债表实现信贷渠道的传导。战明华（2010）等分析发现，中国存在货币政策信贷传导渠道，投资主体产权性差异衍生的银行信贷配给问题是信贷传导渠道存在的主要原因。

李志军和王善平(2011)围绕信息透明度对货币政策的影响效应展开探讨,研究发现信息透明度对货币政策对于企业融资的影响效应具有重要的调节作用,在信贷紧缩时期,高质量的信息披露有利于缓解企业融资约束,从而在一定程度上抵御紧缩货币政策对于企业投资构成的负面效应。徐光伟和孙铮(2015)利用季度面板数据针对货币政策信号可信性以及货币政策对于企业投资行为的影响进行分析,研究发现当与货币政策可信度较高时,货币政策信号的释放能够放大货币政策对企业投资行为的引导效应。谢乔昕(2017)基于沪深上市公司面板数据对货币政策对于企业研发投资的作用效应进行考察,研究结果显示,货币政策宽松会对企业研发投资产生显著正向影响,这种影响效应主要通过需求效应与供给效应两类渠道传递。陈亚会(2017)的研究结果显示,货币政策紧缩会对企业研发投入产生抑制效应,且货币政策紧缩与企业债务融资的交互作用会放大企业债务对于研发投入的负向影响。

就具体影响机制而言,货币政策对企业投资行为的影响主要存在两种效应:供给效应与需求效应。供给效应方面,当货币政策趋紧时,市场货币供应量减少,金融机构的流动性水平下降,可贷资金规模随之紧缩,企业研发投资项目的融资难度增加,研发项目的融资成本相应上升。同时,银根紧缩导致非货币性资产市场价值的贬损,对企业的担保能力产生削弱效应,也在一定程度上强化了研发投资项目外部融资约束,即产生"金融加速器"效应。另外,在货币政策紧缩期间,受到金融监管约束,金融机构特别是银行往往倾向于为期限短、风险低的投资项目提供信贷支持。长周期、高风险的研发项目在紧缩货币政策条件下显然不能很好满足金融机构的信贷投向偏好。从企业角度看,在货币政策紧缩时期,市场利率提高,为避免未来利率向下变动产生的利率风险,企业倾向于进行短期性而非长期性的融资活动,这一融资需求偏向与研发项目长期性融资需求存在错配。

需求效应方面,货币政策紧缩也会从需求端对企业研发投入产生影响。货币政策紧缩条件下,货币供应量减少抬高了市场利率水平,导致基于市场利率计算的研发项目净现值降低,进而导致企业投资机会的减少,最终对研发投资活动产生抑制作用。由于研发投资项目的长周期特征,研发项目净现值的变动对市场利率较普通投资项目更为敏感,货币政策紧缩对研发项目需求端具有更强的冲击效应。

此外,货币政策还会通过心理预期渠道对企业研发投资决策产生影响。货币政策转向会影响企业对未来资金面以及经济增长趋势的预期,进而传导至企业,反映在企业投融资决策活动上。当货币政策由宽松转为紧缩,企业会产生未来资金面紧缩、经济增长放缓的行为预期,促使企业采取压缩研发投资、增加

现金持有等行为加以应对,对研发投入水平的提升产生负面效应。基于上述分析,得到假设 5:

H_5:紧缩货币政策对企业研发投入具有抑制作用。

2.理论模型构建

沿用 4.1.1 基础模型对货币政策调整影响企业研发投入的机理进行描述。紧缩货币政策会提高市场利率,从而降低研发项目折现收益,故研发项目投资回报率 δ 重新表述为 $\delta(M)$,M 表示货币供给量,$\frac{\partial \delta}{\partial M}>0$。同时,紧缩货币政策引起市场利率提高,也会抬高企业研发项目外部融资成本,故 r 重新表述为 $r(M)$,$\frac{\partial r}{\partial M}<0$。

在上述假设条件下,可以将企业研发投入效用函数重新表述为:

$$U=[1-P(I,F)]\delta(M)I-r(M)I \tag{4-34}$$

由此得,由此企业最优研发投入 I^*:

$$I^*=\frac{1}{2P(1,F)}-\frac{r(M)}{2P(1,F)\delta(M)} \tag{4-35}$$

将式(4-35)对 M 求导,得:

$$\frac{\partial I^*}{\partial M}=-\frac{2P(1,F)\delta(M)\cdot\frac{\partial r}{\partial M}-2P(1,F)r(M)\cdot\frac{\partial \delta}{\partial M}}{[2P(1,F)\delta(M)]^2} \tag{4-36}$$

由于 $\frac{\partial \delta}{\partial M}>0$、$\frac{\partial r}{\partial M}<0$ 可知,$\frac{\partial I^*}{\partial M}>0$,其经济含义在于:紧缩货币政策导致市场货币供给量减少,进而造成企业研发投入水平降低。

4.2.3　环境规制政策与企业研发投入

1.理论分析与研究假说

随着环境污染问题的日益恶化与突出,越来越多的国家开始重视对环境的保护和规制。环境规制最初被定义为政府以环境保护为目的推出的各种法律法规,随着税收、补贴等经济手段的不断引入,环境规制概念逐渐被拓展为政府、行业组织等主体出于环境保护以及资源合理利用而施加的干预行为。一般而言,环境规制对于企业研发投入的影响存在两面性,既包括负面的挤出效应,也存在正面的补偿效应。

新古典主义者 Dean 和 Brown(1995),Palmer 等(1995)认为,环境规制通过将环境成本内生化,迫使企业为其环境污染行为支付费用,这种费用保护环境遵从成本和环境违规成本两方面,环境遵从成本包括企业为满足环境规制要求,从原材料选择、生产工艺流程到报废产品回收等各环节减少企业生态破坏产生的费用支出。环境违规成本则主要包括因企业环境污染超标导致的罚款和限产等惩罚、公众环境形象的破坏导致股价下跌等。这些费用支付会导致企业运行成本的增加,在一定资金约束下,最终减少企业对研发活动方面的资金投入,对于高融资约束的企业更是如此。同时,环境规制对企业的投资机会产生限制作用,迫使企业放弃一些具有获利可能但存在污染风险的投资项目,但该类投资项目为技术密集型时,环境规制政策便会间接地对企业研发投入产生负向作用。另外,严格的环境规制还会产生投资挤出效应,促使企业选择环境规制相对宽松地区进行生产投资,产生"污染天堂"。对于发展中国家而言,严格的环境规制会对 FDI 投资区位选择产生影响,导致 FDI 流入的减少以及原有 FDI 的流出,限制了 FDI 技术溢出效应的发挥,对本土企业研发活动产生阻碍,进而对研发投入水平产生负面效应。

另一方面,波特假说认为,长期来看,一套设计良好且执行到位的环境规制政策理应对企业研发创新产生积极的促进作用。政府为约束企业负面环境行为所采取规制措施,提高了企业的污染治理成本,对企业短期利润水平产生直接损害效应。而企业在面临环境规制约束对其经营活动带来的负面效应时,为维持其原有利润水平,主要会采取两种方式进行应对:第一,厂商通过绿色技术创新,控制现有产量水平下的污染物排放,使生产活动趋向于资源节约和环境友好,以满足环境规制的要求;第二,通过追加研发投入,改良生产工艺,提高企业生产率,以抵减或消除环境规制给企业增加的成本,形成创新补偿效应。无论哪一种应对方式均会对企业研发投入产生激励作用。同时,在社会环保意识提升的背景下,企业率先采取环境友好行为,如通过研发改良产品或服务环境性能等,有助于获取先发优势,从而在实体市场中赢取更多"货币选票"。此外,Kennedy(1994),Aghion(1992)等基于委托—代理理论对环境规制对研发投入可能的促进效应进行阐释,认为在委托代理结构下,当企业面临研发投资机会时,研发项目的高度不确定性往往会导致以个人利益最大化为导向的经理人做出违背企业利润最大化的决策,而环境规制则有助于对经理人自利行为构成约束,从而对企业研发创新活动产生积极效应。

就具体企业而言,在适度的环境规制水平下,环境规制能够促使企业通过内部挖潜、技术创新提高生产率水平,产生创新补偿效应。如果环境规制要求过于严苛,企业从事绿色技术研发成本过高或难以达到相应技术水平,企业便会放弃相关研发活动,转而被动承担因环境规制增加的生产成本甚至退出所在行业。据此提出竞争性假设 6:

H_{6a}:环境规制水平对企业研发投入具有促进作用;

H_{6b}：环境规制水平对企业研发投入具有阻碍作用。

在讨论规制政策与企业研发投入的相关性问题时，规制俘获因素往往需要纳入分析范畴，在正规制度缺失的转轨经济体中更是如此。规制俘获是指，在规制政策的制定和实施的过程之中，被规制对象以游说、贿赂等方式对规制主体施加影响，以令规制政策的制定和实施有利于特定被规制对象的行为或现象。规制俘获的发生需要满足两方面的条件。一方面，规制机构存在多维利益导向，除了制定和执行规制政策、达到规制目标以外，还具有自身的利益导向。如果规制部门是一个彻底的秉公立法执法者且目标具有一维性，规制俘获不会存在生存空间。当规制部门相关人员谋求自身利益，如贿赂，或者规制部门除了实现规制目标外还需要肩负其他政策目标，且这一政策目标与规制目标存在一定的冲突时，规制俘获就存在滋生的土壤。另一方面，规制俘获机构具有一定的信息优势，即在规制政策制定和执行过程中难以被公众或监督机构观察和评价，如果规制俘获机构缺乏立法和执法的裁量权，或是一旦发生违背规制初衷的行为会被及时察觉和惩治，规制俘获行为也难以存在。下面就我国环境规制政策执行中规制俘获行为的存在性进行讨论。

在我国环境保护机构行政管理体制上，2009年以前，我国地方环保机构直接隶属于地方政府，2009年经改革后，地方环保机构开始受到国家环保总局和地方政府的双重领导，地方政府对地方环保机构的影响力相对受到限制。但事实上，地方政府仍然对辖区环境保护机构具有一定的控制力和影响力，这也导致了我国地方环境保护机构独立性相对缺失的问题。现实中，地方环境规制部门与地方政府之间存在一种委托代理关系，即地方政府委托地方环境保护机构对辖区环境状况进行管理。在环境规制机构独立性存在欠缺的条件下，地方环境保护机构官员的激励结构存在多维性：一是，作为地方环境规制政策的落实者和执行者，地方环境规制官员要受到中央环境规制政策导向的影响；二是，地方环境规制官员作为地方政府辖区环境保护的受托人和代理人，在执行环境规制政策时还需顾及地方政府目标取向的影响；三是，地方环境规制官员在日常工作中往往会与企业存在较密切的接触和沟通，在此过程中可能受到来源于企业方面的利益诱惑以换取相对宽松的环境规制空间。因此，规制俘获的第一生存条件成立。规制俘获行为存在的第二个条件是，规制机构在立法和执法过程中存在裁量权且这一裁量权不会被第三方完全观察和监督，即规制机构在规制活动中掌握一定的信息优势。具体到环境规制政策方面，尽管地方环境机构在环境规制政策制定方面的权限受到限制，但在具体政策贯彻落实方面存在较大的自由裁量权，具体表现为在罚款金额存在区间时可以斟酌使用下限或上限进行罚款、在违规情节较轻时可采用警告教育还是罚款惩治等方式。因此，规制俘获在我国环境规制领域存在生存的必要条件,有必要在分析环境规制与企业研发投入相关性问题时将这一因素纳入分析考量范围。

规制俘获对环境规制与企业研发投入相关性主要存在两种影响方式:一方面,规制俘获行为需要占用和消耗企业大量人力物力资源,对研发投入的资源支持形成挤出,不利于研发投入水平的提升;另一方面,规制俘获会强化企业投机行为倾向,扭曲企业家精神,使企业将更多资源配置到非生产性活动中,造成企业资源的配置偏误,导致研发投入的减少。考虑到规制俘获行为与环境规制强度的正相关性,即环境规制强度越高,规制俘获带来的利益空间越大,企业规制俘获行为倾向越强,提出假设7:

H_7:规制俘获负向调节环境规制对于研发创新活动的激励效应,换句话说,规制俘获正向调节环境规制对于研发创新活动的消极影响。

2.理论模型构建

沿用4.1.1基础模型对环境规制政策影响企业研发投入的机理进行描述。环境规制水平的提高首先会增加技术研发的难度,从而提高研发失败可能性,即企业研发成功率重新表述为 $[1-P(I,F)]/(sG)(s>0)$,其中 s 表示环境规制对研发成功率的影响系数,G 表示环境规制水平。环境规制水平会增加企业环境污染成本,使用 $E(G,I)$ 表示。同时,在环境规制约束下,企业经营风险提升,从而会对外部融资成本产生影响。企业在融资约束条件下支付因环境规制引发的资金成本,也会对企业内部资金形成挤占,故企业研发项目融资成本重新表述为 $r(G)$,其中 $\dfrac{\partial r}{\partial G}>0$。

在上述假设条件下,可以将企业研发投入效用函数重新表述为:

$$U = \frac{[1-P(I,F)]}{sG}\delta I - [r(G)I - E(G,I)] \tag{4-37}$$

为简化分析,假定企业环境污染成本 $E(G,I)$ 为 I 的线性函数。由于企业通过研发投入能够改良现有生产技术,降低环境污染成本,故使用企业生产成本的减函数表达,研发投入越多,环境污染成本随之降低,$\dfrac{\partial E}{\partial G}>0$。

由此得,由此企业最优研发投入 I^*:

$$I^* = \frac{\delta - [r(G) - E(G,1)]sG}{2P(1,F)\delta} \tag{4-38}$$

将式(4-38)对 G 求导,得:

$$\frac{\partial I^*}{\partial G} = \frac{sG\left(\dfrac{\partial r}{\partial G} - \dfrac{\partial E}{\partial G}\right) - s[r - E(G,1)]}{2P(1,F)\delta} \tag{4-39}$$

经推导可知(推导过程略):

当 $\dfrac{\partial r}{\partial G} - \dfrac{\partial E}{\partial G} > [r - E(G,1)]/G$ 时，$\dfrac{\partial I^*}{\partial G} > 0$，即企业研发投入随着环境规制强度提高而增加；

当 $\dfrac{\partial r}{\partial G} - \dfrac{\partial E}{\partial G} < [r - E(G,1)]/G$ 时，$\dfrac{\partial I^*}{\partial G} < 0$，企业研发投入随着环境规制强度提高而减少。

即当环境规制形成投资挤占效应大于创新补偿效应时，环境规制的提升会对企业研发投入形成阻碍，反之，则会对企业研发投入产生促进作用。

4.2.4　政策扰动与企业研发投入

企业在研发决策过程中对政策因素的考虑通常具有前瞻性，除了依据当前政策状况进行研发投入决策外，还会对未来政策变动趋势进行分析判断。依据适应性预期假说，经济个体在对未来进行预期时，除了考虑当期水平外，还会对预期偏差进行修正。应用到企业研发投入的政策影响效应中，企业在对未来政策水平进行预测时，除了考虑当期政策安排，还会对过去政策预期差异加以考虑。当政策存在较大波动时，企业对未来政策水平的预期修正也会越大，考虑到政策制定本身具有的外生性，大幅度的预期修正会增加预期偏差出现的可能性以及偏差幅度。同时，从统计学意义上而言，高水平的政策扰动会增加未来政策预期水平的置信区间，增加政策环境不确定性。这种不确定性对于企业研发投入决策的影响从传导路径上讲可分为影响企业研发投入意愿与影响研发投入外部资源获取两方面。

企业研发投入意愿方面，高水平政策扰动通过降低企业研发投入意愿对研发投入水平的提升构成阻碍。与一般投资项目相比，研发项目投入具有长期性，高水平政策扰动增加了企业面临外部政策环境的不确定性，降低了研发项目期望收益水平，增大了企业研发活动失败的可能性，从而削弱了企业从事研发项目的行为意愿，转而更倾向于通过短期投资进行获利。同时，研发投入长周期特征也决定了研发项目收益对于政策变动的高度敏感性，对企业研发项目获利能力的可信度构成挑战，也在一定程度上阻碍了企业研发投入行为意愿。

在研发投入外部资源获取方面，高水平政策扰动通过限制企业研发投入外部资源获取对研发投入产生抑制效应。高水平政策扰动增加了企业研发项目面临的政策风险，从而抬高了研发项目要素特别是资金要素的供给成本，增加了企业研发活动的成本负担。同时，研发活动的长期性使得持续稳定的资金供应十分必要，然而高水平的政策扰动可能会使银行、投资者担忧未来政策安排及其变动趋势对企业不利而导致投资中断，最终导致研发项目因资金流断裂而被迫终止。

4.3 政企关系调节效应的作用机理

关系是个体、组织之间互相影响、互相作用以及信息传递的重要渠道,在中国社会转型过程中,关系活跃于社会各个领域(梁玉成,2010)。不完全合同理论认为,任何依赖于语言与文字的制度规定都需要花费成本,且这种制订成本具有边际递增性,而收益的增长则相对有限。因此,鲜有制度会采取穷尽的规定明确各项细节。在转轨期的中国,由于发展阶段的限制,人们对许多问题的认识还存在限制,许多制度规定尚未推出,正规制度在许多领域存在缺失。在这种情况下,作为正式制度补偿机制的"关系"具有重要的经济意义。Li(2003)认为,在中国社会,人情比逻辑更为重要,张军(1995)同样强调了关系这一非正式的经济手段在转轨经济中起到非常重要的作用。陆铭和潘慧(2009)提出,市场经济活动具有匿名与非匿名的双重特征,市场的非匿名性使关系具有重要价值。在正规制度真空的领域,政府掌握着"能做"与"不能做"边界的裁量权,密切的政企关系能够使政府解释权的行使有利于企业,从而为自身营造良好的外部经营环境。

尽管市场化进程不断推进,经济管理制度更趋于市场化,但在转型经济中,制度真空问题仍大量存在(Khanna 和 Palepu,2000)。政府在关键性战略资源如土地、资本、技术和管理人才等资源配置过程中,仍起到主导型作用。在这样背景下,建立密切的政企关系对于企业来说十分重要,这种关系一方面作为资源,帮助企业从政府、银行、市场等方面取得优惠或特权(杜颖洁和杜兴强,2013),另一方面也能够产生一定的声誉效应,向外界传递有利于自身形象的软信息,实现信用增级,从而在一定程度上克服因市场信息不对称对企业研发投入行为构成的制约。就目前情况而言,我国企业主要通过产权性质、高管政治关联以及经济影响力三种渠道构建政企关系并决定这种关系的密切程度,下面将分别对三种渠道作用机理进行阐述。

4.3.1 经济影响力维度的政企关系

一个地区的经济增长需要依靠辖区企业投资、出口等经营活动的开展来推动,高经济影响力企业对于地区经济增长表现的重要性不言而喻。站在政府的角度,地方政府对高经济影响力企业的经营投资活动进行干预能够具有更大的政绩产出效应,使干预行为产生更多的政治收益,也可以说这类干预行为具有相对更好的性价比。因此,高经济影响力的企业往往容易被选择成为政府干预对象。

　　与此同时,企业的运营发展也需要政府提供相应支持,这种支持来自于公共服务、财政资助等多方面。在经济转轨期,政府对经济资源仍然具有较高的控制力和影响力,在资源配置过程中起到关键作用。政府能够为企业提供的经济资源包括各类财政补贴、税费优惠等政策性支持以及土地、财政资金等直接资源。站在企业角度,高经济影响力企业对外部环境具有更强的依赖度,与其他企业相比,高经济影响力企业往往具有更大的劳动力雇佣需求、项目融资需求以及占用更多地土地资源。政府在经济资源配置过程中具有的控制力和影响力以及项目审批管理权限,使高经济影响力企业对地方政府存在较高程度的依赖,营造良好政企关系的需要也更为迫切。因此,经济影响力构成政企关系的重要维度。

　　Shleifer 和 Vishny(1994),Bardhan(2002)提出,自 20 世纪 90 年代开始的财政分权改革赋予地方政府越来越多的自主权和管理权,驱使辖区企业为获取自身发展所需资源和政策支持,更为频繁地开展寻租活动以与地方政府建立密切联系。即财政分权对政企互动关系具有某种程度上的强化效应。1994 年分税制改革以来,中国已建立起规范的分权财政管理体制,一方面,在政治晋升与财政分权的双重激励框架下,地方官员需要地区企业为其提供所需政绩如经济增长、地区就业等,另一方面,企业也需要政府为其提供有利的政策性支持以及经济资源的配置结构。在这一制度框架下,地方政府与辖区企业事实上达成了一种互相依赖、互相支持的关系型契约(王永钦等,2007)。在这一关系型契约下,地方政府与企业互动跨越不同领域展开,而彼此互联性、依赖度决定了政企关系密切程度以及地方政府对企业经营活动的干预程度。高经济影响力企业无论站在企业对外界环境依赖角度还是从政府干预角度,都更容易与地方政府建立较为密切的互联关系。

　　经济影响力对企业研发投入决策的影响效应存在双重性。负向影响方面,在以经济增长为导向的晋升竞争影响下,地方政府官员存在干预企业经营活动、推动辖区短期政绩提升的行为动机。由于高经济影响力企业对辖区经济具有的重要影响,就容易被地方政府选作施加干预的对象,而企业出于对地方政府资源、政策较高依赖度的考虑,可能在投资决策上受到地方政府短期增长偏好的干扰,产生"短视化"行为倾向,导致企业创新活动投入的减少。正向影响方面,高经济影响力企业能够凭借密切的政企关系在资源获取方面取得政府支持,具有更低的研发融资约束。同时,由于高经济影响力企业对地区经济较大的贡献,在与地方政府打交道过程中具有较强的讨价还价能力,从而更能抵御地方政府增长偏好对企业经营活动的负面影响,开展更有利于自身长远发展的研发创新活动。

4.3.2 产权性质维度的政企关系

产权性质对政企关系的疏密程度也具有重要的影响。股权上,国有企业与政府具有天然的联系,从影响效应看,国有控股对于企业研发投入决策的影响主要来源于两方面:资源支持方面,由于我国现行金融体制下存在严重的金融所有制歧视,Du 等(2009)统计发现国内商业银行贷款资源绝大多数流入了国有经济部门,只有不到 20% 份额流入了非国有企业经济部门,与各部门经济贡献份额存在较大反差。国有企业在获取银行信贷融资方面较民营企业具有明显优势。因此,国有企业研发投入的资源支持优于民营企业。

投资行为倾向方面,国有企业对于研发创新领域的投资意愿则要弱于民营企业。由于中央政府对下级官员行政晋升权的掌握,中国地方政府的行为具有显著的对上级负责特征。经验研究表明,地方官员晋升的主要依据是任期内所在地区经济增长(Li 和 Zhou,2005;王贤彬等,2010)。在这种情况下,追逐政治晋升的地方官员往往面临较大的地区经济发展压力,出于自身利益考虑,地方政府更倾向于投资那些有助于短期增长的政绩项目。控制权上的天然联系使得国有企业更容易受到地方政府行为偏好的影响,从而表现为国有企业具有相对较弱的研发投入意愿。此外,国有企业存在“最终控制人缺位”的代理问题,在从事日常经营活动之余,往往还需要肩负促进就业、稳定社会等社会责任,有可能导致国有企业为实现其他目标而偏离股东财富最大化的财务管理目标。另外,在国有企业管理人员的考核中,对企业保值增值等显性会计指标的强调以及国有企业高管人员薪酬决定机制存在浓厚的行政管理色彩,这些因素均无法给国有企业管理层从事研发创新活动提供足够的长期激励。

对国有控股企业,可进一步细分为地方政府控股与中央部委控股两大类。两类企业在与政府外部联系以及监督激励机制上存在明显差异。相对而言,中央政府处于政治体制最高层,面临具有时效性质的政绩考核压力相对较小。与地方政府相比,中央政府不存在激励扭曲问题,其短期增长偏好较弱。因此,尽管中央政府控制的国有企业仍然有与地方政府保持良好关系的需要,但对地方政府资源供给的依赖显然要低于地方控股国有企业。而地方控股国有企业方面,地方政府对其经营活动的干预成本低,干预手段和干预行为相对隐蔽,企业对辖区的资源政策支持存在较高的依赖度,更容易受到短期化行为倾向的影响而减少或放弃具有长期增长效应的研发活动。

4.3.3　政治关联维度的政企关系

大量文献研究表明,政治关联普遍存在于企业之中,且显著地影响企业经营行为、业绩和价值。Krueger(1974)认为,在获取经营许可或经济租金等行为动机的影响下,企业家会花费时间和金钱等资源与政府建立良好的关系。Fisman(2001)对印尼25家具有政治关联的上市公司研究发现,政治关联对企业股价具有重要影响,当印尼总统苏哈托健康状况恶化时,与之有密切关系企业的股价会出现明显下跌,而当其健康状况良好时,这些企业股价又会显著上涨。Faccio(2006)对近2万家上市公司调查发现,大约8%的公司存在政治关联。转轨经济下,企业具有强烈的意愿获取组织的合法性,而这种合法性在相关法律缺失的条件下只能够由政府授予,认识能够给予这种合法性的人即政府背景人员,就成了获取合法性的一种途径。在制度不完善的国家,政治关联显著地提升了企业价值。Claessens等(2008),Boubakri等(2009)等人研究表明,政治关联企业在信贷金额、期限以及融资成本等方面均具有优势低位。Fan,Rui和Zhao(2008)发现,当腐败官员被捕入狱后,与腐败官员相关的公司的债务杠杆率以及公司股价会明显下降。Boubakri等(2012)发现政治关联对股权融资成本也具有显著的降低效应。罗党论和刘晓龙(2009)基于中国民营上市公司的研究发现,具有政治关联的企业更容易进入管制行业,从而对企业业绩产生推动作用。陈爽英等(2010)进一步证实,当企业建立政治关系后,更加倾向于投资经营风险低、市场稳定、获利快的项目,不愿意选择风险高、周期长的投资项目。

基于以往研究可以判断,拥有政治关联的企业通常具有更为密切的政企关系。与经济影响力类似,这种政企关系对企业经营行为的影响效应具有两面性。大量研究表明,信贷市场信息不对称问题以及信贷资源配置过程中存在的政治性主从次序是导致我国民营企业融资难的重要制度因素。政治关联的构建能够通过信号传递效应以及资源效应缓解企业面临的融资约束问题,从而对企业研发投入产生激励效应。民营企业构建政治关联主要有两个渠道:第一,企业家主动谋求参政议政,获取政治身份;第二,企业主动聘请具有政治背景人物担任企业高级管理人员。无论哪一种渠道,高质量企业都更有更大机会建立政治关联。业绩好、税收贡献多、吸纳地区劳动力多的企业家更容易受到地方政府关注,从而获取政治地位;具有政治关联的人物往往也更倾向于选择到经营业绩良好的企业担任职务。因此,政治关联能够在某种程度上被视作传递企业质量信号的一种声誉机制(孙铮等,2005),向银行传递出企业高质量的信号,从而缓解信息不对称造成的融资约束问题。政治关联也有助于民营企业部分消除信贷市场政策歧视,在要素供给、市场准入等方面获得与国有企业类似的优惠待遇,在供求两端对企业研发投资产生激励。另外,政治关联还可以作为产权保护的替代机制,帮助企业避免或减少相关组织对知识产权的侵占,当企业产生知识产权纠纷时,具有政治关联的企业往往也可以从司法体系中获得更多支持。

另一方面,政治关联也可能会对企业研发投入产生挤出效应。首先,企业为建立、维持政治关联需要挤占、耗费大量资源(杨其静,2011),其中财务资源的消耗会对研发投入形成挤出,企业家在时间和精力上的消耗则会抑制企业家创新精神,对研发投入产生不利影响。其次,具有政治关联的企业往往能够获得垄断与特权,进入管制性行业,攫取准租金(罗党论和赖再洪,2016),促使企业家将更多资源投入到投资回收期短、风险小以及政府管制领域的投资经营项目,弱化了企业从事长投资周期、高度不确定性的创新性活动的行为动机。同时,民营企业构建的政治关联具有高度的脆弱性与不确定性,促使政治关联企业从事短平快投资项目而非创新性项目以期将政治关系价值发挥最大化。此外,地方政府在追求短期经济增长最大化目标过程中,政治关联企业经营活动更容易受到政府行为取向的干扰,从而减少具有长期增长效应的研发资源投入。

4.4 本章小结

本章对制度及政策环境对于企业研发投入的作用机理以及政企关系调节效应的作用机理进行规范分析并提出相应研究假设:

金融发展水平的提高对企业研发投入的影响具有两面性:一方面金融发展水平的提高能够更好地发挥金融在资金融通、风险分散等方面的作用,有效缓解企业研发融资约束,对企业研发投入具有积极的促进作用;另一方面,金融发展具有的普惠性也会加剧企业产品市场竞争,限制创新项目的收益水平。

知识产权保护制度的完善能够更好地保障创新主体对于创新收益的垄断,对创新投入产生直接激励作用。同时,在开放经济条件下,技术落后地区知识产权保护强度的提升可能会挤出 FDI,限制外资技术溢出效应,从而对企业研发投入产生一定的负向影响。

财政分权与政绩竞争对地方政府干预行为具有重要影响,地区财政分权程度越高、政绩考核压力越大,地方政府干预短期性越明显,对企业研发投入的提升不利。

　　政府研发资助政策能够缓解企业研发资金困境,降低研发项目成本,激励企业进行研发投入。但低效率的政府研发资助无法识别真正需要提供资助的企业研发项目,导致一些企业本计划使用自有资金进行的研发项目获得资助,对其研发投入形成挤出。

　　货币政策紧缩一方面限制企业研发项目融资活动的顺利进行,导致企业研发活动难以获取所需资金支持,同时,紧缩的货币政策会导致市场资金面紧张,利率抬高,降低研发项目净现值,进而对研发投入产生抑制作用。

　　环境规制政策对企业研发投入的影响效应存在不确定性,一方面适度的环境规制政策通过"创新补偿效应"对企业研发投入构成激励,另一方面过于严苛的环境规制政策以及环境规制执行力欠缺会弱化企业研发投入意愿,对研发投入增长不利。

　　政策扰动增加了政策环境的不确定性,强化了企业观望心理,抑制金融机构对研发项目提供资金支持的行为意愿,对政策对于企业研发投入的促进效应具有负向调节作用,也可以说,政策扰动会放大政策对于企业研发投入的负向影响。

　　政企关系调节效应方面,企业是嵌入社会网络中的个体,在正式制度不完善条件下,作为非正规制度的关系在企业运营管理中扮演十分重要的补充作用。政企关系对制度及政策环境与企业研发投入关系具有调节作用,这种调节作用的大小依赖于政企关系的密切程度。政企关系密切程度受到多重因素的影响,具有高度经济影响力、构建政治关联的高管以及产权性质为国有的企业通常具有更为密切的政企关系。

第五章 制度环境对企业研发投入影响的实证分析

制度理论强调制度环境对于组织及个人行为的影响(Scott,1995)。制度环境对于企业的嵌入性通过影响企业研发活动的成本—收益对研发投入产生影响。尽管国内外学者围绕制度环境与企业研发活动关系展开大量讨论,但并未取得一致的研究结论。造成结论差异的重要原因在于制度环境存在明显的地域差异,使用跨国数据进行实证检验时样本国家的选择对于研究结论具有重要影响,且所得结论无法揭示不同地域制度环境异质性产生的差异化影响。另一方面,以往基于制度层面的研究多从整体制度环境展开,利用综合制度指数诸如市场化指数等进行实证考察,而综合制度内涵的差异性也是导致研究结论不一致的重要原因,且这种研究思路无法分离不同具体制度影响效应的差异性。

基于此,本章利用中国上市公司为研究样本,对金融发展、政府干预以及知识产权保护等具体制度环境对于企业研发投入的影响进行实证研究。

5.1 金融发展与企业研发投入

5.1.1 研究设计

1.样本选择与数据来源

考虑到数据可获得性、完整性因素,本书将样本期间设定为 2008—2014 年。皮永华和宝贡敏(2005)在研究行业因素对于企业研发投入的影响时发现,研发投入强度存在明显的行业差异,其中,电子、通信、生物、医药等行业企业的研发投入强度最高。根据证监会的行业分类说明,这些行业大多归属于制造业、信息技术业两类行业之中。因此,本书选择沪深证券交易所进行交易的制造业与信息技术业上市公司作为初始样本,剔除数据缺失、口径不一致(主要为研发投入披露)、数据值异常以及样本期间发生所有权变更企业,最终得到476家公司样本。其中研发投入数据通过查阅年报手工收集整理获得,金融发展变量数据来源于相应年份《中国金融统计年鉴》《中国统计年鉴》,其他变量数据均来源于国泰安 CSMAR 数据库。

　　本书所使用的研发投入数据来自手工收集。在 2002 年以前,我国企业会计制度尚未对上市公司研发投入信息披露提出强制要求,上市公司披露研发投入的家数十分有限。2002 年后,《企业会计制度》明文要求企业对研发投入信息进行披露,但未规定具体披露格式,导致不同公司披露会计科目存在差异且同一公司在不同年度信息披露位置发生改变的情况出现。目前,上市公司所披露的研发投入信息,主要分布在"其他与经营活动有关的现金流量""管理费用""预提费用"以及单独披露等项目,常用名称包括:研发支出、研发费、技术开发费等。其中披露位置多数集中在单独披露、管理费用、支付的其他与经营活动有关的现金流量三部分,为保证统计口径一致性,本书统一采用通过这三种方式披露研发投入信息且在样本期披露位置未发生改变的企业作为研究样本采集数据。

　　2.变量定义

　　(1)被解释变量:研发投入 RD

　　目前对于企业研发投入强度的测度方法主要有三种:①研发投入的绝对规模;②研发投入与营业收入比值;③研发投入与资产规模比值。其中,不同规模企业的研发投入绝对值不具有可比性,故使用研发投入绝对规模作为度量指标存在固有缺陷。对于"研发投入/总资产"与"研发投入/营业收入"这两个指标都能克服企业规模造成的不可比问题,考虑到研发投入、营业收入属于流量指标,而资产规模属于存量指标,使用"研发投入/营业收入"这一指标更为合理。因此,本书选择"研发投入/营业收入"作为研发投入的测度指标。

　　(2)解释变量:金融发展 FIND

　　Goldsmith(1969)最早采用金融工具、金融机构等规模变量与地区经济总量 GDP 之比作为金融发展水平的度量,后续文献在测度思路上也多借鉴 Goldsmith(1969)提出的测度方法,即利用金融资产与地区经济规模比率指标对金融发展水平进行反映。在本书分析中,主要采用两种方法对地区金融发展水平进行测度:①信贷余额占 GDP 的比例;②私营部门信贷余额占 GDP 比例。其中,信贷余额占 GDP 的比例在相关研究文献中使用最为广泛,该指标能够较好地反映地区金融市场配置功能和配置效率,体现了金融资源的丰裕度,该指标值越高,说明地区金融发展水平越高。私营部门信贷余额占 GDP 比例则主要用以测度地区金融市场化状况。处于转轨期的中国,金融体制的计划性特征是造成金融扭曲的重要制度根源,具体表现为在金融资源配置过程中存在的政治性次序安排、地区信贷配额制度等(朱彤等,2010)。长期以来,金融系统在信贷配置领域存在针对非国有企业的政策性歧视,国有金融机构的信贷决策活动常常会受到政府干预因素的干扰,导致信贷资源向较低效率的国有企业部门倾斜,而较高效率的民营企业却难以获取金融系统的有力支持。因此,非国有经济部门信贷占比能够在一定程度上反向描述地区金融的扭曲程度。地区金融扭曲程度越高,金融机构在信贷决策中更容易受到政府干预因素的干扰,信贷资源配置上更加偏向于国有经济部门,导致非国有经济部门信贷份额处于较低水平。该指标值越高,地区金融发展水平越高。由于官方统计资料缺乏对中国民营企业信贷份额的直接数据,本书借鉴张军和金煜(2005)的思路采用构建模型的方法对民营企业信贷份额进行估算。

假设经济系统存在国有经济部门与非国有经济部门两部分,将银行信贷资源区分为配置给国有经济部门的信贷资源与配置给非国有经济部门的信贷资源,根据部门信贷份额与部门经济产出份额的密切关系,非国有经济部门信贷比重的估计方程可以用式(5-1)表达:

$$fir_{iit} = \beta_0 + \beta_1 soe_{iit} + \theta_{iit} + \mu_{iit}; \mu_{iit} = \rho\mu_{iit-1} + \delta\mu_{iit} \tag{5-1}$$

其中,fir_{iit} 代表地区银行信贷与总产值之比,soe_{iit} 代表国有经济部门工业总产值与地区工业总产值之比。依据计量结果 $\beta_1 soe_{iit}$ 用以度量国有经济部门信贷份额,那么非国有经济部门信贷份额可以通过截距项 β_0、地区虚拟变量 θ_{iit} 与随机干扰项 μ_{iit} 之和测度。表 5-1 给出了我国非国有经济部门信贷份额估计结果。

表 5-1   非国有经济部门信贷份额估计结果

变量	系数	标准差	T 统计值	概率值
C	-1.2292^{***}	0.4232	-2.9046	0.0046
soe	0.2380^{***}	0.0581	4.0950	0.0001
AR(1)	1.1797^{***}	0.0350	33.7086	0.0000
Adj-R^2	0.7711			

注:***,**,* 分别表示变量通过 1%,5%,10% 显著性水平检验。

(3) 控制变量

除了上述变量外,本书借鉴 Hill 和 Snell(1988)等人的研究,引入包括成长性、现金流、年龄、盈利性以及企业规模等控制变量对企业研发投入其他影响因素进行控制。

① 成长性 *Growth*。根据企业生命周期理论,处于初创期及成长期的企业具有较高的成长性,且处于这一时期的企业,其研发需求相对其他阶段更为强烈,成长性与企业研发投入水平应呈现正相关关系。但与此同时,高成长性的企业也更容易受到现金流短缺的影响面临融资约束问题,当成长速度超过可持续增长率时,企业现金流短缺问题尤为突出,使企业缺乏足够资金对研发活动提供支持,从而抑制企业研发投入水平的提高。这里使用营业收入增长率作为企业成长性的测度指标。

② 现金流 *CF*。融资优序理论认为,内源性融资是企业投资活动筹资来源的优先选择,且投资 — 现金流敏感系数常常被用以衡量企业是否面临融资约束以及融资约束程度,本书使用经营活动产生现金流量净额与企业期末总资产比值对企业现金流水平加以反映。

③ 年龄 *Age*。年龄对企业研发投入的影响存在两种截然相反的作用机制:一方面,创办时间较长企业的生产工艺相对成熟,运作模式相对稳定,对技术创新的需求和生存紧迫性要低于其他企业;但另一方面,创办时间较长的企业,通过"干中学"效应在生产经营过程中积累了相对丰富的经验知识,从而具备更好的技术创新基础。这里使用公司成立年份至上一年年末的年数测度企业年龄。

④ 盈利性 *ROE*。良好的盈利性能够为研发投资项目提供内源性融资的来源和基础,同时盈利性也能在一定程度上体现企业行业竞争地位以及行业竞争激烈程度,从需求端对企业研发创新活动施加影响,这里使用加权净资产收益率进行衡量。

⑤ 规模 *Size*。大规模的企业通常拥有更好地创新资源基础,素质较高的研发人员和管理人员、先进的研发设备等保证其较高的研发效率,且大规模企业的技术创新活动更具规模效应,对研发创新成果的利用也更为充分。Schumpeter(1942)认为,只有大企业才能够负担研发项目活动产生的巨额支出,并消化创新失败产生的风险和损失。为避免异方差问题对估计结果的影响,这里使用企业上一期期末总资产的对数值对企业规模进行反映。

3. 模型构建

基于 Benfratello 等(1990)的研究,构建基础计量模型如下:

$$RD_{i,t} = \alpha + \beta_1 FIND_{i,t} + \gamma X_{i,t} + \mu_{i,t} \tag{5-2}$$

其中,$RD_{i,t}$ 表示企业 i 在 t 时间的研发投入;$FIND_{i,t}$ 表示企业所在的地区金融发展水平;$X_{i,t}$ 为控制变量。考虑到地域行业差异因素对企业研发活动的影响,我们在回归中利用虚拟变量对行业、地区固定效应进行控制。我们关注系数 β_1 的估计结果,预计系数显著为正,即地区金融发展会对企业研发投入产生促进效应。

为考察地区金融发展对于企业研发融资约束的缓解效应,参照 Ma 等(2010)的做法,采用"差异中差异"方法对传统的投资—现金流模型进行改进,引入地区金融发展与现金流交叉项,构建计量模型:

$$RD_{i,t}=\alpha+\beta_1 FIND_{i,t}+\beta_2(FIND\times CF)_{i,t}+\beta_3 CF_{i,t}+\gamma X_{i,t}+\mu_{i,t}$$

$$(5-3)$$

β_3 作为测度研发融资约束是否存在的关键变量,当企业面临研发融资约束时,研发投入资金来源高度依赖企业内部现金流,表现为 β_3 显著为正。我们主要关注系数 β_2 的估计结果,当 β_2 显著为负时,说明地区金融发展对企业研发融资约束具有显著的缓解效应[①]。

4.描述性统计及相关性分析

表 5-2 给出了各主要变量的描述性统计。

表 5-2　主要变量描述性统计

变量	均值	中位值	最大值	最小值
RD	0.0339	0.0147	4.1332	0.0000
$FIND_1$	1.1869	1.0947	2.5847	0.1970
$FIND_2$	1.2436	1.0670	3.7460	0.0169
$Growth$	16.0686	11.6508	449.9300	−42.1400
CF	0.0966	0.0746	1.1963	−0.2768
Age	13.5488	13.0000	27.0000	6.0000
ROE	10.1950	9.1700	95.4100	−59.4700
$Size$	21.6421	21.5363	24.4172	19.2372

根据表 5-2 可以看出,样本企业研发投入强度的均值为 0.0339,与发达国家平均水平相比仍处于偏低水平,其中最小值为 0,最大值为 4.1332,反映出不同企业间研发投入强度存在较大差异。金融发展方面,$FIND_1$ 最大值为2.5847,而最小值仅为 0.1970,说明地区间金融发展水平存在明显差异,不同地区企业面临的金融制度环境也有所区别。$FIND_2$ 最大值为 3.7460,最小值为0.0169,从金融市场化角度而言,地区间也存在明显差距。地区间金融发展程度的显著差异为本研究提供了良好的实验环境。

---

① 本书在对制度环境中的金融发展以及政策环境利用交叉项变量将影响渠道区分为融资效应与研发意愿效应,考虑到制度环境相对稳定性,对金融机构资金供给意愿影响相对有限,故未对制度环境中知识产权保护和政府干预影响渠道进行分离。

表 5-3 列示了主要变量间相关系数的分析结果。解释变量与控制变量之间的相关系数绝对值最大为 0.3523，在可接受范围内。另外，通过考察方差膨胀因子，最大方差膨胀因子小于 10，说明变量间不存在严重的多重共线性问题。

表 5-3　相关性分析

	RD	$FIND_1$	$FIND_2$	$Growth$	CF	Age	ROE	$Size$
RD	1.0000	/	/	/	/	/	/	/
$FIND_1$	0.0001	1.0000	/	/	/	/	/	/
$FIND_2$	0.0074	0.7024	1.0000	/	/	/	/	/
$Growth$	−0.0057	0.0073	−0.0136	1.0000	/	/	/	/
CF	0.0983	0.2158	0.0364	−0.0242	1.0000	/	/	/
Age	0.0055	−0.1948	0.1073	0.0095	−0.1371	1.0000	/	/
ROE	0.0343	0.0506	−0.0076	0.3050	0.3523	0.0358	1.0000	/
$Size$	−0.0545	−0.1588	0.0464	0.1635	−0.1034	0.1818	0.1174	1.0000

5.1.2　实证检验结果与分析

1.基本回归结果

通过对模型(5-2)进行全样本估计，得到表 5-4 所示的结果。

表 5-4　基本模型回归结果

变量	(1)	(2)	(3)	(4)
C	0.0213*** (11.4833)	0.0790*** (9.2795)	0.0337*** (11.0610)	0.0552*** (2.5950)
$FIND_1$	0.0106*** (6.0542)	0.0069*** (5.0316)	/	/
$FIND_2$	/	/	9.67E−05*** (6.2861)	0.0066*** (4.2733)
$Growth$	/	−4.4E−05*** (−7.3386)	/	−4.9E−05*** (−11.8242)
CF	/	0.0070*** (4.4961)	/	0.0103*** (3.8468)
Age	/	0.0006*** (5.1792)	/	0.0035*** (5.0904)

续表

变量	(1)	(2)	(3)	(4)
ROE	/	−0.0001*** (−3.2779)	/	−9.9E−05*** (−2.7499)
Size	/	−0.0028*** (−5.9690)	/	−0.0027*** (−3.0072)
年度与行业	控制	控制	控制	控制
Adj-R^2	0.9558	0.9454	0.9762	0.9389
DW 值	1.7316	1.8022	1.8869	1.8279

注:括号中数值为 t 统计值;***,**,* 分别表示变量通过 1%,5%,10% 显著性水平检验。

根据表 5-4 可以发现,无论 $FIND_1$ 还是 $FIND_2$ 的回归系数均显著为正,说明地区金融发展水平的提高显著地促进了企业研发投入强度的提升,验证了假设 1。尽管金融发展的普惠性质导致企业产品市场竞争激烈程度有所增加,对企业研发项目收益构成一定负面影响。但由于中国金融发展尚处于低水平阶段,金融发展水平的提升能够显著地缓解企业融资约束,增加企业获取外部资金资源的可能性及规模,同时在资本市场尚不成熟的条件下,金融发展水平提升带来的资源配置效率增进效应也有利于具有高风险特征的研发项目获取必要的资金支持。因此,金融发展对企业研发投入产生了积极的推动作用。

控制变量方面,成长性 Growth 变量系数显著为负,说明企业成长性对企业研发投入水平具有显著的抑制效应。导致这一结果的原因主要在于,高成长性企业往往面临资金短缺的困境,导致研发投入缺乏充足资金支持,从而阻碍了研发投入水平的提升。现金流 CF 变量系数显著为正,说明现金流对企业研发投入具有显著的推动作用。由于研发项目高风险特征导致其项目外部融资的受限,使得企业内源现金流往往成为研发投入的主要资金来源,因此现金流的增加能够有效地促进研发投入水平的提升。企业年龄 Age 变量系数显著为正,说明企业年龄越长,研发投入水平相对越高。成立时间越长的企业通过"干中学"效应积累了更多的生产经验和技术知识,为研发创新活动提供了良好的知识基础,从而有助于科技创新活动的开展,对研发投入水平提升产生积极促进作用。盈利性 ROE 变量系数显著为负,说明企业盈利性对企业研发投入强度具有显著的负向影响。可能的原因在于,尽管良好的盈利性能够为企业研发活动提供稳定的内源资金,但盈利性与企业市场竞争地位存在密切关系,盈利性高低在一定程度上反映出企业市场垄断势力大小。垄断企业拥有良好的盈利性,但同时缺乏创新的动力,尤其是通过管制等非竞争方式取得的垄断势力,从而导致了高盈利性对企业研发投入的抑制效应。企业规模 Size 变量系数显著为负,说明企业规模对研发投入水平具有显著的负向影响。与大企业相比,中小企业具有更强烈的创新动力,导致了更高的研发投入水平。

2. 金融发展影响渠道的估计结果

金融发展对企业研发投入存在融资约束、市场竞争、信息传递等多重传递渠道,其中融资作为金融最主要功能,我们需要对金融发展的融资约束缓解效应做进一步分析。为考察金融发展对企业研发投入产生的融资约束缓解效应,我们在模型(5-2)中引入金融发展与现金流交叉项,构建模型(5-3)。倘若金融发展与现金流交叉项变量估计系数显著为负,说明金融发展能够通过缓解企业研发融资约束促进研发投入水平的提升。表 5-5 给出了模型(5-3)的估计结果。

表 5-5　金融发展融资渠道效应回归结果

变量	(1)	(2)	(3)
C	0.0948***	0.0461***	0.0397**
	(9.5990)	(2.9435)	(2.4831)
$FIND_1$	/	0.0132***	/
		(8.2740)	
$FIND_2$	/	/	−0.0045***
			(−3.0887)
$FIND_1 \times CF$	/	−0.0335***	/
		(−6.9721)	
$FIND_2 \times CF$	/	/	−0.0166***
			(−5.7653)
$Growth$	−4.0E−05***	−3.3E−05***	−3.6E−05***
	(−5.5989)	(−9.3582)	(−10.7778)
CF	0.0093***	0.0448***	0.0289***
	(4.4869)	(8.0883)	(5.3524)
Age	0.0013***	0.0004***	0.0031***
	(3.1601)	(2.6815)	(5.6618)
ROE	−0.0002***	−9.38E−05***	−0.0001***
	(−3.2000)	(−3.0541)	(−3.7422)
$Size$	−0.0036***	−0.0001*	−0.0019***
	(−6.5403)	(1.7348)	(−3.5484)
年度与行业	控制	控制	控制
Adj-R^2	0.9385	0.9287	0.9386
DW 值	1.7901	1.8260	1.7811

注:括号中数值为 t 统计值;***,**,* 分别表示变量通过 1%,5%,10% 显著性水平检验。

根据表 5-5 可以发现,在列(1)中,现金流 CF 变量系数显著为正,验证了企业研发融资约束的存在性。在列(2)与(3)中,无论 $FIND_1 \times CF$ 还是 $FIND_2 \times CF$ 的变量系数均显著为负,说明无论金融深化还是信贷配置市场化均通过融资渠道对企业研发投入产生了显著的促进作用。值得注意的是,在列(3)中,$FIND_2$ 变量系数符号由表 5-4 中的正号变为负号,这说明信贷配置市场化对于企业研发投入的促进效应主要是通过融资渠道实现。通过信贷配置市场化,更多的信贷资源被配置给了民营经济部门,缓解了民营企业的研发融资约束,从而促进了企业研发投入的增长。而与此同时,国有企业信贷资源配置相对减少,降低了国有企业研发项目的资金支持力度,阻碍了国有企业研发投入的增长。此外,民营企业融资约束的缓解也增强了市场竞争的激励程度,企业为维持市场竞争地位追加营销、管理等方面的开支,在一定程度上抵消了融资约束缓解对于企业研发投入的推动力。

5.2　知识产权保护与企业研发投入

5.2.1　研究设计

1.样本选择与数据来源

样本企业筛选规则与 5.1.1 一致。数据来源方面,知识产权相关变量数据来源于《中国知识产权年鉴》,其余数据来源与 5.1.1 相同。

2.变量定义

(1)被解释变量:研发投入 RD

与 5.1.1 相同,使用"研发投入/营业收入"作为研发投入的测度指标。

(2)解释变量:知识产权保护 GP

由于知识产权保护制度内涵的综合性以及保护手段的多样性特征,对地区知识产权保护的测度具有较大难度。目前,已有研究对于知识产权保护的测度方法大体可以归纳为调查法与评分法两大类。调查法以 Mansfield(1995),Sherwood(1997) 等人的研究为代表,通过对企业管理人员、司法人员等进行问卷调查,搜集相关人员对地区知识产权保护状况的满意度并将其用以评价地区知识产权保护程度。评分法方面,Rapp 和 Rozek(1990) 根据各国专利相关法律条文与美国商会提供的最低建议标准的一致程度进行评级打分,将知识产权保护水平分为 5 个档次,分别由"0"到"5"的整数表示,分值越高,知识产权保护越好。在 Rapp 和 Rozek 提出的方法基础上，Ginarte 和 Park(1997) 进一步从五个方面构建指标体系对地区知识产权保护程度进行测度，克服了 RR 方法中整数离散性测度过于粗略的问题，但该指数仍然停留于立法层面，未能反映法律执行方面的情况。由于转轨期国家立法水平与司法水平存在不同步问题，仅仅从立法层面无法全面地反映地区知识产权保护的真实状况。Ostergard 和 Robert(2000) 认为对知识产权保护的考察需要从立法和执法两方面展开，其中执法状况又可进一步区分为执法能力和执法意愿两方面。基于此，韩玉雄和李祖怀(2005)，王亚星和周方(2014) 等人尝试性地在 GP 指数基础上引入执法力度、司法环境等因素，从专利侵权案例结案率或审结率、专利产权保护意识、律师规模等方面对地区知识产权保护执法水平及司法环境进行测度，并使用立法水平与执法力度及司法环境的乘积衡量知识产权保护程度，即知识产权保护状况在立法和执法两方面齐头并进时地区知识产权保护水平最优，而在任何一方面表现优异但在另一方面存在欠缺时则会拉低地区知识产权保护评分。

本书在测度知识产权保护方面主要借鉴韩玉雄和李祖怀(2005) 的思路，利用立法水平与执法力度的乘积对知识产权保护状况进行反映。在立法方面，这里主要引用王亚星和周方(2014) 的评分结果。执法方面，考虑到省级层面考察的需要以及数据可得性因素，本书从知识产权被侵犯程度与知识产权执法力度两方面对知识产权执法水平进行度量：知识产权被侵犯程度方面，现实中如果知识产权经常遭到侵犯，那么说明该地区知识产权保护程度较差，为避免年度因素的影响，使用累计立案数与专利累计授权数量比值进行反映；知识产权执法力度方面，《中国知识产权年鉴》显示，各省份负责专利工作部门每年均会立案查处各种假冒他人专利、冒充专利以及其他知识产权纠纷使用累计结案率（累计结案数／累计立案数）作为知识产权执法保护力度。

在此基础上，采用下述方法计算地区知识产权保护强度：

$$GP_{i,j,t} = L_{j,t} \times E_{i,j,t} \tag{5-4}$$

其中 L 表示知识产权立法水平，E 表示知识产权执法水平。j 表示地区，t 表示时间，i 表示子指标，为1时表示知识产权被侵犯程度，由于累计立案数与专利累计授权数量比值为知识产权保护的反向指标，在回归中采用(1－累计立案数／专利累计授权数量) 计算，为2时表示知识产权执法力度，使用"累积结案率／累积立案率"反映。

（3）控制变量

除了上述变量外，本书借鉴 Hill 和 Snell(1988) 等人的研究，引入包括成长性 Growth、现金流 CF、年龄 Age、盈利性 ROE 以及企业规模 Size 等控制变量对企业研发投入其他影响因素进行控制。

3. 模型构建

基于蔡地和万迪昉(2012)和宗庆庆、黄娅娜和钟鸿钧(2015)等人的研究,构建基础计量模型如下:

$$RD_{i,t} = \alpha + \beta_1 GP_{i,t} + \gamma X_{i,t} + \mu_{i,t} \tag{5-5}$$

其中,$RD_{i,t}$表示企业 i 在 t 时间的研发投入;$GP_{i,t}$表示企业所在地区知识产权保护水平;$X_{i,t}$为控制变量。考虑到地域行业差异因素对企业研发活动的影响,我们在回归中控制了行业、地区固定效应。我们关注系数 β_1 的估计结果,预计估计系数显著为正,即知识产权保护水平的提升会对企业研发投入产生促进效应。

4. 描述性统计及相关性分析

表 5-6 给出了各主要变量的描述性统计。

表 5-6   主要变量描述性统计

变量	均值	中位值	最大值	最小值
RD	0.0339	0.0147	4.1332	0.0000
GP_1	0.0065	0.0059	0.0362	0.0012
GP_2	0.8233	0.8376	1.0000	0.5065
$Growth$	16.0686	11.6508	449.9300	− 42.1400
CF	0.0966	0.0746	1.1963	− 0.2768
Age	13.5488	13.0000	27.0000	6.0000
ROE	10.1950	9.1700	95.4100	− 59.4700
$Size$	21.6421	21.5363	24.4172	19.2372

根据表 5-6 可以发现,不同年份以及不同地区的知识产权保护水平之间存在较大差别,GP_1 最小值为 0.0012,最大值为 0.0362;GP_2 最小值为 0.5065,最大值为 1.0000。由于立法水平在样本期内数值未发生变动,这种差异主要来源于执法水平。作为转轨经济,尽管我国在知识产权立法保护方面取得较大进展,但执法水平与立法水平存在较大不同步性,表现为侵权行为以及执法行为在不同省份间存在较大差异。

表 5-7 列示了主要变量之间相关系数分析结果。解释变量与控制变量之间的相关系数绝对值最大为 0.3523,在可接受范围内。另外,通过考察方差膨胀因子,最大方差膨胀因子小于 10,表明变量间不存在严重的多重共线性问题。

表 5-7　相关性分析

变量	RD	GP₁	GP₂	Growth	CF	Age	ROE	Size
RD	1.0000	/	/	/	/	/	/	/
GP_1	−0.0568	1.0000	/	/	/	/	/	/
GP_2	0.1088	0.0426	1.0000	/	/	/	/	/
$Growth$	−0.0057	0.0075	0.0175	1.0000	/	/	/	/
CF	0.0983	−0.0460	0.0147	−0.0242	1.0000	/	/	/
Age	0.0055	0.0054	−0.0410	0.0095	−0.1371	1.0000	/	/
ROE	0.0343	−0.0797	0.0665	0.3050	0.3523	0.0358	1.0000	/
$Size$	−0.0545	0.0596	0.0518	0.1635	−0.1034	0.1818	0.1174	1.0000

5.2.2　实证检验结果与分析

1.基本回归结果

通过对模型(5-5)进行全样本估计,得到表 5-8 所示的结果。

表 5-8　基本模型回归结果

变量	(1)	(2)	(3)	(4)
C	0.0393*** (8.8382)	0.0928*** (9.2609)	0.0278*** (7.4122)	−0.0119 (−1.1697)
GP_1	0.8447*** (12.4061)	0.4413** (2.1999)	/	/
GP_2	/	/	0.0073* (1.6241)	0.0478*** (5.8649)
$Growth$	/	−4.1E−05*** (−5.6588)	/	−4.2E−05*** (−3.1301)
CF	/	0.0051*** (3.9405)	/	0.0101*** (5.2075)
Age	/	0.0003*** (7.0024)	/	0.0029*** (6.1855)
ROE	/	−0.0002*** (−3.1830)	/	−0.0001*** (3.0667)

续表

变量	(1)	(2)	(3)	(4)
$Size$	/	-0.0041^{***} (-4.0789)	/	-0.0024^{***} (-7.5845)
年度与行业	控制	控制	控制	控制
Adj-R^2	0.9604	0.9395	0.9703	0.9489
DW 值	1.6664	1.7198	1.8914	1.8659

注:括号中数值为 t 统计值;***,**,* 分别表示变量通过 1%,5%,10% 显著性水平检验。

表 5-8 显示,GP_1 与 GP_2 的系数均显著为正,说明知识产权水平的提升对企业研发投入具有显著的促进效应。与理论分析一致,尽管知识产权保护对于企业研发投入具有两面性,但就我国情况而言,由于知识产权保护长期处于低水平,创新主体利益无法得到保障,削弱了原始创新主体研发投入的行为动力,大量企业依赖于以模仿创新的方式开展研发活动。随着经济发展到一定阶段,许多企业开始往由模仿创新向自主创新转型,知识产权保护程度的提高有助于创新企业更多占有研发成果的收益,提高研发投资回报,从而对企业研发投入产生激励效应。同时,样本企业均为上市公司,具有较强的财务能力以及较高的技术水平,在所在行业中更多处于原始创新地位,因此知识产权保护对这类企业研发投入水平具有更为明显地促进作用。

5.3　政府干预与企业研发投入

5.3.1　研究设计

1.样本选择与数据来源

样本企业筛选规则与 5.1.1 一致。数据来源方面,政府干预相关变量数据来源于《中国统计年鉴》,其余数据来源与 5.1.1 相同。

2.变量定义

(1)被解释变量:研发投入 RD

与 5.1.1 相同,使用"研发投入 / 营业收入"作为研发投入的测度指标。

(2)解释变量:政府干预 GOV

根据 4.1.3 讨论结果,从财政分权与晋升激励两方面构建指标对政府干预行为进行测度:财政分权强调地方政府对财政资源的支配权限,在财政分权的实证研究中,较为普遍的测度思路是用地方政府财政收支占政府总体财政收支份额作为衡量指标,该份额越大说明财政分权程度越高。由于我国财政收入统计口径存在一定问题,借鉴张晏和龚六堂(2005)的处理方法,使用人均化预算内政府财政支出指标对财政分权水平进行测度,具体计算公式为 $FD_{i,t}=i$ 省份预算内人均财政支出 / 中央预算内人均财政支出,样本企业归属省份判定主要依据其公司注册地址。

晋升激励方面,由于缺乏官员政绩考核指标体系权重的准确信息,已有研究主要利用间接指标进行测度。王小龙和李斌(2006)、刘瑞明和白永秀(2007)以及 Li(2005)等人提供了中国政治性商业周期的经验证据。周黎安等(2013)使用省级领导任期以及省党代会召开时间作为官员晋升激励的代理指标,纪志宏等(2014)认为官员年龄可以作为晋升激励很好的测度指标。综合已有研究成果,本书选择相对经济增长率与政治周期虚拟变量两个指标作为官员晋升激励的测度变量。在中国,党代会召开年份往往是官员任免频率较高的时段,考虑到上级政府对于官员任免前近期政绩往往更为敏感,故可使用样本年份距离党代会召开年数对晋升压力进行测度。由于十八大于 2012 年召开,故以党代会召开周期为基准,样本期内 2008 年赋值 5,2009 年为 4,依次类推,至 2012 年为 1,2013 年则开始新的党代会周期,故赋值为 5,2014 年为 4。该指标值越低说明距离官员可能发生的人事调动时点越近,其所面临的晋升压力越大,是晋升激励的反向测度指标。除此之外,对于地方政府官员而言,考核的一个重要指标是经济增长速度,由于晋升考核主要强调相对绩效,故可使用相对经济增长率作为地方官员晋升激励的测度,使用省份当年实际经济增长率减去全国当年平均实际经济增长率,该指标值越低说明地区经济增长绩效越差,地方官员考核压力越大,"为晋升而努力"的短期行为倾向越明显。

(3) 控制变量

除了上述变量外,本书借鉴 Hill 和 Snell(1988)等人的研究,引入包括成长性 Growth、现金流 CF、年龄 Age、盈利性 ROE 以及企业规模 Size 等控制变量对企业研发投入其他影响因素进行控制。

3.模型构建

根据理论分析结果,这里首先对财政分权、晋升激励对企业 R&D 投入的个体影响效应进行检验,在此基础上,进一步检验财政分权、晋升激励对企业 R&D 投入的交互影响效应。基于此,本书建立两个回归模型如下:

$$R\&D_{i,t}=\beta_0+\beta_1FD_{i,t}+\beta_2POL_{i,t}+\gamma X_{i,t}+\mu \tag{5-6}$$

$$R\&D_{i,t}=\beta_0+\beta_1FD_{i,t}+\beta_2POL_{i,t}+\beta_3(FD\times POL)_{i,t}+\gamma X_{i,t}+\mu \tag{5-7}$$

模型(5-6)中的 $R\&D_{it}$ 表示 i 公司第 t 年的研发支出；FD_{it} 为 i 公司所在地区第 t 年的财政分权度，POL_{it} 代表 i 公司所在地区第 t 年的晋升激励，X 为控制变量。考虑到地域行业差异因素对企业研发活动的影响，我们在回归中控制了行业、地区固定效应。模型(5-7)中，我们进一步引入 $FD \times POL$ 考察财政分权与官员晋升激励的交互影响。

4.描述性统计及相关性分析

表 5-9 给出了各主要变量的描述性统计。

表 5-9　主要变量描述性统计

变量	均值	中位值	最大值	最小值
RD	0.0339	0.0147	4.1332	0.0000
FD	0.2091	0.2006	0.4065	0.0243
POL_1	3.0000	3.0000	5.0000	1.0000
POL_2	3.9422	3.9870	4.6296	2.7302
$Growth$	16.0686	11.6508	449.9300	−42.1400
CF	0.0966	0.0746	1.1963	−0.2768
Age	13.5488	13.0000	27.0000	6.0000
ROE	10.1950	9.1700	95.4100	−59.4700
$Size$	21.6421	21.5363	24.4172	19.2372

表 5-10 列示了主要变量之间相关系数分析结果。解释变量与控制变量之间的相关系数绝对值最大为 0.3645，在可接受范围内。另外，通过考察方差膨胀因子，最大方差膨胀因子小于 10，表明变量间不存在严重的多重共线性问题。

表 5-10　相关性分析

变量	RD	FD	POL_1	POL_2	$Growth$	CF	Age	ROE	$Size$
RD	1.0000	/	/	/	/	/	/	/	/
FD	−0.0491	1.0000	/	/	/	/	/	/	/
POL_1	−0.0053	−0.3553	1.0000	/	/	/	/	/	/
POL_2	−0.0726	0.6696	−0.1745	1.0000	/	/	/	/	/
$Growth$	−0.0057	0.0476	0.0369	0.0379	1.0000	/	/	/	/
CF	0.0983	−0.0733	0.1109	−0.1191	−0.0242	1.0000	/	/	/
Age	0.0055	0.2331	−0.3645	0.2351	0.0095	−0.1371	1.0000	/	/
ROE	0.0343	0.0315	0.0158	−0.0985	0.3050	0.3523	0.0358	1.0000	/
$Size$	−0.0545	0.0210	−0.2308	−0.0012	0.1635	−0.1034	0.1818	0.1174	1.0000

5.3.2　实证检验结果与分析

通过对模型(5-5)、(5-6)进行全样本估计,得到表 5-11 所示的结果。

表 5-11　基本模型回归结果

变量	(1)	(2)	(3)	(4)	(5)
C	0.1206*** (7.5413)	0.1335*** (9.7805)	0.0966*** (8.7383)	0.0249* (1.6597)	0.0823*** (7.1535)
FD	0.0063 (0.7078)	/	/	0.0054 (1.0241)	0.0057 (0.8843)
$POLI_1$	/	0.0014*** (9.6520)	/	0.0010* (1.8494)	/
$POLI_2$	/	/	0.0145*** (6.8944)	/	0.0152*** (7.1695)
$FD \times POLI_1$	/	/	/	0.0028*** (3.4816)	/
$FD \times POLI_2$	/	/	/	/	0.0033*** (3.4811)
$Growth$	−4.41E−05*** (−4.2284)	−3.62E−05*** (−5.0046)	−2.57E−05*** (−2.6531)	−3.53E−05*** (−3.8157)	−1.87E−05* (−1.8614)
CF	0.0096*** (4.0354)	0.0104*** (3.7355)	0.0061*** (3.6297)	0.0014*** (4.3950)	0.0084*** (4.6095)
Age	0.0001*** (4.8672)	0.0002*** (16.2643)	0.0006*** (9.0731)	0.0001*** (11.3599)	0.0003*** (14.8031)
ROE	−0.0002*** (−3.2921)	−0.0002*** (−3.2947)	−8.01E−04*** (−2.7129)	−0.0001** (−2.0644)	−8.88E−04*** (−3.0324)
$Size$	−0.0011*** (−5.4061)	−0.0018*** (−7.6131)	−0.0083*** (−4.2059)	−0.0090*** (−7.0915)	−0.0084*** (−4.6080)
年度与行业	控制	控制	控制	控制	控制
Adj-R^2	0.9376	0.9501	0.9362	0.9385	0.9446
DW 值	1.7924	1.7722	1.8008	1.7965	1.8009

注:括号中数值为 t 统计值;***,**,* 分别表示变量通过 1%,5%,10% 显著性水平检验。

表 5-11 可见,财政分权的系数为负但未能通过显著性检验,说明财政分权对于企业研发投入效应的作用不明显,未验证假设 H_{3b}。根据前文讨论结果,财政分权强化了地方政府对于地区财政资源的支配能力,从而增加了企业投资方向迎合地方政府偏好行为所产生的收益,在短视化的政治考核框架下,地方政府行为偏好于具有短期产出能力的投资项目,同时研发投入涉及的税收优惠政

策也会对地区财力资源构成削弱,从而使得财政分权程度的提升有可能对具有长期增长特征的研发投资活动构成负向效应。与此同时,财政分权对于企业研发投入也有积极促进效应的一面。作为财政分权制度本身,由于"用脚投票"机制即经济资源地区间迁移的存在,地方政府为争取尽保留辖区内经济资源特别是上市企业资本流出,往往会采取保护政策维护辖区内企业利益,减少地区企业在产品市场面临的竞争压力,降低企业创新成果遭遇侵权、创新收益减少的风险,从而有助于企业将更多资源投入在研发领域(谢乔昕和宋良荣,2015)。财政分权对于企业研发投入的两面性作用特征是导致回归系数不显著的主要原因。

晋升激励方面,$POLI_1$ 与 $POLI_2$ 的变量系数均显著为正。由于这两个指标均为晋升激励的反向指标,其符号为正说明,距离党代会时间越长,辖区经济增速越快,地方官员晋升压力越小,企业研发投入水平越高,反之,晋升压力越大,研发投入水平越低,支持了假设 H_{3a}。由于晋升竞争的时效性,中央政府需要通过短期内地方官员任期表现作为能力考核依据,加上考核指标对于经济增长这一产出指标的强调,促使地方政府官员将追求短期产出最大化作为行为目标以谋求职位晋升,从而对具有地区长期增长效应但对政绩考核"缺乏帮助"的企业研发投入产生抑制作用。

进一步,在列(3)与(4)中加入晋升激励与财政分权的交叉项考察二者的交互效应。交叉项 $FD \times POLI_1$ 与 $FD \times POLI_2$ 的变量系数均显著为正,这一回归结果说明在官员晋升竞争制度框架下,财政分权程度的提高放大了晋升激励对于企业研发投入的抑制作用。由于官员晋升制度导致地方政府官员短视化行为倾向,财政分权水平的提高则扩大了地方政府对于地区经济资源的支配能力,强化了地方政府对于企业行为倾向施加影响的能力,从而强化了晋升激励对于企业研发投入水平的负向影响。

5.4　本章小结

本章基于 2008—2014 年沪深上市公司数据,从金融发展、知识产权保护与政府干预三方面入手对制度环境对于企业研发投入之间的影响效应进行实证分析。实证结果发现以下几点。

(1)金融发展对企业研发投入具有显著的激励效应,在影响渠道方面,金融深化对于企业研发投入的促进作用通过融资渠道效应与研发动机效应两方面实现,而信贷配置市场化主要通过融资渠道效应对企业研发投入产生促进作用。

（2）知识产权保护对企业研发投入产生了显著的激励效应。

（3）政府干预方面,财政分权对企业研发投入的影响不显著,晋升激励对企业研发投入产生了显著地抑制作用,交互效应方面,财政分权放大了晋升激励对于企业研发投入的负向效应。这一结果说明财政分权制度本身对企业研发投入的影响呈现中性,且在官员晋升激励对企业研发投入的影响中扮演放大器的作用。

第六章 政策环境对企业研发投入影响的实证分析

　　本章主要聚焦政策环境对于企业研发投入的影响效应。根据《辞海》的解释，政策是指"国家或政党为实现一定历史时期的路线和任务而规定的行动纲领"。与制度环境类似，政策环境属于对企业有重要影响但企业不可控的外部环境。

　　广义上，制度环境包含了政策环境，但狭义上，政策环境与制度环境存在异同。政策环境与制度环境的共同点在于二者均会对个体行为产生外部约束，且环境的形成都不会完全受到个体的影响，具有一定的不可控性。但政策环境与制度环境在主体性、目标性和持续性上则存在明显差异：主体性方面，政策的构建主体具有明确性，由权力主体构成，如政府、行业协会等，而制度的构建主体则具有模糊性、宽泛性，既可以由权力主体构建，也可以由公众互动形成；目标性方面，政策的制定往往具有明确的目标导向，而制度则未必是人主观能动性的结果，部分制度的目标指向存在缺失，由既有制度惯性形成；持续性上，制度具有内在稳定性，即使存在制度变迁，多数情况下也须在较长时期内才能得以实现，而政策由于具有目标指向性，一旦政策制定者发生变更或是政策预期目标与实施结果产生偏差等情况出现，政策就会发生变更。

　　结合政策环境特征，本章的实证分析主要解决以下问题：政策环境对企业研发投入产生了什么影响？影响机理是什么？政策不确定性是否会对政策环境效应产生影响？这里主要从政府研发资助政策、货币政策以及环境规制政策三方面对上述问题进行具体考察。

6.1 政府研发资助政策与企业研发投入

6.1.1 研究设计

1.样本选择与数据来源

样本企业筛选规则与 5.1.1 相同。

数据来源方面,企业会计报表中与政府研发资助相关的会计科目主要有"补贴收入"与"专项应付款"两项,通过对财务报表附注中两者明细科目逐一整理、手工搜集得到。在具体的数据搜集过程中,根据企业披露的政府资助来源、用途和所依据的文件判断该项补助是否属于研发资助。其余数据来源与 5.1.1 相同。

2.变量定义

(1) 被解释变量:研发投入 RD

与 5.1.1 相同,使用"研发投入 / 营业收入"作为研发投入的测度指标。

(2) 解释变量

① 政府研发资助 SUB。SUB 为虚拟变量,当公司受到政府研发资助时设为 1,否则设为 0。本书所指政府研发资助为一般性财政补贴,即政府提供直接拨款补助,对于财政贴息、税收返还以及税率优惠等间接补贴方式,由于上市公司披露不够全面,为了保证结论可靠性,未纳入考察范围。企业财务报表中,与政府研发资助相关的会计科目主要有"补贴收入"与"专项应付款"两项内容,通过对财务报表附注中"补贴收入"与"专项应付款"明细科目手工搜集整理得到。在具体的数据搜集过程中,会根据企业披露的政府资助来源、用途和所依据文件判断该项补助是否属于研发资助。

② 政府研发资助扰动 RGR。政府研发资助扰动主要用以测度政府研发资助政策不确定性,使用企业所在地区地方政府研发资助水平在一定期间内波动程度衡量,分别构建政府研发资助波动率 RGR_1 与政府研发资助占 GDP 比重波动率 RGR_2 两个子指标作为政府研发资助政策扰动的测度。在计算波动率时,我们首先对地方政府研发资助 RG 进行平均值调整,以消除政府研发资助趋势性变动的影响,在此基础上,计算滚动窗口期(这里设为 3 年)内 GR 的标准差。即

$$RGR_{i,t} = \sqrt{\frac{1}{T-1}\sum_{k=1}^{T}(GR_{i,t}^{adj} - mean^{iT}(GR_{i,t}^{adj}))^2} \qquad (6\text{-}1)$$

$$GR^{adj} = GR_{i,t} - \frac{1}{X}\sum_{k=1}^{X} GR_{kt} \tag{6-2}$$

该指标值越大,说明地区政府研发资助扰动越大。

(3)控制变量

除了上述变量外,本书借鉴 Hill 和 Snell(1988)等人的研究,引入包括成长性 $Growth$、现金流 CF、年龄 Age、盈利性 ROE 及企业规模 $Size$ 等控制变量对企业研发投入其他影响因素进行控制。

3.模型构建

基于解维敏、唐清泉、陆姗姗(2009)等人的研究,构建计量模型如下:

$$RD_{i,t} = \alpha + \beta_1 SUB_{i,t} + \gamma X_{i,t} + \mu_{i,t} \tag{6-3}$$

其中,$RD_{i,t}$ 表示企业 i 在 t 时间的研发投入;$SUB_{i,t}$ 表示政府研发资助;$X_{i,t}$ 为控制变量。考虑到地域行业差异因素对企业研发活动的影响,我们在回归中对行业、地区固定效应进行控制。我们关注系数 β_1 的估计结果,根据理论假说,预期系数符号为正,即获取政府研发资助对企业研发投入具有积极的促进作用。

在信息不对称条件下,由于研发项目的长期性,企业研发投入决策除了受到当期政府研发资助的影响外,还会受到企业对获取政府研发资助期望的影响。为考察研发资助政策不确定性 RGR 的影响效应,将模型(6-3)调整为:

$$RD_{i,t} = \alpha + \beta_1 RGR_{i,t} + \beta_2 (SUB \times RGR)_{i,t} + \beta_3 SUB_{i,t} + \gamma X_{i,t} + \mu_{i,t} \tag{6-4}$$

4.描述性统计及相关性分析

表 6-1 列示了主要变量描述性统计。

表 6-1　主要变量描述性统计

变量	平均值	中位值	最大值	最小值
RD	0.0339	0.0147	4.1332	0.0000
SUB	0.2942	0.7841	1.0000	0.0000
RGR_1	6638.59	3329.46	44346.63	18.2633
RGR_2	0.3281	0.1655	2.9279	0.0001
$Growth$	16.0686	11.6508	449.9300	− 42.1400
CF	0.0966	0.0746	1.1963	− 0.2768
Age	13.5488	13.0000	27.0000	6.0000
ROE	10.1950	9.1700	95.4100	− 59.4700
$Size$	21.6421	21.5363	24.4172	19.2370

　　根据表6-1可以发现,政府研发资助变量均值为0.7841,说明78.41%的样本企业获取政府研发资助,政府研发资助扰动在不同地区以及不同年份之间存在较大差别。以 RGR_1 测度的政府研发资助扰动在样本年份最小值为18.2633,最大值为44346.63;以 RGR_2 测度的政府研发资助扰动在样本年份最小值为0.0001,最大值为2.9279。

　　表6-2列示了主要变量之间相关系数分析结果。解释变量与控制变量之间的相关系数绝对值最大为0.3523,在可接受范围内。此外,通过考察方差膨胀因子,最大方差膨胀因子小于10,表明变量间不存在严重的多重共线性问题。

表 6-2　相关性分析

变量	RD	SUB	RGR_1	RGR_2	Growth	CF	Age	ROE	Size
RD	1.0000	/	/	/	/	/	/	/	/
SUB	0.1307	1.0000	/	/	/	/	/	/	/
RGR_1	−0.0301	0.2341	1.0000	/	/	/	/	/	/
RGR_2	−0.0061	0.3401	0.5166	1.0000	/	/	/	/	/
Growth	−0.0057	0.0013	−0.0635	0.0083	1.0000	/	/	/	/
CF	0.0983	0.1480	0.0180	0.0898	−0.0242	1.0000	/	/	/
Age	0.0055	0.0754	0.0476	−0.1047	0.0095	−0.1371	1.0000	/	/
ROE	0.0343	0.0395	0.0150	0.0716	0.3050	0.3523	0.0358	1.0000	/
Size	−0.0545	0.1420	−0.1071	−0.1094	0.1635	−0.1034	0.1818	0.1174	1.0000

6.1.2　实证检验结果与分析

1.基本回归结果

通过对模型(6-3)进行全样本估计,得到表6-3所示的结果。

表 6-3　基本模型回归结果

变量	(1)	(2)
C	0.0356*** (25.4655)	0.0749*** (9.9118)
SUB	0.0028*** (3.5308)	0.0020** (2.1173)
Growth	/	−3.9E−05*** (−4.5566)

续表

变量	(1)	(2)
CF	/	0.0054*** (3.5822)
Age	/	0.0003*** (7.0843)
ROE	/	−0.0001*** (−2.7475)
Size	/	−0.0054** (−2.5518)
年度与行业	控制	控制
Adj-*R*²	0.9719	0.9050
DW 值	1.9093	1.8036

注:括号中数值为 *t* 统计值;***,** 分别表示变量通过 1%,5% 显著性水平检验。

表 6-3 结果表明,政府研发资助 *SUB* 对企业研发投入水平产生了显著的正向影响,即政府研发资助对企业研发投入产生了明显激励作用,支持了假说 4。如理论分析所述,政府研发资助为企业研发活动提供了直接的资金支持,改善了企业研发投入的资金支持条件,使企业能够跨越资金门槛展开研发活动,促进研发投入的增加。同时,获取政府研发资助能够通过信号传递效应向金融机构传递出企业自身质量良好的信号,通过信号传递机制缓解信息不对称导致的信贷配给问题,使获得政府研发资助的企业在研发项目外部融资时获得一定的便利,对研发投入产生间接激励。此外,政府研发资助有效降低了企业研发项目的风险和成本,缩小了研发活动社会收益与私人利益的差距,改善项目投资的收益—成本比,从而对企业研发投入水平产生了明显的促进作用。

2.政策扰动影响的估计结果

为了考察政府研发资助政策不确定性对于企业研发投入的影响,我们引入即期政府研发资助与政府研发资助扰动交叉项进行考察,得到表 6-4 所示的结果。

表 6-4　政府研发资助与企业研发投入:政策扰动的影响

变量	(1)	(2)	(3)	(4)
C	0.0366*** (13.4739)	0.2195*** (21.7645)	0.0342*** (16.4462)	0.1880*** (15.9751)
SUB	0.0025*** (4.6410)	0.0023*** (3.7496)	0.0024*** (3.1469)	0.0017*** (4.9073)
$SUB \times RGR_1$	$-2.84\text{E}-12$*** (-3.9832)	$-1.38\text{E}-11$*** (-4.7816)	/	/
RGR_1	$-5.17\text{E}-07$*** -6.3737)	$-2.33\text{E}-06$*** (-5.6707)	/	/
$SUB \times RGR_2$	/	/	-0.0003*** (-3.4626)	-0.0026*** (-5.0350)
RGR_2	/	/	-0.0015* (-1.8593)	-0.0227*** (-6.4089)
$Growth$	/	$-4.3\text{E}-05$*** (-3.7977)	/	$-4.5\text{E}-05$*** (-5.5809)
CF	/	0.0035*** (4.2580)	/	0.0056*** (3.2453)
Age	/	0.0003*** (7.1542)	/	0.0004*** (4.2160)
ROE	/	-0.0001** (-2.3017)	/	$-8.4\text{E}-04$* (-1.8323)
$Size$	/	-0.0028*** (-9.3814)	/	-0.0042*** (-8.6764)
年度与行业	控制	控制	控制	控制
Adj-R^2	0.9447	0.9347	0.9458	0.9392
DW 值	1.8315	1.7904	1.8101	1.7410

注:括号中数值为 t 统计值;***,**,* 分别表示变量通过 1%,5%,10% 显著性水平检验。

从表 6-4 可以看出,RGR_1 与 RGR_2 的系数均显著为负,说明地区政府研发资助扰动对企业研发投入具有明显抑制作用。政府研发资助扰动水平的提升增加了企业获取政府研发资助的不确定性,当企业拥有足够的资金支持自身研发投入时,政府提供的研发资助就有可能对企业研发投入产生挤出作用,即企业在预期能够得到政府研发资助时,就会相应减少自身研发投入,从而使其整体研发投入并未出现明显提升；当企业研发活动确实面临资金限制，政府提供的研发资助就能够为企业研发项目提供必要资金支持，使相应研发活动得以开展，从而对企业研发投入水平构成促进作用。在第二种情况下，政府研发资助扰动程度的提高降低企业对于获取政府研发资助期望值，使企业可能因资金支持持续性不足而放弃研发项目的开展，最终导致企业研发投入水平的下降，表现为政府研发资助扰动对于企业研发投入产生负向影响。

从交叉项 $RG_1 \times RGR_1$ 与 $RG_2 \times RGR_2$ 看，系数符号均显著为负，说明地区研发资助扰动的提升会限制政府研发资助对于企业研发投入促进效应的发挥。在信息受限的条件下，较大幅度政府研发资助波动容易引发微观企业对于因政府研发资助调整而无法获取必要资助的担忧，从而阻碍了即期政府研发资助对于企业研发投入的激励效应。

3. 政府研发资助影响渠道的估计结果

根据理论分析，政府研发资助对于企业研发投入的促进作用可分为融资渠道（包括提供直接资金效应以及信号传递带来外部融资便利效应）与研发动机两方面。为进一步考察具体作用渠道，我们引入政府研发资助政策与现金流交叉项对融资渠道效应进行考察，得到表 6-5 所示的结果。

表 6-5   政府研发资助融资渠道效应回归结果

变量	(1)	(2)
C	0.0324*** (10.9255)	0.0023*** (2.8549)
SUB	0.0006*** (2.7959)	0.0017* (1.6443)
SUB×CF	−0.0130** (−2.5640)	−0.0309*** (−3.0148)
Growth	/	−1.90E−05*** (−3.7108)
CF	/	0.0088** (2.6946)
Age	/	0.0007*** (3.0271)
ROE	/	−9.5E−04** (−2.1366)

变量	(1)	(2)
Size	/	-0.0022^{*} (-1.9391)
年度与行业	控制	控制
Adj-R^2	0.9175	0.9030
DW 值	1.7596	1.7282

注:括号中数值为 t 统计值;***,**,* 分别表示变量通过 1%,5%,10% 显著性水平检验。

根据表 6-5 可知,$SUB \times CF$ 系数符号显著为负,说明政府研发资助缓解了企业研发融资约束,政府研发资助融资作用渠道成立。利用政府研发资助变量 SUB 的系数减去 $SUB \times CF$ 变量系数与 $\overline{CF}$ 乘积的结果为负,说明在研发意愿方面,政府研发资助并未明显改善企业研发投入动机,政府研发资助对于企业研发投入的促进效应主要依靠融资约束渠道实现。这可能是由于现有政府研发资助资金的配置着重于扶持因资金短缺受限的研发项目,尚无法有效对私人研发激励不足的项目进行识别并提供必要资助,通过改善项目成本收益结构对企业研发投资意愿产生强化作用。

6.2　货币政策与企业研发投入

6.2.1　研究设计

1.样本选择与数据来源

样本企业筛选规则与 5.1.1 一致。数据来源方面,货币政策相关变量数据来源于《中国金融统计年鉴》,其余数据来源与 5.1.1 相同。

2.变量定义

(1)被解释变量:研发投入 RD

与 5.1.1 相同,使用"研发投入/营业收入"作为研发投入的测度指标。

(2)解释变量

① 货币政策 MP。货币政策的测度方法存在多样性,受到货币政策演进发展而调整。Bernanke 和 Blinder(1992)主张利用联邦基金利率对货币政策调整

进行反映。Cover(1992)、MacCallum(2000)等尝试使用货币供应量增速的一阶变动差额衡量货币政策的调整动向。Romer 和 Romer(1994)、韩东平和张鹏(2015)等人则依据货币政策管理当局会议记录以及公开场合表述设计虚拟变量对货币政策变动进行反映。长期以来,中国利率市场化程度不高,国内学者则主要采用货币供应量与信贷规模增速衡量货币政策调整状况,如张前程和杨德才(2015)、马文超(2012)分别使用 M_1 与 M_2 货币供给增速变动对货币政策进行测度,曾海舰和苏冬蔚(2010)则主要利用信贷规模对货币政策调整进行衡量。祝继高等(2009)、龚光明和孟渐(2012)将央行问卷调查收集得到银行家货币政策感受指数选作为货币政策的代理指标。

基于国内外已有研究,结合我国实际情况,本书主要使用三类指标对货币政策进行测度:实际贷款利率变动率(RL);信贷增长率($Credit$);货币供给量(MG ,即 M_2 增速 $-$ GDP 增速 $-$ CPI 增速)。

② 货币政策扰动。该变量主要考察货币政策在一定期间内波动程度,采用货币政策代理变量(如 RL 等)的波动率作为政策扰动的替代指标,使用滚动窗口期(这里设为 3 年)货币政策变量值的标准差衡量。

$$MPR_{i,t} = \sqrt{\frac{1}{2}\sum_{k=1}^{3}\left[MP_t - mean(MP)\right]^2} \tag{6-5}$$

(3)控制变量

除了上述变量外,本书借鉴 Hill 和 Snell(1988)等人的研究,引入包括成长性 $Growth$ 、现金流 CF 、年龄 Age 、盈利性 ROE 及企业规模 $Size$ 等控制变量对企业研发投入其他影响因素进行控制。

3.模型构建

基于刘星等(2014)、肖虹和肖明芳(2014)等人的研究,构建基础计量模型如下:

$$RD_{i,t} = \alpha + \beta_1 MP_{i,t} + \gamma X_{i,t} + \mu_{i,t} \tag{6-6}$$

其中, $RD_{i,t}$ 表示企业 i 在 t 时间的研发投入; $MP_{i,t}$ 表示企业研发投入所面临的货币政策; $X_{i,t}$ 为控制变量。为考虑到地域行业差异因素对企业研发活动的影响,我们在回归中控制了行业、地区固定效应。我们关注系数 β_1 的估计结果,预计 $Credit$ 和 MG 估计系数显著为正, RL 估计系数显著为负,即信贷增速和货币增速越快、利率水平越低,货币政策越宽松,企业研发投入越多,而相反,紧缩的货币政策则会对企业研发投入产生抑制效应。

货币政策对于企业研发投入决策影响的主要作用机制在于,外部货币政策环境是否会影响到企业在研发期间获取持续稳定的资金支持以及对研发项目净现值的预期评价。事实上,企业在根据未来货币政策预期进行研发投入决策时除了受到货币政策现状水平的影响外,还会对货币政策的持续时间加以考虑。货币政策的持续性及可预见性对货币政策水平与企业研发投入关联性具有重要的调节作用。为分析货币政策扰动在货币政策水平与企业研发投入之间关系中的作用,将模型(6-6)调整为:

$$RD_{i,t} = \alpha + \beta_1 MP_{i,t} + \beta_2 (MP \times MPR)_{i,t} + \beta_3 MPR_{i,t} + \gamma X_{i,t} + \mu_{i,t} \quad (6-7)$$

其中,$MPR_{i,t}$表示货币政策扰动,使用实际贷款利率变动率(RL)、信贷增长率($Credit$)、货币供给量(MG)反映。

4.描述性统计及相关性分析

表6-6列示了主要变量的描述性统计。

表6-6　主要变量描述性统计

变量	均值	中位值	最大值	最小值
RD	0.0339	0.0147	4.1332	0.0000
RL	−0.0011	−0.0035	0.0210	−0.0163
MG	0.0303	0.0584	0.1427	−0.1534
$Credit$	−0.0019	−0.0133	0.1775	−0.1333
$Growth$	16.0686	11.6508	449.9300	−42.1400
CF	0.0966	0.0746	1.1963	−0.2768
Age	13.5488	13.0000	27.0000	6.0000
ROE	10.1950	9.1700	95.4100	−59.4700
$Size$	21.6421	21.5363	24.4172	19.237

根据表6-6可以发现,不同年份货币政策的执行情况存在较大差别。以实际利率测度的货币政策在样本年份最小值为−0.0163,最大值为0.0210;以货币供应量测度的货币政策在样本年份最小值为−0.1534,最大值为0.1427;以信贷增速测度的货币政策最小值为−0.1333,最大值为0.1775。

表6-7列示了主要变量之间相关系数分析结果。解释变量与控制变量之间的相关系数绝对值最大为0.35,在可接受范围内。此外,通过考察方差膨胀因子可知,最大方差膨胀因子小于10,表明变量间不存在严重的多重共线性问题。

表 6-7　相关性分析

变量	RD	RL	MG	Credit	Growth	CF	Age	ROE	Size
RD	1.0000	/	/	/	/	/	/	/	/
RL	−0.0300	1.0000	/	/	/	/	/	/	/
MG	0.0903	−0.7416	1.0000	/	/	/	/	/	/
Credit	0.0726	−0.6844	0.8527	1.0000	/	/	/	/	/
Growth	−0.0147	0.1474	−0.2405	−0.1972	1.0000	/	/	/	/
CF	0.1013	−0.1609	0.1226	0.1646	−0.0232	1.0000	/	/	/
Age	0.0168	0.2347	−0.1440	−0.0928	0.0145	−0.1401	1.0000	/	/
ROE	0.0340	0.0513	−0.0772	−0.0214	0.3106	0.3520	0.0453	1.0000	/
Size	−0.0519	0.1657	−0.1129	−0.0863	0.1653	−0.1089	0.1824	0.1291	1.0000

6.2.2　实证检验结果与分析

1.基本回归结果

通过对模型(6-7)进行全样本估计,得到表 6-8 所示的结果。

表 6-8　基本模型回归结果

变量	(1)	(2)	(3)
C	0.1391*** (3.7752)	0.0893*** (3.1082)	0.0076 (0.3449)
RL	−0.0599** (−2.0555)	/	/
MG	/	0.0196** (2.2876)	/
Credit	/	/	0.0204*** (3.3662)
Growth	−4.7E−05*** (−3.3785)	−3.6E−05*** (−5.1219)	−3.3E−05*** (−4.1436)
CF	0.0092*** (8.4368)	0.0048*** (3.2323)	0.0013*** (3.1103)
Age	8.3E−04*** (3.2561)	0.0001*** (9.2938)	9.5E−04*** (5.6908)

续表

变量	(1)	(2)	(3)
ROE	−0.0001**	−8.5E−04***	−0.0001***
	(−2.2657)	(−3.1327)	(−3.0864)
Size	−0.0065***	−0.0051***	−0.0023*
	(−2.9711)	(−3.4631)	(−1.9092)
年度与行业	控制	控制	控制
Adj-R²	0.9146	0.8735	0.8659
DW 值	1.8933	1.6731	1.7648

注:括号中数值为 t 统计值;***,**,* 分别表示变量通过 1%,5%,10% 显著性水平检验。

从表 6-8 可以看出,RL 的系数显著为负,MG 与 $Credit$ 的系数显著为正,说明货币政策紧缩对企业研发投入产生了显著的抑制效应,与假设 H_5 一致。信贷渠道方面,货币政策紧缩造成市场流通性短缺,提高了企业研发项目的融资难度以及融资成本,对研发投入造成阻碍。同时,市场流动性短缺会导致实物型资产价值贬损,限制了企业担保抵押能力,也会对研发项目的融资产生不利影响,进而对企业研发投入水平的提升形成抑制。利率渠道方面,货币政策紧缩抬高了市场利率,研发项目长投资周期的特征导致市场利率增长降低了企业研发项目净现值,减少了研发项目的投资机会,对企业研发投入造成负面影响。

2.政策扰动影响的估计结果

如前所述,货币政策对于企业研发投入的影响会受到货币政策扰动的影响,宽松的货币政策情境下频繁的货币政策扰动更容易引发紧缩货币政策调整预期的状况,强化了企业风险规避意愿,从而阻碍了货币政策宽松对企业研发投入的促进作用。我们通过加入货币政策水平与货币政策扰动交叉项对这种影响进行考察,得到表 6-9 所示的结果。

表 6-9　货币政策与企业研发投入:货币政策扰动的影响

变量	(1)	(2)	(3)
C	−0.1639***	−0.1583***	−0.1557***
	(−5.0581)	(−4.9355)	(−5.0138)
RL	−0.0515***	/	/
	(−9.2926)		
$RL \times MPR_{RL}$	9.8438**	/	/
	(2.5166)		

续表

变量	(1)	(2)	(3)
MPR_{RL}	-2.2910^{***} (-2.9377)	/	/
MG	/	0.0256^{***} (5.4762)	/
$MG \times MPR_{MG}$	/	-4.3424^{***} (-10.8432)	/
MPR_{MG}	/	-8.1697^{***} (-9.5472)	/
$Credit$	/	/	0.4897^{***} (7.9057)
$Credit \times MPR_{Credit}$	/	/	-12.8726^{***} (-7.7750)
MPR_{Credit}	/	/	-0.7010^{***} (-4.2008)
$Growth$	$-5.4E-05^{***}$ (-6.8916)	$-4.1E-05^{***}$ (-3.5516)	$-4.6E-05^{***}$ (-4.2780)
CF	0.0061^{***} (3.8575)	0.0049^{***} (3.2625)	0.0038^{***} (4.5503)
Age	0.0001^{***} (11.0314)	$5.1E-04^{***}$ (7.8431)	$6.6E-04^{***}$ (6.9445)
ROE	$-7.2E-04^{**}$ (-2.7696)	-0.0001^{***} (-3.7111)	-0.0002^{***} (-2.7696)
$Size$	-0.0014^{**} (-2.3852)	-0.0013^{*} (-1.5620)	-0.0026^{*} (-1.7785)
年度与行业	控制	控制	控制
Adj-R^2	0.8399	0.7945	0.8701
DW 值	2.1238	2.2062	1.8529

注:括号中数值为 t 统计值;$***$,$**$,$*$ 分别表示变量通过 1%,5%,10% 显著性水平检验。

根据表6-9可知,货币政策扰动 MPR_{RL},MPR_{MG},MPR_{Credit} 变量系数均显著为负,说明货币政策扰动对企业研发投入具有显著的抑制作用。货币政策扰动性增强,一方面导致金融机构面临更大的利率风险以及流动性风险,从而在向企业提供融资支持时通过提高利率或抬高融资门槛等方式降低风险,导致企业无法从金融机构获取足额、成本适当的资金;另一方面,由于研发项目需要长期、稳定的资金支持,且具有较高的沉没成本,外部资金环境的易变性增强了企业风险规避行为倾向,为避免因未来资金短缺导致研发项目失败,转而将资源投向短周期、资金需求较弱的投资项目,从而导致研发投入水平的降低。从具体作用效力看,相对于实际利率与货币供应量,信贷供应产生的货币政策扰动对于企业研发投入的负面效应最大,这与我国金融市场结构以间接融资为主,研发项目的外部融资以依赖于银行等信贷部门的贷款资金为主的供给现状特征有关。

从交叉项回归结果看,$RL \times MPR_{RL}$ 的回归系数显著为正,$MG \times MPR_{MG}$ 与 $Credit \times MPR_{Credit}$ 的回归系数显著为负。在高水平货币政策扰动条件下,实际利率降低、货币供应量增速以及信贷供应量增速提高对于企业研发投入的促进效应会受到抑制。其作用机制在于,高水平货币政策扰动降低了货币政策可预见性,一方面导致金融机构出于规避利率风险、流动性风险考虑产生惜贷行为,增强了研发项目面临的融资约束;另一方面,导致企业出于对未来资金短缺的担忧以及研发项目预期净现值的不确定性增强而减少研发项目投入。

3. 货币政策影响渠道的估计结果

货币政策对于企业研发投入的影响路径主要来源于融资渠道与研发动机两方面,为了区分不同路径的影响方向,我们在基本模型中引入货币政策与现金流交叉项对融资渠道效应进行考察,并根据 MP(包括 RL, MG, $Credit$)的系数减去 $MP \times CF$ 的系数与 $\overline{CF}$ 的乘积对货币政策对于企业研发动机的影响渠道效应进行判断。得到表 6-10 所示的结果。

表 6-10　货币政策融资渠道效应回归结果

变量	(1)	(2)	(3)
C	0.0932*** (3.3018)	0.0915*** (2.8549)	− 0.0052 (− 0.1956)
RL	− 0.0966*** (− 3.1008)	/	/
MG	/	0.2076*** (3.4104)	/
Credit	/	/	0.1896*** (5.5199)
RL×CF	1.5667*** (3.1404)	/	/

续表

变量	（1）	（2）	（3）
$MG \times CF$	/	-4.4722^{***} (-3.1012)	/
$Credit \times CF$	/	/	-7.4930^{***} (-6.4540)
$Growth$	$-3.9\text{E}-05^{***}$ (-3.0365)	$-6.8\text{E}-05^{***}$ (-4.1903)	$-2.9\text{E}-05^{***}$ (-5.5366)
CF	0.0089^{**} (2.3317)	0.0013^{**} (2.5692)	0.0204^{***} (3.5742)
Age	$7.3\text{E}-04^{***}$ (4.0660)	0.0001^{***} (6.3543)	$6.8\text{E}-04^{***}$ (8.4251)
ROE	$-8.3\text{E}-04^{**}$ (-2.5699)	-0.0001^{***} (-5.9777)	$-4.4\text{E}-04^{***}$ (-4.3551)
$Size$	-0.0045^{***} (-2.8947)	-0.0057^{**} (-2.5357)	-0.0023^{*} (-1.5826)
年度与行业	控制	控制	控制
Adj-R^2	0.9308	0.8819	0.9221
DW 值	1.7596	1.7282	1.7164

注：括号中数值为 t 统计值；***，**，* 分别表示变量通过 1%，5%，10% 显著性水平检验。

表 6-10 显示，$RL \times CF$ 系数显著为正，$MG \times CF$ 与 $Credit \times CF$ 系数均显著为负，说明货币政策宽松显著地缓解了企业研发融资约束状况。利用货币政策变量 MP 的系数减去 $MP \times CF$ 的变量系数与 $\overline{CF}$ 的乘积可知，RL 的研发动机渠道效应为 -0.2479，MG 的研发动机渠道效应为 -0.6396，$Credit$ 的研发动机渠道效应为 -0.9134。从研发动机渠道效应角度看，信贷供给紧缩对于企业研发投入动机的抑制效应最大，货币供给量次之，实际利率最小。基于上述分析，货币政策对于企业研发投入的影响渠道在融资约束与研发动机两方面均成立。

6.3 环境规制政策与企业研发投入

6.3.1 研究设计

1.样本选择与数据来源

样本企业筛选规则与 5.1.1 一致。数据来源方面,环境规制政策相关变量数据来源于《中国统计年鉴》《中国环境统计年鉴》,其余数据来源与 5.1.1 相同。

2.变量定义

(1)被解释变量:研发投入 RD

与 5.1.1 相同,使用"研发投入 / 营业收入"作为研发投入的测度指标。

(2)解释变量

① 环境规制 ER。由于环境规制内涵的丰富性以及手段的多元性,有关环境规制的测度也存在多种方法,具体如表 6-11 所示。

表 6-11 环境规制的主要测度方法

代表性文献	测度指标或方法
Cole 和 Elliott(2003);郭际和张扎根(2015)	污染物排放强度:排放强度越高,环境规制越宽松
Low 和 Yeats(1992)	环境规制政策:环境规制政策发文的频率越高,发文的数量越多,地区环境规制越严格
Brunnermeier 和 Cohen(2003)	环境规制执行部门对企业的检查次数:执法机构检查次数越多,说明环境规制越严格
Antweiler 等(2001);Mani 和 Wheeler(2003)	人均收入水平:收入水平较高的地区,环境规制更为严格
Li(2009);张三峰和卜茂亮(2011)	企业污染治理努力程度:包括环境污染治理投资规模、对污染物承受单位成本等,环境规制严格的地区,企业的污染治理投资规模相对越大

本书主要选取污染物排放强度与企业污染治理投资规模两类方法对地区环境规制水平进行测度,其中在测度污染物排放强度时,为了克服单一指标选取产生的片面性问题,选择从废水排放、废气排放与固定废弃物三方面构建综

合指数测度,企业污染治理投资规模则选择各省份治理工业污染总投资与规模以上工业企业销售产品产值作为环境规制 ER_1 的测度。

污染物排放强度方面,本研究分别选取废水、废气及固定废弃物的生产量,首先对指标进行标准化处理:

$$UE'_{i,j} = \frac{UE_{i,j} - \min(UE_j)}{\max(UE_j) - \min(UE_j)} \tag{6-8}$$

其中,$UE_{i,j}$ 代表 i 地区 j 类指标初始值,$\max(UE_j)$ 和 $\min(UE_j)$ 分别表示污染物 j 指标在所有样本地区中的最大值和最小值,$UE'_{i,j}$ 表示 i 地区 j 类污染物标准化值。

在标准化基础上,对计算所得三个单项指标值进行简单平均得到地区环境规制强度 ER_2:

$$ER_2 = \frac{\sum_{j=1}^{3} UE'_j}{3} \tag{6-9}$$

与 ER_1 不同,ER_2 是环境规制水平的反向测度指标,即 ER_2 指标值越高,说明地区环境污染强度越大,环境规制水平越低,反之则说明环境规制水平越高。

② 环境规制扰动 PR。该变量主要测度环境规制水平在一定期间内的波动程度,选取环境规制波动率作为政策扰动的替代指标。在计算波动率时,首先对地区环境规制 ER 进行平均值调整,以消除全国环境规制趋势性变动影响,在此基础上,进一步计算滚动窗口期(这里设为 3 年)内 ER 的标准差。即,

$$PR_{i,t} = \sqrt{\frac{1}{T-1} \sum_{k=1}^{T} \left[ER_{i,t}^{adj} - mean^{iT}(ER_{i,t}^{adj}) \right]^2} \tag{6-10}$$

$$ER^{adj} = ER_{i,t} - \frac{1}{X} \sum_{k=1}^{X} ER_{k,t} \tag{6-11}$$

该指标值越大,说明地区环境规制扰动程度越高。

(3) 控制变量

除了上述变量外,本书借鉴 Hill 和 Snell(1988) 等人的研究,引入包括成长性 $Growth$、现金流 CF、年龄 Age、盈利性 ROE 及企业规模 $Size$ 等控制变量对企业研发投入其他影响因素进行控制。

3. 模型构建

基于 Barbera 和 McConnell(1990)、谢乔昕(2016) 等人研究构建基础计量模型如下:

$$RD_{i,t} = \alpha + \beta_1 ER_{i,t} + \gamma X_{i,t} + \mu_{i,t} \tag{6-12}$$

其中,$RD_{i,t}$ 表示企业 i 在 t 时间的研发投入;$ER_{i,t}$ 表示企业所面临的环境规制扰动;$X_{i,t}$ 为控制变量。考虑到地域行业差异因素对企业研发活动的影响,我们

在回归中控制了行业、地区固定效应。我们主要关注系数 β_1 的估计结果,预计估计系数显著为正,即环境规制强度的提升会对企业研发投入产生促进效应。

环境规制对于企业研发投入决策影响的逻辑在于企业是否会通过研发途径应对高水平环境规制带来的挑战。因此,除了环境规制水平对于企业研发投入的直接影响效应外,企业对未来环境规制水平的预期因素对于研发投入决策也很重要,而企业对于未来环境规制水平的预期一方面受到环境规制水平的影响,另一方面也取决于地区环境规制波动情况。当地区现行环境规制水平较高时,企业往往预期未来环境规制水平进一步提升的可能性相对较小,较大的环境规制扰动增加了环境规制水平可能下降的预期;反之,在地区环境规制水平较低的背景下,较大的环境规制扰动更容易引发企业对未来环境规制水平大幅提高的担忧。为了分析环境规制扰动在环境规制水平与企业研发投入之间关系之中的作用,将模型(6-12)调整为:

$$RD_{i,t} = \alpha + \beta_1 ER_{i,t} + \beta_2 (ER \times PR)_{i,t} + \beta_3 PR_{i,t} + \gamma X_{i,t} + \mu_{i,t} \qquad (6-13)$$

4. 描述性统计及相关性分析

表 6-12 为各主要变量的描述性统计。

表 6-12 主要变量描述性统计

变量	平均值	中位值	最大值	最小值
RD	0.0339	0.0147	4.1332	0.0000
ER_1	6.3126	2.8709	141.7258	0.8630
PR_1	0.5358	0.0105	25.4737	0.0001
ER_2	0.3964	0.3636	0.8895	0.0046
PR_2	1.6718	0.7308	10.5107	$7.5E-05$
$Growth$	16.0686	11.6508	449.9300	-42.1400
CF	0.0966	0.0746	1.1963	-0.2768
Age	13.5488	13.0000	27.0000	6.0000
ROE	10.1950	9.1700	95.4100	-59.4700
$Size$	21.6421	21.5363	24.4172	19.237

根据表 6-12 可以发现,无论是环境规制还是环境规制扰动均存在明显的地区差异,从环境规制水平看,ER_1 最小值为 0.8630,最大值为 141.7258,ER_2 最小值为 0.0046,最大值为 0.8895,不同地区经济发展水平、产业结构、环境治理压力等方面的差异是造成环境规制水平差异的主要因素;在环境规制扰动方

面，PR_1 最小值为 0.0001，最大值为 25.4737，PR_2 最小值为 7.5E－05，最大值为 10.5107，说明不同地区环境规制水平波动水平也存在较大差别。

表 6-13 列示了主要变量之间相关系数分析结果。解释变量与控制变量之间的相关系数绝对值最大为 0.3523，在可接受范围内。另外，通过考察方差膨胀因子可知，最大方差膨胀因子小于 10，表明变量间不存在严重的多重共线性问题。

表 6-13　相关性分析

变量	RD	ER_1	PR_1	ER_2	PR_2	Growth	CF	Age	ROE	Size
RD	1.0000	/	/	/	/	/	/	/	/	/
ER_1	−0.0059	1.0000	/	/	/	/	/	/	/	/
PR_1	−0.0113	0.3230	1.0000	/	/	/	/	/	/	/
ER_2	−0.0772	−0.2008	0.2229	1.0000	/	/	/	/	/	/
PR_2	−0.0241	−0.1128	−0.1064	0.4942	1.0000	/	/	/	/	/
Growth	−0.0057	−0.0080	−0.0546	0.0719	0.1587	1.0000	/	/	/	/
CF	0.0983	−0.0469	−0.0145	−0.0763	−0.1261	−0.0242	1.0000	/	/	/
Age	0.0055	−0.0781	0.0269	0.0788	0.1321	0.0095	−0.1371	1.0000	/	/
ROE	0.0343	−0.0421	0.0354	−0.0309	0.0529	0.3050	0.3523	0.0358	1.0000	/
Size	−0.0545	−0.0018	−0.0100	0.0092	0.0764	0.1635	−0.1034	0.1818	0.1174	1.0000

6.3.2　实证检验结果与分析

1.基本回归结果

通过对模型(6-12)进行全样本估计，得到表 6-14 所示的结果。

表 6-14　基本模型回归结果

变量	(1)	(2)	(3)	(4)
C	0.0338*** (6.0936)	0.0345*** (8.4543)	0.0339*** (4.1310)	0.1019*** (9.6780)
ER_1	0.0003*** (6.9800)	0.0001*** (3.4889)	/	/
ER_2	/	/	−0.0046* (−1.6953)	−0.0038*** (−2.8154)
Growth	/	−3.9E−05*** (−5.0534)	/	−4.2E−05*** (−4.3493)

续表

变量	(1)	(2)	(3)	(4)
CF	/	0.0049*** (3.9413)	/	0.0068*** (4.7170)
Age	/	3.1E−04*** (8.3871)	/	0.0001*** (10.6840)
ROE	/	−0.0001*** (−2.8468)	/	−8.1E−04*** (−4.0945)
Size	/	−0.0036*** (−5.7363)	/	−0.0040*** (−6.8928)
年度与行业	控制	控制	控制	控制
Adj-R^2	0.9756	0.9381	0.9750	0.9452
DW 值	1.9002	1.7941	1.8855	1.8094

注:括号中数值为 t 统计值;***,**,* 分别表示变量通过 1%,5%,10% 显著性水平检验。

根据表 6-14 可以发现,ER_1 系数显著为正,ER_2 系数显著为负,由于 ER_2 为地区环境规制的反向指标,上述回归结果说明环境规制水平的提高对企业研发投入强度具有显著的促进作用,验证了假设 H_{6a},即"波特假说"成立。在适度的环境规制水平条件下,环境规制水平的提升促使企业追加研发投入,或从事绿色技术开发以减小现有产量条件下污染物排放,或通过提升企业生产率以抵消环境规制产生的运营成本增加。这些行为选择均会对企业研发投入产生促进作用。这一结果也在一定程度上说明我国目前的环境规制水平尚处于合理区间。

2. 政策扰动影响的估计结果

如前所述,预期因素在环境规制对企业研发投入的影响中扮演重要角色,环境规制水平以及地区环境规制扰动情况会影响企业对未来环境规制变动趋势的判断,进而对企业研发投入决策产生影响。我们通过加入环境规制水平与环境规制扰动交叉项对这种影响进行考察,得到表 6-15 所示的结果。

表 6-15　环境规制与企业研发投入：环境规制扰动因素的影响

变量	(1)	(2)	(3)	(4)
C	0.0337*** (5.4822)	0.0833*** (7.9541)	0.0396*** (3.3776)	0.0421*** (4.1162)
ER_1	1.6E−05* (1.7817)	0.0002* (1.7526)	/	/
$ER_1 \times PR_1$	−2.36E−05*** (−7.2395)	−0.0003*** (−3.1284)	/	/
PR_1	−0.0001* (−1.6526)	−0.0033*** (−3.0933)	/	/
ER_2	/	/	−0.0145*** (−5.3326)	−0.0075** (−2.2151)
$ER_2 \times PR_2$	/	/	0.0021*** (6.1332)	0.0027*** (3.9053)
PR_2	/	/	−0.0011*** (−5.6768)	−0.0010*** (−4.8529)
Growth	/	−3.3E−05** (−2.7635)	/	−3.7E−05*** (−2.9610)
CF	/	0.0048*** (3.3782)	/	0.0077*** (4.1202)
Age	/	0.0001*** (10.8829)	/	8.6E−04*** (5.6817)
ROE	/	−0.0001*** (−3.2993)	/	−0.0001*** (−6.7375)
Size	/	−0.0032*** (−5.5184)	/	−0.0049*** (−4.8367)
年度与行业	控制	控制	控制	控制
Adj-R^2	0.9690	0.9346	0.9768	0.9352
DW 值	1.8681	1.7808	1.8555	1.8016

注：括号中数值为 t 统计值；***，**，*分别表示变量通过 1%，5%，10%显著性水平检验。

估计结果显示，PR_1 与 PR_2 系数在所有方程中均显著为负，说明地区环境规制扰动会对企业研发投入产生明显的抑制作用。环境规制水平波动导致了企业面临环境规制水平不确定性，增强了企业观望心理，对研发投入追加构成不利。$ER_1 \times PR_1$ 的回归系数均显著为负，$ER_2 \times PR_2$ 的回归系数则均显著为正。这一结果说明环境规制扰动对环境规制水平与企业研发投入关系具有负向调节作用，即在环境规制扰动较大地区，环境规制水平提高对企业研发投入的促进作用会受到抑制。在环境规制扰动较大的地区，企业面临较大的环境规制政策不确定性，企业更容易对地区环境规制调整采取观望的心态，从而弱化了企业为应对环境规制约束追加研发投入的行为动机，导致企业研发投入的减少。而在环境规制扰动较小的地区，环境规制调整具有较强的稳定性和可信性，企业投机心理相对较弱，促使企业在面临环境规制水平提高时倾向于选择进行技术研发而非被动观望。

3. 规制俘获调节效应的估计结果

为了考察规制俘获对环境规制研发投入效应的调节作用，在模型（6-12）中引入环境规制与规制俘获的交叉项（$ER \times RC$）对方程进行估计。其中规制俘获（RC）的测度方面，由于以贿赂腐败等灰色方式寻求规制俘获属于违规违法行为，直接搜集一手证据进行测度存在困难。已有文献主要采用问卷调查、直接观察等方法采集数据。Cai 等（2011）研究发现，中国上市公司财务报表中管理费用科目下的差旅费和招待费常常被企业用于贿赂、寻求政府支持等，差旅费和招待费项目不仅被企业用于隐藏企业佣金、红包等灰色支出，而且该项目涉及餐饮、娱乐等活动支出往往与企业贿赂等腐败行为存在较大关联。黄玖立、李坤望（2013）的研究进一步证实了采用差旅费和招待费对企业寻租贿赂行为进行测度的合理性。因此，参照 Cai 等（2011）的方法，分别使用业务招待费率（RC_1）和差旅招待费率（RC_2）两类指标对企业规制俘获行为进行测度。估计结果如表 6-16 所示。

表 6-16　环境规制与企业研发投入：环境规制扰动因素的影响

变量	(1)	(2)	(3)	(4)
C	0.0314*** (4.0351)	0.0384*** (5.2262)	0.0474*** (4.8076)	0.0499*** (3.7201)
ER_1	0.0001* (1.8328)	0.0001* (1.6994)	/	/
ER_2	/	/	−0.0123*** (−4.4558)	−0.0134** (−3.8857)
$ER_1 \times RC_1$	−0.0070*** (−6.5354)	/	/	/

续表

变量	(1)	(2)	(3)	(4)
$ER_1 \times RC_2$	/	-0.0083^{***} (-3.7985)	/	/
$ER_2 \times RC_1$	/	/	0.0056^{***} (5.4533)	/
$ER_2 \times RC_2$	/	/	/	0.0059^{***} (4.8491)
RC_1	-0.0014^{***} (-3.7955)	/	-0.0015^{***} (-3.6541)	/
RC_2	/	-0.0021^{***} (-3.2892)		-0.0023^{***} (-3.4750)
$Growth$	$-3.1E-05^{***}$ (-2.8213)	$-3.2E-05^{***}$ (-2.7452)	$-3.2E-05^{**}$ (-2.4531)	$-3.2E-05^{***}$ (-2.7534)
CF	0.0051^{***} (3.7375)	0.0043^{***} (4.0024)	0.0035^{***} (3.5420)	0.0048^{***} (3.8540)
Age	0.0001^{***} (9.0340)	0.0001^{***} (8.5962)	0.0001^{***} (5.6549)	0.0001^{***} (5.8261)
ROE	-0.0001^{***} (-4.5831)	-0.0001^{***} (-5.3600)	-0.0001^{***} (-4.9923)	-0.0001^{***} (-5.2730)
$Size$	-0.0037^{***} (-4.8940)	-0.0029^{***} (-4.5232)	-0.0024^{***} (-5.0307)	-0.0028^{***} (-5.2279)
年度与行业	控制	控制	控制	控制
Adj-R^2	0.8037	0.8295	0.8511	0.9164
DW 值	1.7443	1.7650	1.7869	1.7437

注:括号中数值为 t 统计值;***,**,* 分别表示变量通过 1%,5%,10% 显著性水平检验。

　　估计结果显示,RC_1 和 RC_2 变量估计系数均显著为负,说明企业规制俘获行为对企业研发投入水平的提升产生了消极影响,其原因一方面在于规制俘获对企业资源的消耗会对研发投入形成挤占效应;另一方面,规制俘获行为容易强化企业投机行为倾向,导致企业资源配置的偏误,弱化企业家对研发活动的行为动机。各列估计结果中交叉项 $ER \times RC$ 均通过 10% 显著性水平检验,且与 ER_1 及 ER_2 系数符号相反,其经济含义在于,企业规制俘获行为反向调节了环境规制的研发投入效应,即规制俘获会抑制环境规制对于企业研发投入的促进效应,假设 7 得到支持。环境规制引发了企业的规制俘获行为,规制俘获行为不仅会耗费企业财务资源,对企业研发投入资金支持形成挤占,同时也会扭曲企业家精神,强化企业投机行为倾向,从而负向调节了环境规制对于研发投入的推动作用。

4.环境规制影响渠道的估计结果

根据理论分析,环境规制政策对于企业研发投入的影响路径存在融资渠道与研发动机两方面,为了对影响渠道进行分析,我们在基本模型中引入环境规制政策与现金流交叉项对融资渠道效应进行考察,并根据 ER 的系数减去 $ER \times CF$ 的系数与 $\overline{CF}$ 的乘积对环境规制政策对于企业研发动机的影响渠道效应进行判断。得到表 6-17 所示的结果。

表 6-17　环境规制政策的融资渠道效应

变量	(1)	(2)
C	0.0820*** (6.7354)	0.09160*** (5.7377)
ER_1	0.0001** (2.3956)	/
ER_2	/	-0.0009** (-2.1104)
$ER_1 \times CF$	0.0012** (2.4606)	/
$ER_2 \times CF$	/	-0.0298** (-2.2411)
$Growth$	-4.9E-05*** (-6.9986)	-5.7E-05*** (-7.9116)
CF	0.0012*** (3.4814)	0.0045*** (3.1300)
Age	6.9E-04*** (10.4860)	5.7E-04*** (4.4233)
ROE	-8.5E-04*** (-3.8787)	-0.0001** (-2.2903)
$Size$	-0.0031*** (-4.7079)	-0.0052*** (-3.5952)

续表

变量	(1)	(2)
年度与行业	控制	控制
Adj-R^2	0.9374	0.9256
DW 值	1.8489	1.7641

注:括号中数值为 t 统计值;***,**,* 分别表示变量通过 1%,5%,10%显著性水平检验。

表 6-17 结果显示,$ER_1 \times CF$ 系数符号显著为正,$ER_2 \times CF$ 系数符号显著为负。其经济含义说明,在融资渠道效应方面,环境规制强度的提升加剧了企业研发融资约束。这种作用效应产生的原因:一是环境规制产生的政策遵从成本会对企业资金形成挤占效应,加剧企业资金紧张,进而对研发投入产生负向影响;二是环境规制政策的推行增加了企业的环境风险,对企业研发方向和技术水平提出更高的要求,进而使得企业研发投资项目具有更高的风险性,令金融机构在对企业研发项目特别是污染型行业企业研发项目提供资金支持时格外谨慎,加剧了企业外部研发融资约束。利用环境规制政策变量 ER 的系数减去 $ER \times CF$ 变量系数与 $\overline{CF}$ 的乘积的计算结果为正,说明环境规制对企业研发投入的促进效应在研发动机渠道上仍然成立,环境规制强度的提升对企业研发投入动机具有强化作用。

6.4　本章小结

本章利用 2008—2014 年沪深上市公司数据,从政府研发资助政策、货币政策与环境规制政策三方面对政策环境与企业研发投入之间关系以及政企关系的调节效应进行实证分析。实证显示:

(1)获取政府研发资助对企业研发投入具有显著的激励效应,政策扰动限制了政府研发资助对于企业研发投入的正向激励效应,从影响渠道上看,政府研发资助对于企业研发投入的激励作用主要通过融资渠道传递实现;

(2)货币政策宽松对企业研发投入具有显著的激励效应,政策扰动限制了货币政策宽松对于企业研发投入的正向激励效应,货币政策宽松对于企业研发投入的影响渠道在融资约束与研发动机两方面均成立;

(3)环境规制强度的提升对企业研发投入具有显著的正向影响,政策扰动和规制俘获均限制了环境规制政策产生的激励效应,环境规制对于企业研发投入的影响渠道在融资约束与研发动机两方面均成立。

第七章 制度及政策环境对企业研发投入经济后果影响的实证分析

第五章与第六章的实证结果表明,制度环境与政策环境对中国企业研发投入具有重要影响。然而,单纯从研发投入角度无法全面理解制度与政策环境对于企业技术创新行为的影响,制度环境与政策环境一方面通过影响研发项目资源供给及投资意愿对研发投入产生影响,同时也可能通过影响技术创新方向、研发资源管理效率,进而对研发投入经济后果产生影响。例如,以短期产出最大化为导向的政府干预活动可能会导致企业技术创新短期化,强化了研发投入与短期经济产出之间的相关性;政府提供的研发资助降低了企业在研发项目中的风险承担比例,弱化了企业对于研发资金高效管理的行为激励,对企业研发效率产生负向作用,从而可能对研发投入后果产生不利影响等。研发投入能否有效转化为创新产出? 制度与政策环境对于这一转换过程具有怎样的影响? 为解决这些问题,我们有必要进一步从制度与政策环境入手对企业研发投入的经济后果进行考察,以分析不同制度环境与政策环境下企业研发投入的经济后果是否存在差异以及差异产生的原因。

7.1 研究设计

1.样本选择与数据来源

与 5.1.1 相同。

2.变量定义

(1)被解释变量:经济后果 *PER*

对研发投入经济后果测度指标的选择主要包括财务绩效指标与市场绩效指标两大类,由于研发项目的长投资回报周期特征,当期的研发投入往往需要到未来数年才能对绩效产生促进作用,因此本章主要从市场绩效方面对企业研发投入经济后果进行反映。在市场绩效指标的选择上,本章将经行业均值调整的托宾 Q 作为企业研发投入经济后果的代理变量,为了反映企业研发投入经济后果的滞后性特征,这里取未来三期托宾 Q 值的简单平均值作为当期研发投入的经济后果变量。

(2)解释变量:研发投入 RD

与 5.1.1 相同,使用"研发投入/营业收入"作为研发投入的测度指标。

(3)控制变量

引入与企业绩效密切相关的其他控制变量,包括成长性 $Growth$ 、企业规模 $Size$ 、资产负债率 Lev 。变量指标设计与 6.1.1 相同。

3.模型构建

为了检验制度因素、政策因素对于企业研发投入绩效相关性的影响,构建模型如下:

$$PER_{i,t} = \alpha + \beta_1 INS_{i,t} + \beta_2 (INS \times RD)_{i,t} + \beta_3 RD_{i,t} + \gamma X_{i,t} + \mu_{i,t}$$

$$(7-1)$$

INS 为制度及政策环境变量,包括金融发展、政府干预等六类变量,具体制度及政策环境变量设计与第五、六章设计相同。如果 β_2 显著为正,说明制度及政策环境显著地改善了企业研发投入的经济后果,反之,则说明制度及政策环境损害了企业研发投入的经济后果。

7.2　制度环境与企业研发投入经济后果

7.2.1　金融发展与企业研发投入绩效相关性

表 7-1 列示了金融发展对于企业研发投入经济后果的影响效应。

表 7-1　金融发展与企业研发投入绩效相关性

变量	(1)	(2)
C	28.9828***	23.6321**
	(3.6006)	(2.2065)
RD	1.5104**	0.9415**
	(2.0631)	(2.0617)

续表

变量	（1）	（2）
$RD \times FIND_1$	8.6168** （2.3959）	/
$FIND_1$	−2.6934*** （−6.8895）	/
$RD \times FIND_2$	/	−1.0445** （−2.3792）
$FIND_2$	/	3.0375** （2.1284）
$Growth$	0.0911*** （16.2373）	0.0916*** （17.7602）
$Size$	2.4978*** （5.9951）	2.4363*** （4.7699）
Lev	0.0274*** （3.6870）	0.0286*** （3.5595）
年度与行业	控制	控制
$Adj\text{-}R^2$	0.9216	0.9074
DW 值	2.1282	2.1484

注：括号中数值为 t 统计值；***,**,* 分别表示变量通过 1%,5%,10% 显著性水平检验。

表 7-1 结果显示,金融发展对研发投入经济后果具有显著的正向影响。随着金融发展水平的提高,一方面,金融市场能够更好地对研发项目进行识别,并为之提供所需资金,企业也能够更合理地安排融资活动为研发项目提供资金支持,使研发项目投融资市场具有更高的运行效率;另一方面,金融机构越能够按照市场机制对资金进行配置,越有动力对企业投资行为进行有效监督,从而缓解代理问题对研发效果的负面影响,改善企业研发投入经济后果。

7.2.2　知识产权保护与企业研发投入绩效相关性

表 7-2 列示了知识产权保护对于企业研发投入经济后果的影响效应。

表 7-2　知识产权保护与企业研发投入绩效相关性

变量	(1)	(2)
C	−13.1145** (−2.2814)	−20.8500*** (−5.5144)
RD	0.9699* (1.6264)	0.7700* (1.7831)
$RD \times GP_1$	1.3482*** (3.0304)	/
GP_1	1.9497 (0.2748)	/
$RD \times GP_2$	/	0.7846* (1.7732)
GP_2	/	0.0036 (0.0879)
$Growth$	0.0866*** (11.4510)	0.0851*** (9.8058)
$Size$	3.9567*** (8.0001)	3.6159*** (5.7986)
Lev	0.0225** (2.7351)	0.0291** (2.5233)
年度与行业	控制	控制
Adj-R^2	0.8431	0.8482
DW 值	1.8729	1.9045

注:括号中数值为 t 统计值;***,**,*分别表示变量通过 1%,5%,10%显著性水平检验。

　　表 7-2 报告了知识产权保护对于企业研发投入经济后果的影响,结果显示,知识产权保护对企业研发投入价值效应具有显著的促进作用。良好的知识产权保护有助于企业充分享有创新产出的垄断收益,独占保护期内创新活动的利益,从而对企业研发投入经济后果具有明显的改善效应。同时,强有力的知识产权保护抬高了技术产品价格,更多地引导企业开展自主研发活动获取所需技术而非通过外部购买的渠道获取技术,这也对企业研发投入的创新回报产生了积极影响,进而改善了企业研发投入的经济后果。

7.2.3　政府干预与企业研发投入绩效相关性

表 7-3 列示了政府干预对于企业研发投入经济后果的影响效应,与 5.3 部分的分析思路类似,首先将财政分权与晋升激励区分,单独进行考察,再对二者的交互效应进行估计。

表 7-3　政府干预与企业研发投入绩效相关性

变量	(1)	(2)	(3)	(4)	(5)
C	−14.1762* (−2.1341)	−16.2091*** (−3.6624)	−15.1266*** (−2.9438)	−17.1654*** (−4.9547)	−23.1744*** (−6.0175)
RD	0.0395*** (5.4772)	0.0287*** (3.5258)	0.0455*** (2.9048)	0.0291*** (3.3554)	0.0409*** (4.1171)
$FD \times RD$	0.1560*** (4.9087)	/	/	/	/
FD	0.0029*** (3.9417)	/	/	/	/
$POLI_1 \times RD$	/	−0.0372* (−2.1765)	/	−0.0198* (−2.2342)	/
$POLI_1$	/	−0.0013*** (−4.8723)	/	/	/
$POLI_2 \times RD$	/	/	−0.0020*** (−3.5942)	/	−0.0014*** (−4.8772)
$POLI_2$	/	/	−0.0123* (−2.1238)	/	/
$POLI_1 \times FD \times RD$	/	/	/	−0.0562*** (−3.5541)	/
$POLI_2 \times FD \times RD$	/	/	/	/	−0.0295*** (−5.4138)
Growth	0.0976*** (8.4751)	0.0881*** (10.0564)	0.0644*** (9.7846)	0.0680*** (7.4629)	0.0915*** (8.7465)
Size	−2.6233*** (−9.5862)	−2.5782*** (−6.7499)	−2.1754*** (−8.4549)	−2.7880*** (−8.0368)	−3.2591*** (−7.0149)
Lev	0.0258*** (4.9056)	0.0265*** (5.1249)	0.0259*** (3.7875)	0.0290*** (4.0618)	0.0282*** (3.9912)

续表

变量	（1）	（2）	（3）	（4）	（5）
年度与行业	控制	控制	控制	控制	控制
Adj-R^2	0.8416	0.8594	0.8233	0.8847	0.8736
DW 值	1.7873	1.8562	1.9045	1.9201	1.9436

注：括号中数值为 t 统计值；***，**，* 分别表示变量通过 1％，5％，10％显著性水平检验。

表 7-3 结果显示，财政分权、晋升激励以及二者交互作用均对企业研发投入经济后果具有显著的增进效应。考虑到财政分权与晋升激励对于企业研发投入的作用效应，造成这一回归结果的原因可能在于：在中国式分权制度框架下，企业投资活动容易受到地方政府短期增长偏好的影响，从而在短期内表现为研发投入经济后果的改善。从企业角度而言，由于政府干预压缩了企业研发投入规模，可能促使企业加强研发资金投入管理以确保研发项目的完成，提高研发资金利用效率，对研发投入经济后果起到一定的改善效果。

7.3　政策环境与企业研发投入经济后果

7.3.1　研发资助政策与企业研发投入绩效相关性

表 7-4 列示了研发资助政策对于企业研发投入经济后果的影响效应。

表 7-4　政府研发资助与企业研发投入绩效相关性

变量	（1）	（2）
C	−22.0431** （−2.7640）	−25.0579** （−3.9511）
RD	0.0032*** （3.4257）	0.0041*** （3.6960）
$RD \times SUB$	−0.0184*** （−3.6903）	／
SUB	0.1680 （1.0345）	／
$RD \times RGR$	／	0.0105** （2.6642）

续表

变量	（1）	（2）
RGR	/	0.0036 (0.8840)
Growth	0.1905*** (11.0127)	0.1571*** (8.9542)
Size	2.6893*** (4.5831)	3.0415*** (3.8980)
Lev	0.0257*** (3.0420)	0.0239*** (3.1495)
年度与行业	控制	控制
Adj-R²	0.8134	0.7865
DW 值	1.8563	1.9043

注:括号中数值为 t 统计值;***,**,* 分别表示变量通过 1%,5%,10%显著性水平检验。

表 7-4 结果显示,政府研发资助对企业研发投入经济后果产生了负向影响,而政策扰动则对企业研发投入经济后果产生了显著的正向影响。这可能是由于,与利用自身资金进行研发相比,企业利用政府研发资助资金进行研发活动,其资金管理方面相对宽松,导致资金使用效率下降,未能发挥提升研发投入经济后果的效应。从政策扰动角度看,频繁的政策扰动提高了企业未来获取政府研发资助的难度,增强了企业获得政府研发资助不确定性,企业为了后续仍然能够获得政府研发资助,倾向于加强当期研发资金的使用和管理,从而表现出负向调节政府研发资助与研发投入经济后果的相关关系。

7.3.2　货币政策与企业研发投入绩效相关性

表 7-5 列示了货币政策对企业研发投入经济后果影响的估计结果。

表 7-5　货币政策与企业研发投入绩效相关性①

变量	(1)
$RL \times RD$	0.1786*** (2.9916)
$MPR_{RL} \times RD$	−0.0455*** (−3.8813)
$MG \times RD$	−0.0771** (−2.4579)
$MPR_{MG} \times RD$	−0.0166*** (−3.1709)
$Credit \times RD$	−0.2612*** (−4.0903)
$MPR_{Credit} \times RD$	−0.0452** (−2.5450)

注:括号中数值为 t 统计值;***,**,* 分别表示变量通过 1%,5%,10%显著性水平检验。

　　表 7-5 结果显示,货币政策宽松对企业研发投入经济后果产生了显著的负向影响,这可能是由于在宽松资金面的条件下,企业对研发资金管理使用监督相对弱化,因此降低了研发资金的使用效率。政策扰动对企业研发投入经济后果产生显著的抑制效应。由于研发投资周期长,对资金持续性、稳定性要求较高,货币政策扰动增加企业未来研发项目资金支持不确定性,促使企业出于风险考虑放弃资金需求大、期望收益高的研发项目,从而对研发投入经济后果产生不利影响。

7.3.3　环境规制政策与企业研发投入绩效相关性

　　表 7-6 列示了环境规制政策对于企业研发投入经济后果的影响效应。

---

① 为便于列示,这里略去控制变量及截距项估计结果,表 7-6 也做了类似简化处理。

表 7-6　环境规制政策与企业研发投入绩效相关性

变量	(1)	(2)	(3)	(4)
RD	10.1459*** (3.5642)	12.7550*** (3.7701)	11.6790*** (3.4652)	13.5089*** (3.2611)
$RD \times ER_1$	−0.7134* (−2.1244)	/	/	/
ER_1	−0.0013*** (−3.0332)	/	/	/
$RD \times PR_1$	/	−0.0218*** (−4.5830)	/	/
PR_1	/	0.0013 (1.0370)	/	/
$RD \times ER_2$	/	/	0.2459** (2.5652)	/
ER_2	/	/	0.0006* (2.0103)	/
$RD \times PR_2$	/	/	/	−0.0134*** (−3.9091)
PR_2	/	/	/	0.0020 (1.2326)

注:括号中数值为 t 统计值;***,**,* 分别表示变量通过 1%,5%,10%显著性水平检验。

表 7-6 显示,环境规制水平、政策扰动均对企业研发投入经济后果产生了显著的负向影响。造成环境规制水平阻碍企业研发投入经济后果的原因可能在于,环境规制影响了企业技术研发方向,限制了企业对技术创新经济效益导向的追逐,从而对企业研发投入经济后果产生了一定的负面影响。政策扰动方面,环境规制政策扰动增强了企业未来面临环境规制约束的不确定性,对研发方向选择造成了干扰,从而损害了企业研发投入的经济后果。

7.4　本章小结

本章基于 2008—2014 年沪深上市公司数据,对制度环境与政策环境对于企业研发投入经济后果的影响效应进行实证分析。结果发现:

(1)制度环境方面,金融发展水平的提高、知识产权保护强度的提升均显著地改善了企业研发投入经济后果,政府干预方面,无论是财政分权、晋升激励还是二者交互都对企业研发投入经济后果产生显著的正向影响;

　　(2)政策环境方面,研发资助政策的获取、货币政策宽松以及环境规制强度强化则对企业研发投入经济后果产生了负面影响,三类政策扰动均对企业研发投入经济后果构成消极影响。

第八章 政企关系调节制度及政策环境 影响效应的实证分析

理论分析结果表明,在转轨期的中国,关系作为正式制度的补充机制在企业经营管理中扮演重要的作用,密切的政企关系既有助于企业在制度及政策框架下获取更为有利的经营条件,也使企业经营活动更容易受到政府偏好的干扰,从而对制度环境、政策环境对于企业研发投入及其经济后果的影响效应产生调节作用。本章旨在对这一调节效应存在性及其调节方向予以实证考察。

8.1 研究设计

在对政企关系对于制度及政策环境与企业研发投入关系调节效应的分析中,拟分别采用分组回归与设置交叉项两种方法展开研究。在对所有权性质以及政治关联维度的考察中,主要采用分组回归的方法,其中:所有权性质根据企业实际控制人的性质将样本企业区分为中央国有企业、地方国有企业与民营企业三组;政治关联则参照文献主流做法,根据董事长和总经理是否担任或曾经担任政府官员、人大代表、政协委员、党代表将样本民营控股企业区分为政治关联组与无政治关联组两类;在对企业经济影响力调节作用的分析中主要使用交叉项方法,即在基本模型中引入企业经济影响力与制度及政策环境变量的交叉项变量,通过对交叉项变量系数符号及显著性分析判断经济影响力是否具有调节作用及作用大小。

对于企业经济影响力的测度存在多种技术指标,例如雇员数量、纳税数额、投资规模等,这里借鉴谭劲松、陈艳艳和谭燕(2010)、谢乔昕和张宇(2013)的做法,使用企业当年营业收入与地区 GDP 的比值进行衡量。在以经济增长为主导的政绩考核体制下,企业对地区经济运行影响力大小与政企关系的紧密程度之间存在较为密切的关系,经济影响力越大,政企相互依赖度越高,政企关系往往相对密切。尽管企业对于地区经济的影响可能通过税收、就业等多种渠道传导,但通过比较观察发现,营业收入作为经营活动的重要表现,与就业、投资存在高度正向关联关系,即营业规模越大的企业,其员工雇佣数以及投资额均较大。因此,使用销售收入作为企业经济影响的测度指标具有一定的代表性和合理性。

在考察经济影响力 $EI_{i,t}$ 对于制度及政策环境与企业研发投入之间关系的影响时,借鉴 Ma 等(2010)的做法,采用差异中差异方法构建回归模型。具体模型形式如下:

$$RD_{i,t} = \alpha + \beta_1 INS_{i,t} + \beta_2 (EI \times INS)_{i,t} + \beta_3 EI_{i,t} + \gamma X_{i,t} + \mu_{i,t}$$

$$(8\text{-}1)$$

INS 为制度及政策环境变量,包括金融发展、政府干预等六类变量,具体制度及政策环境变量设计与第五、六章设计相同。

8.2   政企关系对制度环境影响效应的调节

8.2.1   政企关系对金融发展影响效应的调节

1.政企关系对金融发展与企业研发投入关系的调节

密切的政企关系有助于企业在融资活动中取得优势,一方面,密切的政企关系有助于获取政府对企业融资活动的支持,在转轨期政府仍对金融系统资源配置具有重大影响的条件下,这种支持对于企业获取融资活动便利具有更为明显的影响;另一方面,密切政企关系增进了政府对企业实际状况的了解,通过信息传递机制使银行获取相关信息,产生资质认证效应,从而有助于缓解因信息不对称产生的研发融资困境问题。此外,建立密切的政企关系使企业在面临危机时更有可能获得政府援助,实质上为企业提供了一种隐性担保机制,这种担保有助于企业获取金融机构的有力支持。基于上述原因,密切政企关系使企业更容易在金融发展中获益,本章旨在对政企关系对于金融发展与企业研发投入及其经济后果之间关系的调节效应予以实证分析。

表 8-1 列示了金融发展对于不同所有权性质企业研发投入的影响。

表 8-1 金融发展与企业研发投入：基于所有权性质的视角

变量	民营企业		地方国有企业		中央国有企业	
	(1)	(2)	(3)	(4)	(5)	(6)
C	0.0386***	0.0338	0.0312**	0.0135	0.0955*	0.0485***
	(4.8963)	(1.4614)	(2.1788)	(1.3680)	(1.8757)	(8.7048)
$FIND_1$	0.0034**	/	0.0125***	/	0.0129***	/
	(2.1285)		(4.0621)		(2.7309)	
$FIND_2$	/	0.0054***	/	−0.0063***	/	−0.0130***
		(3.9331)		(−3.2409)		(−5.2713)
Growth	−7.9E−05***	−9.0E−05***	−4.9E−6***	−1.1E−05**	−2.7E−5**	−1.2E−06**
	(−5.1658)	(−6.4005)	(−3.7386)	(−2.4303)	(−2.7064)	(−2.0834)
CF	0.0063**	0.0072**	7.7E−06**	6.6E−06**	0.0108**	0.0157**
	(2.6927)	(2.7340)	(2.7560)	(2.4290)	(2.3280)	(2.0226)
Age	0.0004**	0.0008***	0.0064*	0.0083*	0.0012**	0.0017**
	(2.0593)	(4.7367)	(1.8686)	(1.7678)	(2.8106)	(3.0577)
ROE	−8.55E−04**	−8.84E−04*	−0.0003***	−0.0002***	−0.0024***	−0.0033***
	(−2.0371)	(−1.8541)	(−3.7593)	(−3.2870)	(−8.9490)	(−6.0154)
Size	−0.0024*	−0.0015	−0.0041**	−0.0056*	−0.0004***	−0.0005***
	(−1.6416)	(−1.4992)	(−2.0631)	(−1.7503)	(−3.6932)	(−2.7083)
年度与行业	控制	控制	控制	控制	控制	控制
Adj-R²	0.9498	0.9336	0.8993	0.8983	0.7489	0.7449
DW 值	1.8066	1.7893	1.9606	1.9099	2.0078	1.9238

注：括号中数值为 t 统计值；***，**，* 分别表示变量通过 1%，5%，10% 显著性水平检验。

表 8-1 给出了不同所有权性质企业样本的回归结果。可以发现，就 $FIND_1$ 而言，金融发展无论是对民营企业、地方国有企业还是中央国有企业的研发投入水平均产生了积极的促进作用，其中对中央国有企业（0.0129）、地方国有企业（0.0125）的促进作用要明显大于民营企业（0.0034）。而从 $FIND_2$ 的回归系数看，金融发展对民营企业产生了显著的推动作用，但对国有企业的研发投入却产生了抑制效应。究其原因，$FIND_1$ 主要反映地区金融深化，更多体现为金融资源的丰裕程度，而金融体系信贷配置向国有企业倾斜的行为倾向使得增加的金融资源更多地流入到国有企业，从而导致以 $FIND_1$ 衡量的金融发展对于国有企业的促进效应大于民营企业。$FIND_2$ 衡量的是信贷资源配置的市场化水平，更多反映金融体系内部信贷配置结构优化和效率提升，在给定金融要素丰裕度的条件下，配置给民营企业信贷资源的增加意味着对国有企业信贷份额的挤压，导致 $FIND_2$ 对民营企业研发投入构成正向影响的同时却对国有企业研发投入构成阻碍。

表 8-2 列示了金融发展对于不同所有权性质企业研发融资约束的影响。

表 8-2　金融发展对企业研发投入的融资渠道效应：基于所有权性质的视角

变量	民营企业		地方国有企业		中央国有企业	
	(1)	(2)	(3)	(4)	(5)	(6)
C	0.0305***	0.0436	0.0325***	0.0124	0.0078	0.0424***
	(2.9480)	(1.5924)	(9.1734)	(1.1543)	(1.3069)	(4.3378)
$FIND_1$	0.0006	/	0.0111***	/	0.0058**	/
	(0.2099)		(2.8769)		(2.0973)	
$FIND_2$	/	−0.0050**	/	−0.0068	/	0.0047*
		(−2.1423)		(−1.0028)		(1.7754)
$FIND_1 \times CF$	−0.0078***	/	−1.3E−05***	/	−0.0001**	/
	(−3.9574)		(−2.8012)		(−2.0452)	
$FIND_2 \times CF$	/	−0.0100**	/	3.10E−06*	/	−8.2E−05**
		(−1.9971)		(1.8572)		(−2.4169)
$Growth$	−8.3E−05***	−9.4E−05***	−1.1E−05***	−5.0E−06**	−0.0001**	−5.7E−05***
	(−4.9118)	(−3.4303)	(−2.7073)	(−2.6892)	(−2.2177)	(−3.4954)
CF	0.0019***	0.0025***	1.3E−05*	5.3E−06**	0.1016**	0.0808*
	(3.3828)	(3.0492)	(1.9425)	(2.3529)	(2.2462)	(1.9709)
Age	0.0004*	0.0030***	0.0054*	0.0107**	0.0003***	0.0058***
	(1.9447)	(5.2870)	(1.7028)	(2.6469)	(2.8432)	(4.2442)
ROE	−0.0001*	−8.6E−05***	−0.0001***	−0.0002***	−0.0002***	−0.0001***
	(−1.7243)	(−3.1953)	(−3.0230)	(−3.1062)	(−5.9824)	(−5.0591)
$Size$	−0.0032**	−0.0021*	−8.1E−05***	−8.1E−05*	−0.0024***	−0.0028***
	(−2.3493)	(−1.7873)	(−2.6353)	(−1.7530)	(−3.0587)	(−3.5239)
年度与行业	控制	控制	控制	控制	控制	控制
Adj-R^2	0.9448	0.9400	0.8967	0.8976	0.8865	0.9455
DW 值	1.8921	1.9487	1.9646	1.9090	1.4090	2.2236

注：括号中数值为 t 统计值；***，**，*分别表示变量通过 1%，5%，10% 显著性水平检验。

根据表 8-2 可以看出，就 $FIND_1 \times CF$ 而言，金融发展对民营企业研发融资缓解效应最大（−0.0078），中央国有企业次之（−0.0001），地方国有企业最小（−1.3E−05）；就 $FIND_2 \times CF$ 而言，金融发展对民营企业、中央国有企业研发融资约束具有缓解效应，其中民营企业的缓解效应（−0.0100）大于中央国有企业（−8.2E−05），但加剧了地方国有企业研发融资约束。这一结果表明，从金融要素丰裕度角度看，在现行金融体系下，民营企业较其他国有企业面临更高水平的融资约束，根据边际收益递减规律，金融深化对于民营企业的促进作用较其他企业更为明显。同时，信贷资源配置市场化有效地增强了民营企业资金要素获取能力，但对地方国有企业信贷资源形成挤占，从而导致了上述回归结果。

表 8-3 给出了政治关联对于金融发展和企业研发投入调节作用的回归

结果。

表 8-3 金融发展与企业研发投入:基于政治关联的视角

变量	政治关联		非政治关联	
	(1)	(2)	(3)	(4)
C	0.0796*** (7.7419)	0.0584** (2.5892)	0.1156*** (3.4753)	−0.1192 (−1.1237)
$FIND_1$	0.0076*** (7.6131)	/	−0.0114 (−1.3725)	/
$FIND_2$	/	0.0198*** (3.3256)	/	0.0066*** (2.9792)
Growth	−4.7E−05*** (−5.7308)	−4.9E−05*** (−6.7158)	−1.5E−05*** (−3.3018)	−3.9E−06*** (−3.1014)
CF	0.0076*** (3.4721)	0.0096*** (3.4661)	0.0031** (2.8287)	0.0029** (2.5011)
Age	0.0004*** (4.2234)	0.0035*** (4.1106)	0.0005*** (3.1739)	0.0048*** (4.1619)
ROE	−0.0001** (−2.8317)	−8.5E−04** (−2.3970)	−0.0001* (−1.7852)	−0.0001* (−1.9360)
Size	−0.0028*** (−4.9333)	−0.0028*** (−3.2457)	−0.0052*** (−3.4077)	0.0021** (2.5184)
年度与行业	控制	控制	控制	控制
Adj-R^2	0.9412	0.9441	0.7906	0.7954
DW 值	1.7272	1.7570	1.9371	1.8714

注:括号中数值为 t 统计值;***,**,* 分别表示变量通过 1%,5%,10% 显著性水平检验。

根据表 8-3 可以发现,$FIND_1$ 对政治关联组企业研发投入产生了积极的促进作用,但对非政治关联组企业研发投入水平的影响不显著;$FIND_2$ 对政治关联组与非政治关联组企业研发投入均产生了积极的促进作用,且非政治关联组企业的变量系数大于政治关联组企业。从资金要素丰裕度角度来看,在金融深化背景下,政治关联有助于帮助企业更好地获取资源,更好地享受到金融发展带来的好处,但同时也对非政治关联企业资金要素的获取构成掠夺,弱化了金融深化对非政治关联企业研发投入的促进效应。信贷资源配置市场化水平的提高降低了信贷资源配置政府干预程度,增加了信贷资源向非政治关联企业的配置比例,有效地帮助非政治关联组企业获取研发所需的资金支持,从而对其研发投入水平产生积极的促进作用。

表 8-4 列示了政治关联对于金融发展研发融资约束缓解效应调节作用的估计结果。

表 8-4　金融发展对企业研发投入的融资渠道效应:基于政治关联的视角

变量	政治关联		非政治关联	
	(1)	(2)	(3)	(4)
C	0.0561*** (3.9998)	0.0585** (2.5819)	0.1064** (2.5736)	−0.1237 (−1.4323)
$FIND_1$	0.0108*** (9.6549)	/	−0.0149 (−1.4119)	/
$FIND_2$	/	0.0066*** (3.3790)	/	−0.0317*** (−3.6154)
$FIND_1 \times CF$	−1.34E−05*** (−2.7537)	/	−0.0042*** (−3.3461)	/
$FIND_2 \times CF$	/	−1.11E−07 (−0.0428)	/	−0.0097** (−2.5532)
$Growth$	−3.69E−05*** (−4.8933)	−4.99E−05*** (−10.9181)	−8.86E−06*** (−3.1541)	−2.67E−05*** (−4.6504)
CF	0.0079*** (5.8424)	0.0096*** (3.3879)	0.0133** (2.6235)	0.0323* (1.9799)
Age	0.0003*** (3.5529)	0.0004*** (4.0911)	0.0025*** (3.5303)	0.0019*** (7.9545)
ROE	−6.81E−04*** (−3.1793)	−8.55E−04** (−2.2299)	−0.0001* (−1.8298)	−8.66E−04* (−1.9191)
$Size$	−0.0017** (−2.5697)	−0.0029*** (−3.2891)	−0.0048** (−2.4572)	−0.0011** (−2.5181)
年度与行业	控制	控制	控制	控制
Adj-R^2	0.9465	0.9437	0.7754	0.7508
DW 值	1.7261	1.7563	1.9975	1.8099

注:括号中数值为 t 统计值;***,**,* 分别表示变量通过 1%,5%,10%显著性水平检验。

从表 8-4 可以发现,就 $FIND_1$ 而言,金融发展对政治关联企业研发融资约束产生了显著的缓解效应,而对非政治关联企业影响不显著;就 $FIND_2$ 而言,金融发展则对非政治关联组研发融资约束产生了显著的缓解效应,而对政治关联企业影响不显著。这一结果与表8-3结果类似,即从资金要素丰裕度而言,政治关联企业能够凭借关系资源更好地获取金融深化带来的好处,而信贷资源配置市场化则更能够让缺乏关系资源的非政治关联企业获益。

表8-5给出了经济影响力对金融发展对于企业研发投入影响的调节效应。

表8-5　金融发展与企业研发投入:基于经济影响力的视角

变量	经济影响力	
	(1)	(2)
C	0.0580***	0.0528***
	(17.5111)	(2.8145)
$FIND_1$	0.0085***	/
	(5.9956)	
$FIND_2$	/	0.0065***
		(4.7196)
$FIND_1 \times EI$	6.1E$-$05***	/
	(3.6414)	
$FIND_2 \times EI$	/	$-$1.4E$-$07***
		($-$3.0493)
EI	3.6E$-$05**	$-$1.9E$-$05***
	(2.4589)	($-$7.0449)
$Growth$	$-$5.7E$-$05***	$-$4.8E$-$05***
	($-$8.1422)	($-$7.1891)
CF	0.0080***	0.0096***
	(4.1158)	(3.3977)
Age	0.0005***	0.0035***
	(9.8514)	(5.4896)
ROE	$-$0.0002**	$-$0.0001***
	($-$2.3115)	($-$3.0737)
$Size$	$-$0.0019***	$-$0.0026***
	($-$3.5489)	($-$5.4284)
年度与行业	控制	控制
Adj-R^2	0.9542	0.9380
DW 值	1.8204	1.8238

注:括号中数值为 t 统计值;***,**,*分别表示变量通过1%,5%,10%显著性水平检验。

表 8-5 结果显示，$FIND_1 \times EI$ 变量系数显著为正，而 $FIND_2 \times EI$ 变量系数显著为负，说明金融深化对高经济影响力企业研发投入水平产生了促进作用，但信贷资源配置的市场化水平对高经济影响力企业研发投入水平却产生了抑制效应。结合前述回归结果，可能的原因在于，样本国有企业的资产规模往往要大于民营企业，根据营业收入与 GDP 比重衡量的经济影响力也相对较高，由于信贷资源配置市场化会对国有企业金融资源的获取形成挤占，从而导致信贷资源配置市场化对高经济影响力企业研发投入水平产生显著的负向影响。

表 8-6 列示了企业经济影响力对金融发展研发融资约束缓解效应的影响。

表 8-6　金融发展对企业研发投入的融资渠道效应：基于经济影响力的视角

变量	经济影响力	
	(1)	(2)
C	0.0629*** (8.5887)	0.0542*** (2.9617)
$FIND_1$	0.0072*** (5.5822)	/
$FIND_2$	/	−0.0061*** (−4.6255)
$FIND_1 \times EI$	−4.36E−05*** (−2.7662)	/
$FIND_2 \times EI$	/	6.13E−07 (0.2636)
$FIND_1 \times EI \times CF$	−7.74E−05** (−2.2159)	/
$FIND_2 \times EI \times CF$	/	−3.33E−05 (−0.9906)
EI	1.82E−05 (0.7074)	−1.74E−05*** (−2.9802)
$Growth$	−3.64E−05*** (−6.3026)	−4.46E−05*** (−9.1991)
CF	0.0093*** (7.0949)	0.0089*** (4.8620)
Age	0.0007*** (9.5518)	0.0033*** (5.7720)

续表

变量	经济影响力	
	(1)	(2)
ROE	−4.35E−04*	−9.13E−04***
	(−1.8911)	(−2.7879)
Size	−0.0021***	−0.0026***
	(−5.4733)	(−3.7157)
年度与行业	控制	控制
Adj-R^2	0.9483	0.9380
DW 值	1.7955	1.7916

注:括号中数值为 t 统计值;***,**,* 分别表示变量通过 1%,5%,10%显著性水平检验。

表 8-6 的估计结果显示,$FIND_1$ 对高经济影响力企业研发融资约束的缓解效应更为明显,$FIND_2$ 对高经济影响力企业研发融资约束的缓解效应未通过显著性检验。在金融深化方面,高经济影响力凭借密切的政企关系更能够获取资金要素丰裕带来的好处,而信贷配置市场化对不同经济影响力企业研发融资约束的缓解作用并无显著差异。这是因为高经济影响力企业中在国有企业与民营企业均有一定分布,在信贷资源向民营企业配置过程中,部分高经济影响力企业研发融资约束得到缓解,而部分高经济影响力国有企业的研发融资约束却因为挤占效应而有所增加,从而相互抵消导致回归系数不显著。

2.政企关系对金融发展与企业研发投入经济后果关系的调节

表 8-7 列示了金融发展对不同所有权性质企业研发投入经济后果的影响。

表 8-7　金融发展与企业研发投入绩效相关性:基于所有权性质的视角

变量	民营企业		地方国有企业		中央国有企业	
	(1)	(2)	(3)	(4)	(5)	(6)
C	−19.6854***	−21.0342***	−16.7765**	−18.6541***	−21.7282	−20.1263***
	(−2.9864)	(−3.2435)	(−2.7344)	(−3.4208)	(−1.5087)	(−2.7492)
RD	2.6478***	2.0328***	1.5436**	1.3076***	1.7614***	1.0568***
	(3.5234)	(4.6892)	(2.4348)	(3.0492)	(2.9204)	(6.3499)

续表

变量	民营企业		地方国有企业		中央国有企业	
	(1)	(2)	(3)	(4)	(5)	(6)
$RD \times FIND_1$	1.7342***	/	0.9042	/	0.8623**	/
	(3.0216)		(1.0432)		(2.1195)	
$FIND_1$	2.0345***	/	2.0780**	/	3.9261**	/
	(4.7854)		(2.6420)		(2.4433)	
$RD \times FIND_2$	/	3.0213***	/	1.6259***	/	1.5525***
		(6.0134)		(4.0126)		(3.6762)
$FIND_2$	/	13.0213**	/	8.7900**	/	9.1585***
		(2.6809)		(2.7034)		(3.5341)
$Growth$	0.0871***	0.0754***	0.0202**	0.0493***	0.0893**	0.0964**
	(3.2347)	(3.4769)	(2.6347)	(3.5719)	(2.7201)	(2.6938)
$Size$	3.6594*	3.7208*	2.4902**	2.0369**	2.5590***	2.4628**
	(1.7623)	(1.8320)	(2.2438)	(2.4806)	(3.5213)	(4.7218)
Lev	0.0321***	0.0284***	0.0175**	0.0359**	0.0413***	0.0451***
	(3.8320)	(3.7655)	(2.6437)	(2.7534)	(3.5438)	(3.6052)
年度与行业	控制	控制	控制	控制	控制	控制
Adj-R^2	0.8324	0.8765	0.9133	0.9560	0.7789	0.8837
DW 值	1.8901	1.9335	1.8465	1.8906	2.3053	2.1056

注:括号中数值为 t 统计值;***,**,*分别表示变量通过 1%,5%,10%显著性水平检验。

由表 8-7 可知,金融发展对于企业研发投入经济后果的改善作用因所有权性质而异,金融发展对于民营企业研发投入经济后果的改善效果明显大于国有企业。尽管随着金融发展水平的提升,政府对金融资源配置的干预能力逐渐下滑,但现阶段,地方政府对国有企业的信贷资源仍保有一定的干预能力,阻碍了金融发展对于国有企业研发投入经济后果的改善效应。同时,国有企业存在的预算软约束问题也弱化了金融机构对于企业研发资金使用的监督作用,抑制了国有企业研发资金使用效率的提高,这些因素削弱了金融发展对于国有企业研发投入经济后果的增进作用。

表 8-8 列示了政治关联对金融发展对于企业研发投入经济后果影响的调节效应。

表 8-8　金融发展与企业研发投入绩效相关性:基于政治关联的视角

变量	政治关联		非政治关联	
	(1)	(2)	(3)	(4)
C	20.6012*** (6.0234)	23.0349*** (5.8766)	21.4123*** (9.1703)	24.0670*** (6.9014)
RD	1.8304* (2.0141)	1.9348** (2.4052)	3.1899*** (3.0347)	4.5364*** (3.1439)
$RD \times FIND_1$	0.7652*** (3.4438)	/	1.4238** (2.6016)	/
$FIND_1$	2.0213*** (3.8961)	/	2.6413*** (4.9217)	/
$RD \times FIND_2$	/	2.7438* (2.2313)	/	3.2356*** (3.4542)
$FIND_2$	/	9.0103*** (3.9013)	/	12.5666*** (4.5069)
Growth	0.0765*** (4.1026)	0.0842*** (4.5738)	0.1129*** (3.5542)	0.0966*** (3.7709)
Size	3.9658** (2.6816)	3.7208* (2.9537)	2.7690*** (3.3028)	2.9947** (3.2579)
Lev	0.0412*** (3.6206)	0.0407*** (4.2950)	0.0394*** (4.5125)	0.0379*** (4.2495)
年度与行业	控制	控制	控制	控制
Adj-R^2	0.7426	0.7654	0.9013	0.8852
DW 值	1.9048	2.1088	2.0203	2.0450

注:括号中数值为 t 统计值;***,**,* 分别表示变量通过 1%,5%,10% 显著性水平检验。

表 8-8 结果显示,金融发展对于非政治关联企业研发投入经济后果的改善效应大于政治关联企业。政治关联企业在获取信贷支持方面存在优势,能够凭借密切的政企关系从金融机构获取研发项目所需资金,获得了类似国有企业信贷优势待遇,从而导致监督机制的弱化,对金融发展对于研发投入经济后果的改善效应产生不利影响。

表 8-9 列示了经济影响力对金融发展对于企业研发投入经济的调节效应。

表 8-9　金融发展与企业研发投入绩效相关性:基于经济影响力的视角

变量	(1)	(2)
C	-16.0238^{***} (-4.0090)	-12.4860^{***} (-3.8997)
$RD \times EI$	1.0234^{*} (2.3216)	1.4309^{***} (3.2510)
$RD \times FIND_1 \times EI$	-0.9855^{**} (2.7801)	/
$RD \times FIND_2 \times EI$	/	-1.0276^{***} (3.4503)
$Growth$	0.1295^{***} (3.6238)	0.0879^{***} (4.0325)
$Size$	2.4693^{***} (3.4413)	2.8576^{***} (4.6903)
Lev	0.0365^{***} (4.9541)	0.0422^{***} (3.7985)
年度与行业	控制	控制
Adj-R^2	0.7832	0.8055
DW 值	1.7859	1.8565

注:括号中数值为 t 统计值;***,**,* 分别表示变量通过 1%,5%,10%显著性水平检验。

　　表 8-9 结果显示,经济影响力对金融发展对于企业研发投入经济后果的改善效应具有负向调节作用,即金融发展对于高经济影响力企业研发投入经济后果的改善作用相对较小。根据前面分析,高经济影响力企业在获取金融资源方面存在优势,同时在其遭遇财务困境时,地方政府出于社会稳定因素考虑往往会施以援手,损害了金融发展对于研发投入经济后果的促进效应。

8.2.2　政企关系对知识产权保护影响效应的调节

1. 政企关系对知识产权保护与企业研发投入关系的调节

在法律缺失的环境下,政企关系这一非正式制度在企业知识产权保护中起到非常重要的作用。当企业专利、商标等遭遇侵权时,具有密切政企关系的企业往往能够动用关系资源更好地维护自身利益,而政企关系较为疏远的企业在立法不完善、执法水平较低的环境下则常常无法有效维护自身的知识产权利益,其知识产权也更容易受到侵犯。基于此,下面我们围绕政企关系维度展开考察,以判断知识产权保护对于研发投入的影响是否因政企关系密切程度不同而存在差异? 如果有差异,那么差异的产生机理是什么? 我们依次对所有权性质、政治关联与企业经济影响力三方面的影响展开研究。

表 8-10 列示了知识产权保护对于不同所有权性质企业研发投入的影响。

表 8-10　知识产权保护与企业研发投入:基于所有权性质的视角

变量	民营企业		地方国有企业		中央国有企业	
	(1)	(2)	(3)	(4)	(5)	(6)
C	0.0665***	0.0592***	0.0834***	0.0247*	−0.0656*	0.0162
	(8.0371)	(5.9100)	(3.2479)	(1.7076)	(−2.0150)	(1.1650)
GP_1	0.1234***	/	0.6232*	/	0.3201***	/
	(4.3837)		(1.8912)		(4.6165)	
GP_2	/	0.0151***	/	0.0492***	/	0.0366***
		(4.8519)		(6.2685)		(3.7290)
$Growth$	−4.3E−05***	−3.7E−05***	−0.0001**	−0.0002**	−5.0E−05*	−4.6E−05*
	(−9.5853)	(−7.2993)	(−2.5058)	(−2.6216)	(−1.8060)	(−1.9635)
CF	0.0088***	0.0085***	0.0001***	0.0004***	0.0016*	0.0015*
	(2.8082)	(3.2075)	(3.0209)	(0.0675)	(1.9620)	(1.6940)
Age	0.0002***	0.0002**	0.0011***	0.0014***	0.0003***	0.0001***
	(2.6844)	(2.4752)	(6.9109)	(9.3082)	(12.3953)	(9.6596)
ROE	−0.0001*	−0.0001*	−0.0004**	−0.0001**	−0.0003***	−0.0004***
	(−1.6135)	(−1.7906)	(−2.4306)	(−2.5484)	(−2.6603)	(−5.0046)
$Size$	−0.0015***	−0.0019***	−0.0026**	−0.0018**	−0.0033**	−0.0056***
	(−2.7184)	(−3.8960)	(−2.3623)	(−2.1288)	(−2.4399)	(−5.3187)
年度与行业	控制	控制	控制	控制	控制	控制
Adj-R^2	0.9429	0.9361	0.8978	0.8992	0.9133	0.8497
DW 值	1.9145	1.9406	2.2624	2.1879	1.5662	1.3343

注:括号中数值为 t 统计值;***,**,* 分别表示变量通过 1%,5%,10% 显著性水平检验。

　　表 8-10 显示,除 GP_2 对民营企业研发投入构成负向作用外,GP_1,GP_2 对民营企业、地方国有企业与中央国有企业研发投入均产生正向影响,就影响程度来看,知识产权保护水平的提升对地方国有企业研发投入的促进效应最强,中央国有企业次之,民营企业最弱。理论上,国有企业凭借密切的政企关系,在缺乏产权保护条件下仍然能够借助政府干预维护自身研发成果权益,对知识产权保护制度的依赖度较低。因此,知识产权保护水平的提升能够更好地维护民营企业知识产权利益,保障民营企业研发活动收益的内部化,理应对民营企业的研发投入具有更积极的促进作用,然而实证结果并未支持这一影响效应。可能的原因在于,尽管随着我国知识产权保护法律体系日益健全,执法能力不断提高,知识产权侵权的结案率持续上升,知识产权保护水平较过去有了长足的提升。但地方保护主义的存在使得知识产权保护水平提升的受益面具有有限性,执法强度的增加更有力地保护了国有企业知识产权利益,而民营企业在知识产权利益维护方面仍然面临较大困难以及较高的司法成本,使得知识产权保护体系的完善对国有企业较民营企业在研发投入方面具有更大的推动力。

　　表 8-11 列示了政治关联对于知识产权保护与企业研发投入关系的调节效应。

表 8-11　知识产权保护与企业研发投入:基于政治关联的视角

变量	政治关联		非政治关联	
	(1)	(2)	(3)	(4)
C	0.0888*** (11.2040)	−0.0327*** (−3.0903)	0.1844*** (4.8374)	0.1060*** (3.2235)
GP_1	0.5948*** (2.8833)	/	0.4093*** (2.9820)	/
GP_2	/	0.0536*** (7.0615)	/	−0.0199 (−0.3294)
Growth	−3.9E−05*** (−5.2269)	−3.7E−05** (−2.4029)	−4.8E−05** (−2.5737)	−4.5E−05*** (−3.2127)
CF	0.0085*** (4.1908)	0.0048*** (4.6442)	0.0024*** (3.1653)	0.0018** (2.5419)
Age	0.0002*** (5.3116)	0.0005*** (5.1233)	0.0001*** (5.5821)	8.3E−05*** (7.9523)
ROE	−0.0001*** (−3.7998)	−0.0002** (−2.1987)	−6.9E−04*** (−3.4210)	−8.7E−04*** (−3.4351)

续表

变量	政治关联		非政治关联	
	（1）	（2）	（3）	（4）
$Size$	-0.0036^{***}	-0.0015^{***}	-0.0108^{***}	-0.0069^{***}
	(-13.7382)	(-3.8742)	(-5.5780)	(-5.9055)
年度与行业	控制	控制	控制	控制
Adj-R^2	0.9430	0.9597	0.7868	0.7806
DW 值	1.6333	1.8311	2.0922	2.1600

注:括号中数值为 t 统计值;***,**,* 分别表示变量通过1%,5%,10%显著性水平检验。

表 8-11 显示,GP_1 对政治关联组与非政治关联组研发投入均产生显著正向影响,但对政治关联组企业的促进效应大于非政治关联组企业。GP_2 对政治关联组企业研发投入产生显著促进作用,但对非政治关联组企业并未产生显著影响。总体而言,知识产权保护对政治关联组研发投入的积极效应大于非政治关联组企业。由于地方保护主义的存在,政企关系密切程度对于知识产权保护水平提升能否惠及企业自身具有重要作用,在知识产权保护体系不断完善的背景下,政企关系密切的企业能够更有效地维护自身知识产权利益,在面临侵权行为时不仅能够寻找法理依据,还能够利用政府干预保障侵权行为在短期内得到遏制,从而对企业研发投入产生较非政治关联企业更大的激励效应。

表 8-12 列示了经济影响力对于知识产权保护与企业研发投入关系的调节效应。

表 8-12　知识产权保与企业研发投入:基于经济影响力的视角

变量	经济影响力	
	（1）	（2）
C	0.0973^{***}	-0.0173^{**}
	(8.2864)	(-2.3814)
GP_1	0.6822^{***}	/
	(3.5532)	
GP_2	/	0.0629^{***}
		(8.9393)
$GP_1 \times EI$	0.0016^{*}	/
	(1.8259)	

续表

变量	经济影响力	
	(1)	(2)
$GP_2 \times EI$	/	0.0002***
		(7.5353)
EI	−4.9E−05***	0.0001***
	(−4.7171)	(5.6074)
$Growth$	−5.6E−05***	−4.3E−05***
	(−6.9149)	(−2.7668)
CF	0.0078***	0.0089***
	(3.6137)	(4.2868)
Age	0.0003***	0.0028***
	(3.7797)	(5.4377)
ROE	−0.0001***	−7.2E−04***
	(−3.0750)	(−4.1352)
$Size$	−0.0030***	−0.0028***
	(−9.5160)	(−5.1781)
年度与行业	控制	控制
Adj-R^2	0.9435	0.9493
DW 值	1.6874	1.9092

注:括号中数值为 t 统计值;***,**,* 分别表示变量通过 1%,5%,10%显著性水平检验。

表 8-12 显示,$GP_1 \times EI$ 与 $GP_2 \times EI$ 变量系数均显著为正,说明知识产权保护对于高经济影响力企业研发投入的促进作用较其他企业更为明显,也进一步证明了具有密切政企关系的企业更有可能在知识产权保护水平提升中获益。高经济影响力企业具有更强的社会影响力,其知识产权遭遇侵犯时更可能引发社会关注以及政府重视,使得侵权行为更容易得到遏制与惩罚,知识产权保护体系的完善使高经济影响力企业知识产权能够得到更好的保护。同时这类企业具有更强的经济实力,承担司法成本的能力更强,能够更好地利用法律体系的完善以及执法强度的提升保护自身合法权益。

2.政企关系对知识产权保护与企业研发投入经济后果关系的调节

表 8-13 列示了所有权性质对知识产权保护对于企业研发投入经济后果影响的调节效应。

表 8-13　知识产权保护与企业研发投入绩效相关性:基于所有权性质的视角

变量	民营企业		地方国有企业		中央国有企业	
	(1)	(2)	(3)	(4)	(5)	(6)
C	-13.1902** (-2.4158)	-19.0563*** (-2.9447)	-17.0643* (-1.7872)	-20.8432** (-2.5342)	-15.0559** (-2.7344)	-20.2756** (-2.6455)
RD	0.0853*** (3.0421)	0.0654*** (3.4799)	0.0234*** (3.0658)	0.0473*** (4.1395)	0.0426*** (3.4213)	0.0568*** (3.5298)
$RD \times GP_1$	1.4682*** (2.9653)	/	1.0347** (2.7643)	/	1.1282** (2.8013)	/
GP_1	2.0134** (2.2304)	/	1.8746 (1.0329)	/	1.7654 (1.2001)	/
$RD \times GP_2$	/	1.1342** (2.5466)	/	1.0416** (2.6298)	/	1.0138*** (2.9916)
GP_2	/	1.0324*** (3.0341)	/	0.0893 (1.0897)	/	1.0134 (1.1271)
$Growth$	0.0734*** (8.2673)	0.0678*** (6.3488)	0.0457*** (5.8913)	0.0429*** (6.3361)	0.0546*** (5.9311)	0.0562*** (4.8313)
$Size$	2.8233*** (6.9432)	2.4346*** (5.8801)	1.6169*** (4.9544)	1.8256*** (4.8766)	1.5108*** (3.7569)	1.9206*** (4.2589)
Lev	0.0264*** (5.9312)	0.0243*** (4.8993)	0.0269*** (3.3489)	0.0244*** (3.9652)	0.0278*** (4.1279)	0.0255*** (3.7439)
年度与行业	控制	控制	控制	控制	控制	控制
Adj-R^2	0.8342	0.7901	0.8249	0.8812	0.9012	0.9374
DW 值	1.9654	2.0134	1.9803	2.0341	2.1309	2.0455

注:括号中数值为 t 统计值;***,**,* 分别表示变量通过 1%,5%,10% 显著性水平检验。

表 8-13 显示,知识产权保护对民营企业研发投入经济后果的促进效应要大于国有企业。这可能是由于国有企业在缺乏良好知识产权保护制度下仍然能够凭借密切的政企关系对自身权益进行维护,其创新活动收益对知识产权制度依赖度相对较低,而知识产权保护水平的提高对民营企业研发投入经济后果具有更大的改善效应。

表 8-14 列示了政治关联对知识产权保护对于企业研发投入经济后果影响的调节效应。

表 8-14　知识产权保护与企业研发投入绩效相关性:基于政治关联的视角

变量	政治关联		非政治关联	
	(1)	(2)	(3)	(4)
C	−13.9944**	−17.5048***	−21.0533***	−24.0671**
	(−2.8942)	(−3.3649)	(−3.1698)	(−2.8436)
RD	0.0432***	0.0385***	0.0789***	0.0862***
	(3.1169)	(3.4502)	(3.2694)	(3.3693)
$RD \times GP_1$	1.7280***	/	2.0369***	/
	(4.1239)		(4.8766)	
GP_1	2.0307**	/	1.8465**	/
	(2.4557)		(2.6490)	
$RD \times GP_2$	/	1.1699***	/	1.8820***
		(3.5891)		(4.5698)
GP_2	/	2.0689**	/	2.0439***
		(2.6422)		(3.0501)
$Growth$	0.0682***	0.0577***	0.0892***	0.0592***
	(7.4334)	(6.5691)	(8.5410)	(5.9813)
$Size$	3.0349***	2.6412***	2.8589***	2.7477***
	(5.1664)	(4.9312)	(6.4320)	(5.9920)
Lev	0.0313***	0.0428***	0.0209***	0.0298***
	(5.4831)	(3.0691)	(4.9132)	(3.7664)
年度与行业	控制	控制	控制	控制
Adj-R^2	0.8713	0.8459	0.7906	0.8356
DW 值	1.8213	1.9437	1.8765	1.9093

注:括号中数值为 t 统计值;***,**,* 分别表示变量通过 1%,5%,10% 显著性水平检验。

　　表 8-14 结果显示,知识产权保护水平的提升对于非政治关联企业研发投入经济后果的改善效应大于政治关联企业。密切的政企关系降低了政治关联企业研发项目收益对于知识产权保护的依赖度,从而使得非政治关联企业从知识产权保护制度的完善中受益更多。

　　表 8-15 列示了经济影响力对知识产权保护对于企业研发投入经济后果影响的调节效应。

表 8-15　知识产权保护与企业研发投入绩效相关性:基于经济影响力的视角

变量	(1)	(2)
C	-23.5412^{***} (-5.7658)	-22.7376^{***} (-4.3719)
$RD \times EI$	0.0056^{***} (3.4490)	0.0037^{***} (4.0611)
$RD_1 \times EI \times GP_1$	-0.0109^{***} (-3.4563)	/
$RD \times EI \times GP_2$	/	-0.0402^{***} (-4.0985)
$Growth$	0.0682^{***} (7.4334)	0.0974^{***} (6.0035)
$Size$	2.6349^{***} (5.1664)	2.2253^{***} (3.0290)
Lev	-0.0157^{***} (-6.9322)	-0.0239^{***} (-4.0576)
年度与行业	控制	控制
Adj-R^2	0.7864	0.8703
DW 值	2.0134	1.7806

注:括号中数值为 t 统计值;***,**,* 分别表示变量通过 1%,5%,10%显著性水平检验。

表 8-15 结果显示,经济影响力对知识产权保护对于企业研发投入经济后果的改善效应产生了显著的负向调节作用,即低经济影响力企业的研发活动从知识产权保护水平提升中的受益相对更多。高经济影响力企业自身具备较强的维权能力,能够动用更多资源对自身知识产权利益进行保护,且容易构建密切政企关系维护自身合法权益,降低了这类企业对知识产权保护制度的依赖度。

8.2.3　政企关系对政府干预影响效应的调节

1.政企关系对政府干预与企业研发投入关系的调节

财政分权与晋升激励对于企业研发投入的影响机制一方面来源于企业对于政府偏好的主动迎合,另一方面来源于政府通过资源配置导向对企业行为方式施加影响。无论哪一方面均会受到政企关系的影响,就企业对于政府偏好的迎合而言,以所有权性质为例,从一般意义层面,企业对于政府偏好的迎合有助于获取宽松有利的政策环境以及资源支持；从个体意义层面，由于国有企业特别是地方国有企业高管的升迁主要取决于地方国资委的考核，而这类企业对于地方政府偏好的迎合除了能够获取地方政府资源政策支持外，还有助于高管个人考核结果的提升，从而获取职位上的提拔，因此与民营企业相比，国有企业具有更强的迎合地方政府偏好的行为动机。就政府利用资源配置对企业行为主动施加影响而言，由于国有企业对于政府的资源政策依赖度高于民营企业，政府这种主动干预行为对于国有企业的影响程度较民营企业更大。由此可见，政企关系对财政分权与晋升激励框架下政府干预效应具有重要影响。基于此，本小节旨在对政企关系对于政府干预影响效应的调节作用展开实证分析。

表 8-16 列示了政府干预对不同所有权性质企业研发投入的影响。

表 8-16　政府干预与企业研发投入：基于所有权性质的视角

变量	民营企业			地方国有企业			中央国有企业		
	(1)	(2)	(3)	(4)	(5)	(6)	(7)	(8)	(9)
C	−0.491***	−0.233***	−0.541***	−0.032*	−0.211***	−0.021	−0.038*	0.010	−0.064***
	(−6.705)	(−7.665)	(−6.457)	(−1.740)	(−4.900)	(−0.681)	(−2.843)	(0.215)	(−3.209)
FD	0.004	/	/	−0.007*	/	/	0.005	/	/
	(1.118)			(−1.824)			(0.712)		
$POLI_1$	/	0.013***	/	/	0.015***	/	/	−0.001	/
		(0.736)			(8.159)			(−0.852)	
$POLI_2$	/	/	0.007***	/	/	0.023***	/	/	0.020
			(5.720)			(4.124)			(1.446)
$Growth$	−4E−05*	−5E−05*	−7E−05**	−8E−06**	−5E−05***	−6E−05***	−3E−05***	−3E−05***	−3E−05**
	(−1.651)	(−1.845)	(−2.567)	(−2.762)	(−3.210)	(−6.139)	(−3.161)	(−2.693)	(−2.147)
CF	0.001***	0.001***	0.002***	0.001***	0.001***	0.001***	0.001***	0.001***	0.002***
	(2.931)	(2.685)	(2.721)	(4.307)	(3.750)	(5.463)	(5.110)	(5.459)	(3.148)
Age	0.0002***	0.0001***	0.0002***	0.0001***	0.0001***	6E−04***	8E−04***	9E−04**	0.0001***
	(4.382)	(2.656)	(5.895)	(8.671)	(9.228)	(3.692)	(6.514)	(2.057)	(5.920)
ROE	−0.0003***	−0.0004***	−0.0005***	−8E−04**	−7E−04**	−0.0003***	−0.0006***	−0.0006***	−9E−04***
	(−4.540)	(−8.774)	(−4.053)	(−1.976)	(−2.435)	(−3.605)	(−7.883)	(−8.191)	(−6.671)
$Size$	−0.002***	−0.001***	−0.002***	−0.001***	−0.001**	−0.001	−0.002***	−0.001***	−0.001***
	(−7.532)	(−5.534)	(−6.631)	(−3.274)	(−2.215)	(−1.323)	(−8.844)	(−8.879)	(−4.360)
年度与行业	控制	控制	控制	控制	控制	控制	控制	控制	控制
Adj-R^2	0.77	0.79	0.75	0.83	0.84	0.90	0.92	0.90	0.92
DW 值	1.81	1.87	2.07	1.77	1.79	2.10	2.25	2.22	2.30

注：括号中数值为 t 统计值；***，**，* 分别表示变量通过 1%，5%，10% 显著性水平检验。

从表 8-16 中可见，财政分权 FD 仅对地方国有企业研发投入产生显著负向影响，对民营企业以及中央国有企业研发投入的影响不显著。晋升激励方面，无论 $POLI_1$ 还是 $POLI_2$ 均对地方国有企业、民营企业研发投入均产生正向影响即晋升压力越弱，研发投入强度越高，其中对地方国有企业的影响大于民营企业，对中央国有企业则影响不显著。

　　财政分权对民营企业研发投入影响不显著的原因在于,财政分权在强化地方政府短期增长行为倾向的同时,也增强了辖区企业迁移对于地方政府威胁的可置信性,两者相互抵消导致作用效应不明显。而对于地方国有企业而言,由于其隶属关系的特殊性,地区迁移可能性较小,财政分权对其研发投入更多体现为政府短期增长偏好造成的抑制效应。中央国有企业方面,系数不显著的原因可能是由于其隶属层级较高,其税收、利润多数上缴中央,从而在一定程度上限制了地方政府短期增长偏好的负面影响。

　　晋升激励方面,从对地方政府政策、资源依赖角度看,中央国有企业由于隶属层级较高,依赖程度要低于本地国有企业与民营企业,因此地方政府干预能力以及中央国有企业迎合动机都相对有限,这可能是导致晋升激励对中央国有企业影响不显著的重要原因;就地方国有企业与民营企业而言,在企业对于地方政府政策、资源依赖方面,虽然两类企业由于本地经营的关系均存在一定程度依赖,但经营机制相对僵化的国有企业对于资源以及政策扶持的依赖度可能更高;在主动迎合地方政府偏好方面,地方国有企业管理层通过减少研发投资项目,将更多资源投向具有短期产出效应的投资项目,不仅有助于获得地方政府支持,也有助于管理层自身职位晋升,同时由于国有企业管理层考核对经营绩效的强调较民营企业相对弱化,且考核指标设计也偏向短期业绩,这也增强了国有企业管理层短视化行为倾向,对企业开展具有长期效应研发投资活动的行为动机。因此,晋升激励对地方国有企业研发投入强度具有更强的抑制效应。

　　表8-17列示了不同所有权性质企业财政分权与晋升激励交互效应估计结果。

表 8-17　财政分权与晋升激励交互效应:基于所有权性质的视角

变量	民营企业		地方国有企业		中央国有企业	
	(1)	(2)	(3)	(4)	(5)	(6)
C	−0.6240*** (−6.3228)	−0.5524*** (−6.1310)	−0.1579*** (−3.0518)	−0.0333** (−2.3132)	0.1086* (1.8164)	−0.0778** (−2.1191)
FD	0.0045 (1.1580)	0.0048 (1.3479)	0.0058 (1.2903)	0.0055 (1.1770)	0.0064 (1.0378)	0.0061 (1.3358)
$POLI_1$	0.0019*** (8.6302)	/	0.0067* (1.8400)	/	−0.0060 (−0.5753)	/
$POLI_2$	/	0.0228*** (3.3767)	/	0.0192** (2.0891)	/	0.0022 (0.7024)
$FD \times POLI_1$	0.0418*** (8.0520)	/	0.0910*** (3.1713)	/	0.0013 (0.7634)	/

续表

变量	民营企业		地方国有企业		中央国有企业	
	(1)	(2)	(3)	(4)	(5)	(6)
$FD \times POLI_2$	/	0.0336***	/	0.0517***	/	0.0049
		(4.0571)		(5.0644)		(1.1150)
Growth	−0.0002***	−4.4E−05***	−1.2E−05**	−1.6E−05**	−9.2E−06**	−2.2E−05*
	(−4.0444)	(−3.2881)	(−2.4082)	(−2.2256)	(−2.5730)	(−1.8720)
CF	0.0026**	0.0016**	0.0086**	0.0133***	0.0010*	0.0021**
	(2.8386)	(2.6692)	(2.4673)	(6.1616)	(2.0505)	(2.5291)
Age	0.0002***	0.0001***	0.0005***	0.0001***	0.0002***	0.0001***
	(5.0786)	(4.5606)	(4.1072)	(4.0888)	(2.7083)	(5.8768)
ROE	−0.0007***	−0.0003***	−7.6E−04**	−0.0001***	−0.0004**	−0.0005*
	(−4.4610)	(−3.1897)	(−2.5434)	(−3.8065)	(−2.7911)	(−1.9341)
Size	−0.0091***	−0.0065***	−0.0062***	−0.0015**	−0.0105***	−0.0084***
	(−7.7283)	(−7.7467)	(−2.3336)	(−2.6939)	(−4.5855)	(−4.3917)
年度与行业	控制	控制	控制	控制	控制	控制
Adj-R^2	0.8578	0.7267	0.8071	0.8171	0.9008	0.9113
DW 值	2.52	1.84	1.87	1.82	2.32	2.32

注:括号中数值为 t 统计值;***,**,* 分别表示变量通过 1%,5%,10% 显著性水平检验。

　　表 8-17 给出了财政分权与晋升激励交互对于不同所有权性质企业研发投入的影响,无论 $FD \times POLI_1$ 还是 $FD \times POLI_2$ 估计系数均表明,财政分权与晋升激励交互作用对于地方国有企业研发投入的抑制效应最大,对民营企业次之,对中央国有企业影响不显著,这一结果与表 8-16 类似,具体原因不再赘述。

　　表 8-18 列示了政治关联对政府干预对于企业研发投入影响的调节效应。

表 8-18　政府干预与企业研发投入:基于政治关联的视角

变量	政治关联			非政治关联		
	(1)	(2)	(3)	(4)	(5)	(6)
C	0.0701***	0.0287***	0.0966***	0.1003***	−0.1194	0.1219***
	(7.3842)	(3.5350)	(6.1223)	(3.5976)	(−1.3494)	(3.3819)
FD	−0.0016***	/	−0.0014***	−0.0298	/	−0.0265
	(−3.2315)		(−4.2938)	(−0.9359)		(−1.1043)
$POLI_1$	/	0.0040***	/	/	0.0010**	/
		(9.4103)			(2.1523)	
$POLI_2$	/	/	0.0155***	/	/	0.0209*
			(7.5722)			(1.6448)

变量	政治关联			非政治关联		
	(1)	(2)	(3)	(4)	(5)	(6)
Growth	$-3.3E-05^{***}$	$-3.6E-05^{***}$	$-2.6E-05^{**}$	$-1.9E-05^{**}$	$-7.6E-08^{***}$	$-9.9E-06^{***}$
	(-3.7416)	(-3.6481)	(-2.0719)	(-2.5169)	(-3.0030)	(-3.2895)
CF	0.0018^{***}	0.0016^{***}	0.0088^{***}	0.0073^{**}	0.0023^{***}	0.0024^{***}
	(3.1124)	(4.1548)	(4.1480)	(2.6016)	(4.4660)	(3.4500)
Age	0.0003^{***}	0.0005^{***}	0.0001^{***}	0.0001^{***}	$9E-05^{**}$	$9E-05^{**}$
	(6.4470)	(5.0412)	(8.7043)	(5.4678)	(4.7270)	(8.5132)
ROE	-0.0001^{**}	-0.0001^{**}	$-9.8E-04^{*}$	$-8.4E-04^{**}$	$-6.5E-04^{***}$	$-4.2E-04^{***}$
	(-2.8952)	(-2.5395)	(-1.7114)	(-2.5279)	(-4.1513)	(-3.5495)
Size	-0.0081^{***}	-0.0072^{***}	-0.0081^{***}	-0.0065^{***}	-0.0077^{*}	-0.0159^{***}
	(-5.2006)	(-5.4347)	(-3.1214)	(-9.2328)	(-1.8509)	(-3.1173)
年度与行业	控制	控制	控制	控制	控制	控制
Adj-R^2	0.9365	0.9418	0.9379	0.7800	0.8236	0.7833
DW 值	1.6781	1.7011	1.7390	2.1258	2.2548	2.1606

注:括号中数值为 t 统计值; ***, **, * 分别表示变量通过 1%, 5%, 10% 显著性水平检验。

表 8-18 给出晋升激励与财政分权对政治关联组与非政治关联组企业影响效应的分组检验结果。结果显示:财政分权对政治关联组企业研发投入构成显著负向影响,但对非政治关联组企业研发投入影响不显著;以 $POLI_1$ 测度的晋升激励对政治关联组企业与非政治关联组企业研发投入水平均产生正向影响,但对政治关联组企业的影响系数大于非政治关联组企业;以 $POLI_2$ 测度的晋升激励对政治关联组企业研发投入水平构成显著正向影响,而对非政治关联组企业影响不显著。综合而言,中国式分权框架下政府干预对政治关联组企业研发投入产生了更为明显的抑制作用,其原因在于以下两点。

第一,具有政治关联企业对政府提供的资源支持具有更高的依赖度,从而更容易受到政府行为偏好的影响。同时,就企业构建政治关联动机角度而言,大多数企业构建政治关联的目的在于获取政府对于企业资源获取以及政策方面的支持,因此建立政治关联企业对于政府行为导向往往较为敏感,更愿意通过投资方向上的迎合巩固政治关联带来的资源优势,从而在投资行为上表现为对研发活动行为动机的削弱。

第二,企业构建政治关联需要支付较高的构建与培养成本,且政治关联的利益效应存在脆弱性或不确定性,随着政府官员的变动调整而发生改变。为弥补建立政治关联支付成本,企业往往需要充分利用政治关联以获取各种有价值资源和投资机会,采取快速游击策略,从事各类短平快的投资项目更有利于企业政治关联价值最大化,这种投资倾向对投资回报时间长、风险性及不确定性较高的研发活动形成挤占。同时财政分权以及晋升激励强度的提升增强了政企间相互依赖度,使得政治关联企业获取短平快投资项目的途径和空间得到进一步拓展,在此背景下,企业从事创造性研发活动的动机也会产生弱化。

表 8-19 列示了基于政治关联视角财政分权与晋升激励对于企业研发投入交互影响的调节效应。

表 8-19　财政分权与晋升激励交互效应:基于政治关联的视角

变量	政治关联		非政治关联	
	(1)	(2)	(3)	(4)
C	0.0205***	0.1044***	0.0055	0.0058**
	(4.6941)	(7.6432)	(0.0634)	2.6034
FD	−0.0063	−0.0056	−0.0329	−0.0418
	(−1.2515)	(−1.1039)	(−1.0682)	(−1.0309)
$POLI_1$	0.0015***	/	0.0070***	/
	(2.7887)		(8.9745)	
$POLI_2$	/	0.0174***	/	0.0106***
		(6.4596)		(3.6239)
$FD \times POLI_1$	0.0686***	/	0.0486***	/
	(12.0790)		(6.1024)	
$FD \times POLI_2$	/	0.0152***	/	0.0017
		(6.9328)		(0.9931)
$Growth$	−5.5E−05***	−2.6E−05**	−3.8E−05**	−7.3E−06***
	(−4.2860)	(−2.1279)	(−2.3613)	(−3.0929)
CF	0.0018***	0.0012***	0.0025***	0.0047***
	(3.7631)	(4.5150)	(4.4190)	(3.6483)
Age	0.0008***	0.0007***	9.1E−05***	0.0790***
	(9.8751)	(7.6478)	(5.3089)	(6.1641)
ROE	−5.6E−04***	−0.0001***	1.4E−04***	0.0003***
	(−3.1583)	(−4.0814)	(4.2606)	(6.5863)
$Size$	−0.0087***	−0.0088***	−0.0036***	−0.0059***
	(−6.8051)	(−3.2962)	(−4.8604)	(−4.5198)
年度与行业	控制	控制	控制	控制
Adj-R^2	0.9369	0.9345	0.8124	0.7773
DW 值	1.7656	1.7270	2.4192	2.2112

注:括号中数值为 t 统计值;***,**,*分别表示变量通过 1%,5%,10%显著性水平检验。

表 8-19 列示了财政分权与晋升激励对于政治关联组企业与非政治关联组企业研发投入水平交互影响效应。结果显示，$FD \times POLI_1$ 对两组企业研发投入均产生显著正向影响，但对政治关联组企业的正向影响大于非政治关联组；$FD \times POLI_2$ 对政治关联组企业研发投入构成显著正向影响，但对非政治关联企业研发投入影响不显著。

就经济意义而言，财政分权与晋升激励交互作用对于政治关联企业研发投入的抑制效应大于非政治关联企业。结合表 8-18 分析，企业构建政治关联强化了政企关系，一方面企业为利用政治关联获取政府资源、政策支持，往往在投资方向上倾向于迎合地方政府偏好，从而相对忽视不确定性较高、产出周期较长的研发投资项目；另一方面，对地方政府而言，当其出于政绩竞争需要对地区企业施加干预时，与非政治关联企业相比，选择政治关联企业作为干预对象更为直接便利，也更容易达到地方官员行为目标。此外，企业为政治关联构建往往需要支付大量资源、成本，为弥补这类成本，在建立政治关联后企业往往倾向于利用这种政治关系获取"短平快"投资项目在尽可能短的时间攫取利益，以避免政治官员可能变更造成政治关联脆弱性产生的不利影响。在考虑财政分权条件下，地方政府往往对地区经济资源具有更强的支配能力，政治关联企业迎合政府投资偏好方向将更多资源投放到投资周期短、见效快的投资项目具有更多的行为收益，强化了政治关联企业短视化行为倾向，进而放大了晋升激励对政治关联企业研发投入产生的抑制效应。

表 8-20 列示了经济影响力对政府干预对于企业研发投入影响的调节效应。

表 8-20　政府干预与企业研发投入：基于经济影响力的视角

变量	(1)	(2)	(3)
C	0.1352*** (4.6162)	−0.1840*** (−11.6745)	0.0631*** (3.8312)
FD	−0.0892 (−1.3714)	/	/
$POLI_1$	/	0.0034*** (10.8229)	/
$POLI_2$	/	/	0.0202*** (6.4968)
$FD \times EI$	0.0041** (2.2027)	/	/

续表

变量	(1)	(2)	(3)
$POLI_1 \times EI$	/	0.0022 (1.0281)	/
$POLI_2 \times EI$	/	/	0.0035 (1.3275)
EI	−0.0077** (−2.4680)	−0.0195*** (−8.6861)	−0.0138*** (−4.6431)
$Growth$	2.9E−05*** (2.9709)	3.9E−05** (2.6393)	4.3E−05*** (3.4162)
CF	0.0034*** (3.0279)	0.0023** (2.6214)	0.0019** (2.7343)
Age	−0.0003*** (−4.3229)	−0.0001*** (−8.9334)	−0.0012*** (−5.0528)
ROE	−7.2E−04*** (−3.7347)	−0.0001*** (−2.6193)	−9.6E−04*** (−3.0934)
$Size$	−0.0092*** (−2.6585)	−0.0113*** (−3.7698)	−0.0050** (−2.1870)
年度与行业	控制	控制	控制
Adj-R^2	0.8522	0.9315	0.9492
DW 值	2.4961	2.2172	2.2555

注:括号中数值为 t 统计值;***,**,* 分别表示变量通过1%,5%,10%显著性水平检验。

表8-20显示,$FD \times EI$ 系数显著为正,说明经济影响力对财政分权与企业研发投入产生显著的负向调节作用,即财政分权对于高经济影响力企业研发投入的负向作用相对较低,晋升激励方面,无论 $POLI_1 \times EI$ 还是 $POLI_2 \times EI$,其回归系数均未通过显著性检验,说明经济影响力对于晋升激励与企业研发投入的调节效应不明显。

就经济影响力对于中国式分权与企业研发投入关系的调节机制而言,一方面规模较大企业对外部资源获取以及政策支持的依赖度更大,更需要获取地方政府的支持,因此更有动机迎合地方政府短期化投资偏好,同时从地方政府角度看,对高经济影响力的企业施加干预对于短期政绩产出影响更大,使得高经济影响力企业更容易受到地方政府的干预,使其将资源配置到政府偏好的短期产出大的投资项目,而减少长周期、高风险的研发投资项目。另一方面,企业经济影响力的提高有助于增强其与地方政府谈判能力,从而能够更好地抵御地方政府干预对于企业研发投入的抑制效应。特别是在财政分权框架下,企业能够通过地区间迁移即"用脚投票"机制对地方政府干预行为构成约束,从而抑制地方政府出于自身征集需要对辖区企业不恰当干预,并为企业经营活动提供便利。从这一角度看,经济影响力也存在对企业研发投入产生积极影响效应的一面。

由于经济影响力对于企业研发投入的作用机制的两面性,单纯从财政分权角度而言,地方政府往往会利用手中财政资源尽可能吸引资本流入本辖区,财政分权增强了企业地区间迁移对于地方政府威胁的可置信性,从而提高了企业与地方政府谈判的议价能力,有利于企业研发投入更好抵御政府干预产生的消极影响。高经济影响力企业往往具有较强的地区财税贡献能力,在与地方政府议价中具有更大优势,最终表现为经济影响力对财政分权与企业研发投入产生显著正向调节作用。单纯就晋升激励角度看,高经济影响力企业一方面更容易被地方政府选作干预目标,从而使其投资方向符合地方政府行为偏好;同时地方政府也需要依赖高经济影响力企业通过经营活动为地方政绩做出贡献,而随着市场化进程推进,地方政府难以通过直接干预行为对企业经营活动施加影响,转而通过构建密切政企关系使企业通过主动调整经营活动,与地方政府实现"激励相容"。在此作用机制下,高经济影响力企业具有更强议价能力抵御地方政府对自身经营活动的不恰当干预,从而限制了短期化行为导向下政府干预行为对于这类企业研发投入的不利影响,导致经济影响力对于晋升激励与企业研发投入关系的调节效应不显著。

表 8-21 列示了经济影响力对财政分权与晋升激励对于企业研发投入交互影响的调节效应。

表 8-21　财政分权与晋升激励交互效应:基于经济影响力的视角

变量	(1)	(2)
C	0.0468*** (5.0529)	0.0740*** (7.5943)
$FD \times POLI_1$	0.0247*** (4.2938)	/
$FD \times POLI_2$	/	0.0004 (0.4859)
$FD \times POLI_1 \times EI$	0.0181*** (4.4451)	/

续表

变量	(1)	(2)
$FD \times POLI_2 \times EI$	/	0.0012***
		(3.6054)
$Growth$	$-4.78E-05$***	$-3.42E-05$***
	(-4.3920)	(-4.4193)
CF	0.0021***	0.0034***
	(6.8709)	(3.2375)
Age	0.0002***	0.0004***
	(16.9076)	(11.1278)
ROE	-0.0001**	$-9.4E-04$***
	(-2.3756)	(-2.9505)
$Size$	-0.0014***	-0.0023***
	(-8.6428)	(-6.5007)
年度与行业	控制	控制
Adj-R^2	0.9219	0.9335
DW 值	1.7835	1.7582

注:括号中数值为 t 统计值;***,**,* 分别表示变量通过 1%,5%,10%显著性水平检验。

表 8-21 列示了经济影响力对于财政分权与晋升激励交互效应与企业研发投入调节作用的回归结果,$FD \times POLI_1 \times EI$ 与 $FD \times POLI_2 \times EI$ 的回归系数均显著为正,其经济含义在于,财政分权与晋升激励交互效应对于高经济影响力企业研发投入产生更大的负向影响,企业较高的经济影响力会放大中国式分权对于研发投入产生的消极作用。结合 8-20 分析结果,单纯考虑财政分权或者晋升激励对高经济影响力企业研发投入影响并不明显甚至产生积极推动作用,但在中国式分权框架下,晋升激励与财政分权交互并行。晋升激励决定了地方政府的行为激励函数,而财政分权则扩大了地方政府对地区经济资源的影响力,从而强化了地方政府对于辖区企业的干预能力。在这种制度背景下,高经济影响力企业更容易被地方政府选作干预目标以期对地区政绩做出贡献,而财政分权赋予地方政府较大的经济干预能力也促使对外部资源需求依赖度更大的高经济影响力企业被迫就范,将经济资源投向短期增长的投资项目而非具有长期增长潜力的研发投资项目。从另一方面来说,在以短期经济增长最大化导向的晋升激励下,地方政府也会利用财政分权赋予的经济资源对企业特别是高

经济影响力投资行为进行诱导，通过财政补贴、变相税收减免等方式调整企业投资收益，促使企业减少研发投入，转向短期见效的投资项目。

2. 政企关系对政府干预与企业研发投入经济后果关系的调节

表 8-22 列示了政府干预对于不同所有权性质企业研发投入经济后果的影响效应。

表 8-22　政府干预与企业研发投入绩效相关性：基于所有权性质的视角[①]

	民营企业	地方国有企业	中央国有企业
$FD \times RD$	0.1242*** (4.2806)	0.1923** (2.7728)	0.1517*** (3.9820)
$POLI_1 \times RD$	−0.0246* (−2.0115)	−0.0559*** (−3.9014)	−0.0310 (−1.0238)
$POLI_2 \times RD$	−0.0017** (−2.4549)	−0.0029*** (−3.2143)	−0.0021 (−1.3379)
$POLI_1 \times FD \times RD$	−0.0385*** (−3.7794)	−0.0588*** (−4.1016)	−0.0406* (−2.2455)
$POLI_2 \times FD \times RD$	−0.0212** (−2.8746)	−0.0369*** (−3.5348)	−0.0158* (−2.0596)

注：括号中数值为 t 统计值；***，**，* 分别表示变量通过 1%，5%，10% 显著性水平检验。

表 8-22 结果表明，财政分权对各类企业研发投入经济后果均产生显著的正向影响，其中对地方国有企业的促进作用最大；晋升激励对地方国有企业、民营企业研发投入经济后果产生显著的促进作用，其中对地方国有企业的影响系数大于民营企业；交互效应方面，得到了类似回归结果。政府干预促进企业研发投入经济后果的作用机制在于地方政府短期增长偏好的影响效应，而地方国有企业更容易受到地方政府行为偏好的干扰，从而使得财政分权、晋升激励对该类企业研发投入经济后果表现出更强的增进作用。

表 8-23 列示了政治关联对政府干预对于企业研发投入经济后果影响的调节效应。

---

① 由于方程估计结果较多，为便于列示，这里略去控制变量与截距项的估计结果，表 8-23,8-24 同表 8-22。

表 8-23　政府干预与企业研发投入绩效相关性:基于政治关联的视角

变量	政治关联	非政治关联
$FD \times RD$	0.0028*** (5.3809)	0.0035*** (4.5429)
$POLI_1 \times RD$	−0.0499*** (−3.5461)	−0.0341*** (−2.9443)
$POLI_2 \times RD$	−0.0024** (−2.7865)	−0.0015*** (−3.9785)
$POLI_1 \times FD \times RD$	−0.0343*** (−5.2894)	−0.0620*** (−3.2831)
$POLI_2 \times FD \times RD$	−0.0379*** (−4.2254)	−0.0470*** (−3.2740)

注:括号中数值为 t 统计值;***,**,* 分别表示变量通过 1%,5%, 10%显著性水平检验。

表 8-23 结果显示,财政分权对两组企业研发投入经济后果未表现出明显差异,对非政治关联组企业的影响效应略大于政治关联组企业;但晋升激励对政治关联企业研发投入经济后果的正向促进作用要大于非政治关联企业。政治关联企业具有更为密切的政企关系,更容易受到政府增长偏好的干扰,最终表现为政府干预对该类企业研发投入经济后果更明显的改善效应。

表 8-24 列示了经济影响力对政府干预对于企业研发投入经济后果影响的调节效应。

表 8-24　政府干预与企业研发投入绩效相关性:基于经济影响力的视角

变量	(1)	(2)	(3)	(4)	(5)
$FD \times RD$	0.1490*** (3.0274)	/	/	/	/
$FD \times RD \times EI$	−0.0054** (−2.2675)	/	/	/	/
$POLI_1 \times RD$	/	−0.0335*** (−5.6682)	/	/	/
$POLI_1 \times RD \times EI$	/	0.0070*** (3.5262)	/	/	/
$POLI_2 \times RD$	/	/	−0.0028*** (−4.8995)	/	/

变量	(1)	(2)	(3)	(4)	(5)
$POLI_2 \times RD \times EI$	/	/	0.0146*** (3.9015)	/	/
$POLI_1 \times FD \times RD$	/	/	/	−0.0542*** (−3.1131)	/
$POLI_1 \times FD \times RD \times EI$	/	/	/	0.2490* (2.3213)	/
$POLI_2 \times FD \times RD$	/	/	/	/	−0.0367*** (−4.9054)
$POLI_2 \times FD \times RD \times EI$	/	/	/	/	0.1833*** (3.7470)

注:括号中数值为 t 统计值;***,**,* 分别表示变量通过 1%,5%,10%显著性水平检验。

表8-24结果表明,经济影响力对政府干预与企业研发投入经济后果的关系具有负向调节作用,财政分权、晋升激励以及交互效应对高经济影响力企业研发投入经济后果正向影响相对较弱。这可能是由于高经济影响力企业具有较强讨价还价能力,在研发项目选择上能够更好地抵御地方政府短期增长偏好的影响。

8.3　政企关系对政策环境影响效应的调节

8.3.1　政企关系对研发资助政策影响效应的调节

1.政企关系对研发资助政策与企业研发投入关系的调节

由于财政资源的有限性,政府通常选择行业内特定企业进行研发资助,政企关系密切的企业在争取政府研发资助中具有一定优势,容易凭借政府支持获取政府财政资助。同时,相对于其他企业而言,政府对政企关系密切的企业状况较为熟悉,信息掌握也相对全面,出于规避道德风险和逆向选择问题的考虑,政府也更愿意选择这类企业作为资助对象。下面,我们依次从所有权性质、政治关联与企业经济影响力三方面政企关系维度对于政府研发资助政策与企业研发投入关系的调节效应展开研究。

表8-25列示了政府研发资助对于不同所有权性质企业研发投入的影响效应。

表 8-25　政府研发资助与企业研发投入：基于所有权性质的视角

变量	民营企业	地方国有企业	中央国有企业
C	0.0613*** (14.0927)	0.0573*** (6.0345)	0.0639** (2.3572)
SUB	0.0062*** (11.5166)	0.0007*** (3.6680)	0.0014* (1.8442)
Growth	−4.3E−05*** (−6.0877)	−0.0001** (−2.7005)	−3.5E−05*** (−4.0337)
CF	0.0083** (2.5378)	0.0016* (1.8443)	0.0047** (2.7652)
Age	0.0003*** (3.1962)	0.0002*** (7.2488)	0.0002*** (4.5759)
ROE	−0.0005** (−2.4869)	−0.0001* (−1.8313)	−8.3E−04*** (−4.7336)
Size	−0.0016*** (−8.8197)	−0.0021*** (−3.1619)	−0.0042*** (−3.2079)
年度与行业	控制	控制	控制
Adj-R^2	0.9491	0.8928	0.8633
DW 值	1.9293	2.3707	1.4204

注：括号中数值为 t 统计值；***，**，* 分别表示变量通过 1%，5%，10%显著性水平检验。

表 8-25 结果显示，SUB 在全部方程中均显著为正，即政府研发资助对各类产权性质企业研发投入均产生显著促进作用，其中对民营企业的促进作用最大，中央国有企业次之，地方国有企业最小。其可能的原因在于，国有企业获取政府研发资助可能是政府以"研发资助"名义给予国有企业政策性支持的一种手段，资金使用的专用性相对较低，容易被挪作他用，同时国有企业在研发资助资金利用效率方面也存在一定缺陷，因此其对企业研发投入促进作用不如民营企业。

为考察政策不确定性因素对政府研发资助效应的影响，表 8-26 列示了加入政府研发资助扰动因素后的回归结果。

表 8-26　政策水平、政策扰动与企业研发投入：基于所有权性质的视角

变量	民营企业		地方国有企业		中央国有企业	
C	0.0537*** (6.6008)	0.0379*** (4.3954)	0.1980*** (6.3594)	0.2701*** (9.7105)	0.1243*** (3.3929)	0.0807*** (4.4508)
SUB	0.0068*** (6.4927)	0.0064*** (5.3891)	0.0004*** (3.4201)	0.0003*** (3.9134)	0.0017* (1.8345)	0.0015** (2.7645)
$RG_1 \times RGR_1$	−8.42E−08*** (−6.4927)	/	1.02E−11 (0.5926)	/	−1.39E−12 (−0.3836)	/
RGR_1	−1.42E−07* (−1.6653)	/	−2.16E−06 (−0.4873)	/	−1.97E−07 (−0.4638)	/
$RG_2 \times RGR_2$	/	−0.0004** (2.1796)	/	−0.0018 (0.7075)	/	−0.0015 (−1.2489)
RGR_2	/	−0.0651*** (−3.6758)	/	−0.0210*** (−3.0590)	/	−0.0058*** (−3.0918)
Growth	−3.8E−05*** (−4.7979)	−4.4E−05*** (−4.6409)	−0.0001** (−2.4749)	−8.3E−05** (−2.6976)	−0.0001* (−1.7590)	−9.9E−05* (−1.8613)
CF	0.0067*** (6.6908)	0.0082*** (4.5072)	0.0025*** (3.5138)	0.0018*** (3.5602)	0.0024* (1.7578)	0.029** (2.5662)
Age	0.0001** (2.5284)	8.3E−04* (1.8991)	0.0002*** (4.6938)	0.0001*** (6.2051)	0.0001*** (3.3166)	9.1E−04* (1.9842)
ROE	−0.0002* (−1.7244)	−0.0001* (−1.7020)	−0.0001*** (−2.6625)	−0.0001** (−2.4507)	−8.2E−04*** (−5.7315)	−9.2E−04*** (−4.8083)
Size	−0.0016*** (−7.0748)	−0.0018*** (−5.5098)	−0.0051*** (−4.7594)	−0.0085*** (−6.3046)	−0.0069*** (−3.0531)	−0.0036** (−2.2803)
年度与行业	控制	控制	控制	控制	控制	控制
Adj-R^2	0.9476	0.9524	0.8924	0.9043	0.8846	0.8949
DW 值	1.9500	1.8821	2.3657	2.1960	1.6326	1.6044

注：括号中数值为 t 统计值；***，**，* 分别表示变量通过 1%，5%，10% 显著性水平检验。

表 8-26 结果显示，政府研发资助扰动 RGR 对不同所有权性质企业研发投入均产生显著抑制作用，其中对民营企抑制作用最大，中央国有企业次之，地方国有企业最小。交叉项 $RG \times RGR$ 对民营企业研发投入构成显著负向影响，但对地方国有企业以及中央国有企业研发投入影响不明显，即政策扰动对政府研发资助对于企业研发投入的激励效应具有明显的抑制作用。

政企关系的密切程度对企业能够获取政府补助资源以及获取数量大小具有重要影响，国有企业凭借产权属性上与政府的天然联系，往往在获取政府补助方面较民营企业具有明显优势，同时预算软约束的存在，使政府研发资助在一定程度上成为政府扶持国有企业重要手段。因此，政府研发资助扰动对于国

有企业获取政府研发资助的冲击相对较小。另一方面,国有企业在获取政策变动信息方面也具有明显优势,能够从政府内部获取研发资助政策变动相对可靠信息,从而在对未来政府研发资助变动进行预期时对过往政府研发资助扰动信息的依赖较低。综合上述因素,政府研发资助扰动对于民营企业研发投入以及政府研发资助激励效应产生明显的抑制作用。

表 8-27 列示了不同所有权性质企业研发资助政策融资渠道效应的回归结果。

表 8-27 政府研发资助融资渠道效应回归结果:基于所有权性质的视角

变量	民营企业	地方国有企业	中央国有企业
C	0.1037***	0.0960***	0.0874***
	(8.6517)	(3.8248)	(3.6289)
SUB	0.0008***	0.0002***	0.0003***
	(3.4634)	(4.0134)	(3.9254)
$SUB \times CF$	−0.0335*	−0.0216*	−0.0107**
	(−1.7269)	(−1.8013)	(−2.1346)
$Growth$	−4.6E−05***	−4.0E−05***	−3.7E−05**
	(−4.5611)	(−3.0239)	(−2.7172)
CF	0.0083*	0.0017	0.0248*
	(1.9084)	(0.6124)	(1.8261)
Age	0.0001**	0.0003***	0.0007***
	(2.4318)	(4.1946)	(3.7810)
ROE	−7.4E-04***	−0.0001**	−0.0001***
	(−3.8765)	(−2.5530)	(−3.8910)
$Size$	−0.0013**	−0.0020***	−0.0037***
	(−2.4513)	(−3.4208)	(−4.3201)
年度与行业	控制	控制	控制
Adj-R^2	0.8931	0.7736	0.9018
DW 值	1.7701	1.8694	2.0136

注:括号中数值为 t 统计值; *** , ** , * 分别表示变量通过 1%,5%,10%显著性水平检验。

表 8-27 结果显示,研发资助政策对于民营企业以及国有企业研发融资约束均有缓释作用,但这种作用系数在民营企业中最大,地方国有企业次之,中央国有企业最小。其主要原因在于,研发资助对于企业研发融资约束的缓解效应来源于两方面,一是研发资助资金对于企业研发资源的直接支持作用,二是研发

资助传递出企业研发项目质量信息,从而改善企业研发项目外部融资条件。由于"父爱主义"的存在,国有企业获取政府研发资助在一定程度上是政府以"研发资助"名义提供的预算软约束,弱化了研发资助信号传递效应,从而导致研发资助对于国有企业研发融资约束的缓释效应不如民营企业明显。

表 8-28 列示了政府研发资助对于政治关联组企业与非政治关联组企业研发投入影响的比对回归结果。

表 8-28　政府研发资助与企业研发投入:基于政治关联的视角

变量	政治关联	非政治关联
C	0.2666***	0.1376***
	(8.9506)	(6.3177)
SUB	0.0018***	0.0143**
	(4.0850)	(2.2246)
Growth	$-4.0E-05$***	$-3.2E-05$***
	(-3.5485)	(-3.3789)
CF	0.0037***	0.0028***
	(7.8834)	(2.8065)
Age	0.0001***	$7.5E-04$***
	(4.8596)	(7.6588)
ROE	$-9.0E-04$***	$-9.3E-04$*
	(-4.1052)	(-1.6773)
Size	-0.0116***	-0.0082***
	(-8.3016)	(-9.5587)
年度与行业	控制	控制
Adj-R^2	0.6864	0.8403
DW 值	1.3602	1.8292

注:括号中数值为 t 统计值;***,**,* 分别表示变量通过 1%,5%,10%显著性水平检验。

表 8-28 结果显示,政府研发资助对于非政治关联组企业研发投入的促进作用(0.0143)要大于政治关联组企业(0.0018)。政治关联组企业获取补助在一定程度上是构建政治关联基础上的利益互换行为,而非单纯研发活动需要。同时,构建和维系政治关联需要消耗大量企业资源,也会对政府研发资助激励效应形成挤出。此外,政治关联企业具有更为密切的政企关系,政府对于研发资助资金使用监管相对宽松,使企业可以将部分资助用于其他高盈利性、非研发

类投资项目。以上种种因素使得政府研发资助对于非政治关联组企业的激励效应较政治关联企业明显。

表 8-29 为加入政府研发资助扰动因素后的回归结果。

表 8-29　政府研发资助扰动调节效应:基于政治关联的视角

变量	政治关联		非政治关联	
	(1)	(2)	(3)	(4)
C	0.0392***	0.0778***	0.1153***	0.0784***
	(11.8351)	(15.2233)	(5.9383)	(3.9463)
SUB	0.0103***	/	0.0016***	/
	(2.9268)		(4.2584)	
$RG_1 \times RGR_1$	$-1.4E-12$**	/	$-9.1E-12$***	/
	(−2.1651)		(−6.6950)	
RGR_1	$-3.5E-07$***	/	$-1.3E-06$***	/
	(−3.3553)		(−4.1372)	
$RG_2 \times RGR_2$	/	$-7.87E-05$	/	-0.0044***
		(−0.4301)		(−3.5260)
RGR_2	/	-0.0012*	/	-0.0035***
		(−1.6361)		(4.6725)
$Growth$	$-3.7E-05$***	$-4.8E-05$***	$-5.0E-05$**	-0.0001***
	(−4.1545)	(−4.2883)	(−2.3891)	(−3.1314)
CF	0.0043***	0.0064***	0.0066*	0.0043***
	(3.4669)	(2.8891)	(1.7215)	(4.8581)
Age	0.0001***	$6.5E-04$***	$8.2E-04$***	$8.7E-04$***
	(12.5278)	(8.6894)	(2.8101)	(4.2413)
ROE	-0.0001**	-0.0001*	$-9.1E-04$**	$-9.4E-04$***
	(−2.0561)	(−1.7334)	(−2.2343)	(−3.1441)
$Size$	-0.0017***	-0.0041***	-0.0073***	-0.0067***
	(−5.5640)	(−7.9586)	(−6.1240)	(−6.4483)
年度与行业	控制	控制	控制	控制
Adj-R^2	0.9310	0.9459	0.8338	0.8722
DW 值	1.7222	1.6859	1.8741	2.0988

注:括号中数值为 t 统计值;***,**,* 分别表示变量通过 1%,5%,10% 显著性水平检验。

表 8-29 结果显示,无论 PR_1 还是 PR_2 对两组企业研发投入均产生显著负向影响,其中政府研发资助扰动对于政治关联组企业研发投入的负向影响小于

非政治关联组企业。交叉项方面,$RG_1 \times RGR_1$ 对两类企业均产生了显著的负向影响,但对非政治关联企业的负向影响大于政治关联组企业。$RG_2 \times RGR_2$ 只对非政治关联企业研发投入构成显著负向影响。说明政策扰动对于政府研发资助激励效应的抑制作用在非政治关联企业中表现更为明显。政治关联企业凭借密切的政企关系,在获取政府研发资助以及未来政策变动信息方面存在一定优势,使其能够更好抵御政策不确定性产生的负面影响。

表 8-30 列示了政治关联企业与非政治关联企业研发资助政策融资渠道效应比对回归结果。

表 8-30　政府研发资助融资渠道效应回归结果:基于政治关联的视角

变量	政治关联	非政治关联
C	0.0742*** (5.4873)	0.0850*** (4.1859)
SUB	0.0120*** (4.0385)	0.0007*** (3.7659)
SUB × CF	−0.0005** (−2.2480)	−0.0362*** (−4.1342)
Growth	−3.5E−05*** (−3.4580)	−4.1E−05** (−2.3797)
CF	0.0046*** (4.1038)	0.0153* (1.8081)
Age	6.0E−04*** (9.4166)	8.1E−04*** (3.0149)
ROE	−7.6E−04** (−2.1342)	−8.2E−04** (−2.3080)
Size	−0.0019*** (−4.1680)	−0.0067*** (−6.0398)
年度与行业	控制	控制
Adj-R^2	0.9506	0.7829
DW 值	1.6950	1.9543

注:括号中数值为 t 统计值;***,**,* 分别表示变量通过 1%,5%,10% 显著性水平检验。

表 8-30 结果显示,政府研发资助对两组企业研发融资约束均产生缓释效应,其中对非政治关联组企业研发融资约束的缓释效应大于政治关联组企业。

由于政治关联组企业在获取政府资助时存在优势,弱化了政府研发资助项目质量信号传递效应,使政府研发资助对于政治关联组企业研发融资约束改善效应受到限制。

表 8-31 列示了经济影响力对政府研发资助对于企业研发投入影响的调节效应。

表 8-31　政府研发资助与企业研发投入:基于经济影响力的视角

变量	经济影响力	
	(1)	(2)
C	0.0615***	0.0381***
	(9.3557)	(4.5526)
SUB	0.0201***	0.0187***
	(5.9043)	(4.7802)
$EI \times SUB$	−0.0053***	−0.0045***
	(−3.7026)	(−3.8562)
EI	/	−2.9E−05***
		(−4.0209)
Growth	/	−4.7E−05***
		(−6.4618)
CF	/	0.0045**
		(2.2854)
Age	/	0.0001***
		(7.4087)
ROE	/	−8.6E−04***
		(3.1151)
Size	/	−0.0022***
		(−3.3735)
年度与行业	控制	控制
Adj-R^2	0.9371	0.9562
DW 值	1.8271	1.7986

注:括号中数值为 t 统计值;***,**,* 分别表示变量通过 1%,5%,10%显著性水平检验。

表 8-31 结果显示,$EI \times SUB$ 系数显著为负,说明企业经济影响力负向调节政府研发资助与企业研发投入关系,即政府研发资助对高经济影响力企业研

发投入的激励效应相对较弱。可能的解释在于,高经济影响力企业具有相对丰富的财务资源,其研发项目开展对政府研发资助资金支持依赖度相对较弱。同时,高经济影响力企业往往具有较强的财务实力,在信贷市场面临信息不对称问题较小,政府研发资助通过信号传递机制缓释高经济影响力企业研发融资约束的影响效应较弱,使得政府研发资助对高经济影响力企业研发投入的促进作用相对较小。

表 8-32 为加入政府研发资助扰动因素后的回归结果。

表 8-32　政府研发资助扰动调节效应:基于经济影响力的视角

变量	(1)	(2)
C	0.0688***	0.0750***
	(9.9012)	(9.2893)
$SUB \times RGR_1$	−1.34E−12***	/
	(−6.7586)	
$SUB \times RGR_1 \times EI$	9.26E−15*	/
	(1.7725)	
$SUB \times RGR_2$	/	−0.0002***
		(−3.0569)
$SUB \times RGR_2 \times EI$	/	2.66E−06***
		(4.4033)
Growth	−4.1E−05***	−6.9E−05***
	(−5.3554)	(−4.5116)
CF	0.0078***	0.0452***
	(3.8206)	(7.3940)
Age	0.0003***	0.0001***
	(7.4712)	(9.1076)
ROE	−0.0001***	−8.4E−04***
	(−2.6396)	(−2.7526)
Size	−0.0038***	−0.0029***
	(−8.4444)	(−6.8042)
年度与行业	控制	控制
Adj-R^2	0.9565	0.9346
DW 值	1.8026	1.8029

注:括号中数值为 t 统计值,***,**,* 分别表示变量通过 1%,5%,10%显著性水平检验。

表 8-32 结果显示，$SUB \times RGR_1 \times EI$ 与 $SUB \times RGR_2 \times EI$ 系数均显著为正，说明政策扰动因素对于高经济影响力企业政府研发资助激励效应的负面影响相对较小。高经济影响力企业具有更好的研发基础和研发能力以及较强的讨价还价能力，因此在获取政府研发资助方面存在一定优势。同时，高经济影响力企业自身也具有良好的财务基础，保障其在未获得政府研发资助条件下仍然能进行相应研发活动。这些因素有利于高经济影响力企业克服政府研发资助扰动对自身研发投入水平产生的消极影响。

表 8-33 列示了经济影响力对于研发资助政策融资渠道调节效应的回归结果。

表 8-33　政府研发资助融资渠道效应回归结果:基于经济影响力的视角

变量	(1)	(2)
C	0.0943*** (8.2124)	0.0765*** (7.5458)
$SUB \times CF$	−0.0103*** (−4.1503)	−0.0234*** (−3.4790)
$SUB \times CF \times EI$	0.0038*** (4.1769)	0.0042*** (4.3790)
$Growth$	/	−3.5E-05*** (−5.2310)
CF	/	0.0068*** (3.3217)
Age	/	0.0002*** (5.4136)
ROE	/	−0.0001*** (−3.3582)
$Size$	/	−0.0023*** (−3.4891)
年度与行业	控制	控制
Adj-R^2	0.9438	0.9501
DW 值	1.7356	1.8912

注:括号中数值为 t 统计值;***,**,* 分别表示变量通过 1%,5%,10%显著性水平检验。

表 8-33 结果显示，$SUB \times CF \times EI$ 系数显著为正，结合 $SUB \times CF$ 系数符号分析，说明政府研发资助对于研发融资约束的缓释效应在高经济影响力企业中相对较弱。高经济影响力在信贷市场中面临信息不对称问题较小，而金融机构对于小规模企业信息掌握较为有限，信息搜集成本和搜集难度相对较高，能否获取政府研发资助对于小规模企业研发项目的信号显示作用也就更为明显，从而导致了上述回归结果。

2. 政企关系对研发资助政策与企业研发投入经济后果关系的调节

表 8-34 列示了研发资助政策对于不同所有权性质企业研发投入经济后果的影响效应。

表 8-34　政府研发资助与企业研发投入绩效相关性：基于所有权性质的视角

变量	民营企业		地方国有企业		中央国有企业	
	(1)	(2)	(3)	(4)	(5)	(6)
C	−26.0320*** (−3.5890)	/	−22.0495** (−2.8964)	/	−25.0631*** (−3.0128)	/
RD	0.0064*** (4.8905)	/	0.0031*** (3.0031)	/	0.0028** (2.5642)	/
$RD \times SUB$	−0.0018* (−1.8402)	/	−0.0203*** (−3.2590)	/	−0.0056*** (−4.0165)	/
SUB	0.0342 (1.1854)	/	0.0578** (2.8965)	/	0.0451** (2.5634)	/
$RD \times RGR$	/	0.0304*** (3.0019)	/	0.0101* (1.8654)	/	0.0176** (2.9013)
RGR	/	−0.0120 (1.0335)	/	0.0410 (1.1288)	/	0.0327 (0.7742)
$Growth$	0.0274*** (8.6210)	0.0280*** (9.7562)	0.0590*** (11.0390)	0.0613*** (12.1684)	0.0366*** (7.5455)	0.0375*** (8.6562)
$Size$	2.3620*** (3.9842)	2.6314*** (4.0390)	3.0302*** (3.8742)	3.3598*** (3.7675)	3.0302*** (3.8742)	3.0561*** (3.9211)
Lev	0.0243*** (3.2545)	0.0228*** (3.4401)	0.0289*** (4.1077)	0.0294*** (4.3233)	0.0275*** (3.8722)	0.0253*** (3.5620)
年度与行业	控制	控制	控制	控制	控制	控制
Adj-R^2	0.8122	0.8452	0.9157	0.9320	0.8849	0.8745
DW 值	1.8764	1.8953	2.0341	2.0284	2.2310	2.0509

注：括号中数值为 t 统计值；***、**、* 分别表示变量通过 1%、5%、10% 显著性水平检验。

表 8-34 结果显示，政府研发资助对于三组企业研发投入经济后果均产生显

著负向影响,但对国有企业的负向影响要大于民营企业。政策扰动方面,$RD \times RGR$ 对民营企业研发投入经济后果的改善效应大于国有企业。导致这一回归结果的原因在于,国有企业能够凭借密切的政企关系获取政府研发资助,同时政府也存在以"政府研发资助"名义为国有企业提供援助的行为,减弱了政府研发资助项目遴选对国有企业的约束,降低了国有企业提高政府研发资金使用效率的行为动机,进而损害了企业研发投入经济后果。

表 8-35 列示了政治关联对研发资助政策对于企业研发投入经济后果影响的调节效应。

表 8-35　政府研发资助与企业研发投入绩效相关性:基于政治关联的视角

变量	政治关联		非政治关联	
	(1)	(2)	(3)	(4)
C	-19.0585^{**} (-2.4335)	-24.1742^{***} (-3.0100)	-23.0312^{***} (-3.5890)	-25.2016^{**} (-2.5014)
RD	0.0073^{*} (1.9234)	0.0067^{*} (2.0345)	0.0103^{**} (2.6780)	0.0349^{***} (3.0189)
$RD \times SUB$	-0.0105^{***} (-4.5690)	/	-0.0023^{***} (-3.4901)	/
SUB	0.0573 (1.0109)	/	0.0842 (1.1389)	/
$RD \times RGR$	/	0.0145^{**} (2.8766)	/	0.0233^{***} (3.1295)
RGR	/	0.0543 (1.1213)	/	0.0817 (0.8975)
$Growth$	0.0920^{***} (6.8851)	0.0858^{***} (6.5912)	0.0633^{***} (5.4287)	0.0719^{***} (5.5695)
$Size$	3.0102^{***} (3.6845)	3.1389^{***} (4.2209)	2.7578^{***} (4.1366)	2.6552^{***} (4.5800)
Lev	0.0213^{**} (2.8916)	0.0239^{***} (3.0003)	0.0280^{***} (3.1458)	0.0274^{***} (3.4208)
年度与行业	控制	控制	控制	控制
Adj-R^2	0.8412	0.8731	0.7610	0.7877
DW 值	2.2013	2.1867	1.7652	1.8045

注:括号中数值为 t 统计值;$***$,$**$,$*$ 分别表示变量通过 1%,5%,10% 显著性水平检验。

表 8-35 结果表明,政府研发资助对于两组企业的研发投入经济后果均产生显著负向影响,但对政治关联企业的负向影响要大于非政治关联企业。政策扰动方面,$RD \times RGR$ 对非政治关联企业研发投入经济后果的改善效应大于政治关联企业。与所有权性质类似,政治关联企业能够利用政企关系获取政府研发资助,弱化了政府研发资助对其研发活动的行为约束,从而表现为政府研发资助对其研发投入经济后果更大的负面影响,且政策扰动对其提高研发资金使用效率的激励作用不如非政治关联企业。

表 8-36 列示了经济影响力对研发资助政策对于企业研发投入经济后果影响的调节效应。

表 8-36　政府研发资助与企业研发投入绩效相关性:基于经济影响力的视角

变量	(1)	(2)
C	−18.6982***	−20.5235***
	(−3.0876)	(−4.4213)
$RD \times SUB$	−0.0043**	−0.0076***
	(−2.6913)	(−3.8912)
$RD \times SUB \times EI$	−0.0012***	/
	(−3.0579)	
$RD \times RGR$	/	0.0342**
		(2.7654)
$RD \times RGR \times EI$	/	−0.0205***
		(−3.4568)
Growth	0.0867***	0.0982***
	(5.4543)	(4.9093)
Size	3.2746***	2.8957***
	(3.5580)	(3.6962)
Lev	0.0249***	0.0238***
	(3.1657)	(3.2872)
年度与行业	控制	控制
Adj-R^2	0.8667	0.9149
DW 值	1.9459	1.8742

注:括号中数值为 t 统计值;***,**,* 分别表示变量通过 1%,5%,10%显著性水平检验。

表 8-36 结果显示,经济影响力放大了政府研发资助对于企业研发投入经济后果的负面效应,削弱了政策扰动对于企业研发投入经济后果的激励作用。高经济影响力企业能够凭借其与政府密切关系获取政府研发资助,阻碍其提高研发资金使用效率的行为动机。

8.3.2　政企关系对货币政策影响效应的调节

1.政企关系对货币政策与企业研发投入关系的调节

由于转轨经济的金融体系仍然具有浓厚的政府干预色彩,政府在金融资源配置过程中仍扮演十分重要的角色,因此政企关系的疏密程度会在一定程度上决定企业获取金融资源的规模数量以及融资成本。为考察货币政策调整与企业研发投入是否受到政企关系密切程度的影响,我们依次对所有权性质、政治关联与企业经济影响力三方面的作用效应展开研究。

表 8-37 列示了货币政策对于不同所有权性质企业研发投入的综合影响效应。

表 8-37　货币政策与企业研发投入:基于所有权性质的视角①

变量	民营企业	地方国有企业	中央国有企业
RL	−0.1309* (−1.8500)	0.2515*** (3.5092)	0.0961*** (6.4948)
MG	−0.0149* (−1.7760)	0.0410** (2.2211)	0.0088* (1.6350)
Gredit	−0.0224 (−0.6316)	0.0719 (0.9064)	0.0171*** (4.4673)

注:括号中数值为 t 统计值;***,**,*分别表示变量通过 1%,5%,10%显著性水平检验。

表 8-37 结果显示,MG 与 $Credit$ 对民营企业、地方国有企业研发投入均产生了显著的负向影响,RL 对民营企业、地方国有企业研发投入均产生显著的正向影响,而中央国有企业研发投入仅受到 $Credit$ 显著的正向影响。从回归系数看,货币政策宽松对于民营企业研发投入的促进作用明显大于国有企业。究其原因,在转轨经济中,国有企业存在预算软约束问题,政府通过对信贷资源干预导致金融资源配置向国有企业倾斜,使得国有企业在货币政策紧缩条件下能够更好抵御外部融资环境对其自身研发活动的冲击。同时,政府为国有企业提供

① 由于货币政策采用三种不同代理变量,为便于列示,这里略去控制变量及截距项估计结果,表 8-38,8-39,8-46,8-47,8-48 估计结果也做了相应简略处理。

隐性担保的方式为国有企业在融资活动中提供潜在的信用增级，也在很大程度上缓解了市场资金供给的松紧对于企业融资约束水平的冲击。因此，国有企业投资行为对货币政策宽松的敏感性要低于民营企业，从而使得宽松货币政策对民营企业研发投入的促进效应要明显大于国有企业。

另一个值得注意的问题是，货币政策宽松对于地方国有企业研发投入的促进效应弱于中央国有企业。除了隐性担保以及银行信贷配置导向因素外，可能的因素在于宽松货币政策往往会在经济下行时期实施，地方政府出于追求辖区经济增长政绩产出的需要，会对地方国有企业投资行为施加影响，促使其将更多资源配置到具有短期产出效应的投资项目中，从而对研发投入形成挤出，抑制了货币政策宽松对企业研发投入的促进作用。

表 8-38 列示了加入货币政策扰动因素后不同所有权性质企业的回归结果。

表 8-38　政策水平、政策扰动与企业研发投入：基于所有权性质的视角

变量	民营企业	地方国有企业	中央国有企业
RL	-3.9799^{***}	-1.9661^{***}	-2.5423^{***}
	(-7.2199)	(-8.2719)	(-4.7656)
$RL \times MPR_{RL}$	12.6138^{***}	4.6027^{***}	3.1256^{***}
	(7.6395)	(9.1888)	(4.9210)
MPR_{RL}	-0.0577^{***}	-0.0155^{***}	-0.0025^{***}
	(-12.7562)	(-2.8603)	(3.4364)
MG	7.4339^{***}	1.1463^{**}	2.0154^{***}
	(5.6710)	(2.1113)	(3.5569)
$MG \times MPR_{MG}$	-6.7018^{***}	-2.7616^{*}	-1.2780^{**}
	(-3.0923)	(-1.8288)	(-2.0406)
MPR_{MG}	-0.0071^{***}	-0.0004^{***}	-0.0028
	(-4.4850)	(-3.0706)	(-1.0633)
$Credit$	0.3782^{***}	0.5349	-0.2238
	(3.1565)	(1.0803)	(-1.0158)
$Credit \times MPR_{Credit}$	-12.8403^{***}	-8.2268^{*}	-3.4588^{***}
	(-5.6442)	(-1.6741)	(-3.5042)
MPR_{Credit}	-0.5310^{***}	-0.3010	-0.0026
	(-14.6107)	(-0.2547)	(-1.1346)

注：括号中数值为 t 统计值；$***$，$**$，$*$ 分别表示变量通过 1%，5%，10% 显著性水平检验。

　　根据表 8-38 可知,与国有企业相比,高水平货币政策扰动对于货币政策宽松与民营企业研发投入关系的负向调节作用更为明显,且货币政策扰动对于民营企业研发投入的负向影响也明显大于国有企业。其原因在于,国有企业往往在政策信息搜集获取方面处于优势地位,同时转型期信贷歧视问题仍然存在,弱化了融资环境不确定性对于企业投资行为的抑制效应。

　　表 8-39 列示了货币政策对于不同所有权性质企业研发投入融资渠道效应影响的估计结果,为便于列示,这里没有提供控制变量的估计结果。

表 8-39　货币政策融资渠道效应回归结果:基于所有权性质的视角

变量	民营企业	地方国有企业	中央国有企业
RL	−0.1962**	−0.1365**	0.1333
	(−2.5246)	(−2.0911)	(0.7744)
$RL \times CF$	1.7013***	0.3667**	1.2972***
	(5.1006)	(2.0360)	(3.6095)
MG	1.0690***	0.1480**	0.7768**
	(2.8451)	(2.4133)	(2.4325)
$MG \times CF$	−8.6624***	−3.2455**	−2.0070***
	(−4.2084)	(−2.1165)	(−2.7677)
$Credit$	3.9138**	4.8003***	2.9015
	(2.0171)	(4.5434)	(1.2562)
$Credit \times CF$	−11.5928**	−5.8245	−4.9167**
	(−2.0146)	(−0.8491)	(−2.7393)

注:括号中数值为 t 统计值;***,**,*分别表示变量通过 1%,5%,10%显著性水平检验。

　　表 8-39 列示不同所有权性质企业的货币政策扰动融资渠道效应分组回归结果,结果显示货币政策宽松显著地缓解了各类所有权性质企业的研发融资约束水平,其中对民营企业的缓解效应明显大于国有企业,这一结果也印证了表8-38 的分析结果,即货币政策宽松对于民营企业研发投入的正向影响要大于国有企业。同时,经过测算,货币政策宽松的研发动机效应系数均为正,说明货币政策扰动对不同所有权性质企业研发投入动机均产生促进作用,货币政策通过融资约束渠道与研发动机渠道对企业研发投入产生影响的作用机制在不同所有权性质企业间均成立。

　　接下来,我们依据企业高管是否具有政治背景将样本企业分为政治关联组与非政治关联组,考察政治关联对于货币政策与企业研发投入关系的调节作用是否成立以及作用方向。结果列示于表 8-40。

表 8-40   货币政策与企业研发投入:基于政治关联的视角

变量	民营企业		地方国有企业		中央国有企业	
	(1)	(2)	(3)	(4)	(5)	(6)
C	0.1584***	0.0983***	0.0246	0.0688**	0.0829***	−0.0446
	(3.8974)	(2.7042)	(0.9171)	(2.3141)	(3.9488)	(−1.2851)
RL	−0.4205**	/	/	−0.7097***	/	/
	(−2.0615)			(−6.5049)		
MG	/	0.0305***	/	/	0.6552***	/
		(3.4160)			(3.4906)	
$Credit$	/	/	0.3489***	/	/	0.6728***
			(6.6854)			(4.1717)
$Growth$	−3.9E−05**	−3.4E−05**	−4.5E−05*	−5.1E−05*	−6.8E−05**	−5.2E−05**
	(−2.5648)	(−2.6156)	(−1.8228)	(−1.7523)	(−2.5832)	(−2.5022)
CF	0.0016***	0.0025***	0.0018***	0.0023**	0.0037***	0.0045***
	(6.2575)	(3.4478)	(3.8736)	(2.8040)	(2.2442)	(4.2771)
Age	0.0012*	0.0016**	0.0001***	7.9E−04***	0.0001***	5.7E−04***
	(1.9093)	(2.4834)	(9.3900)	(6.3248)	(6.1487)	(10.6879)
ROE	−3.9E−04***	−6.8E−04***	−0.0003*	−0.0001	−7.5E−04**	−6.1E−04**
	(−3.9896)	(−2.5078)	(−1.6110)	(−1.8558)	(−2.0440)	(−2.2919)
$Size$	−0.0070**	−0.0054**	−0.0019	−0.0062***	−0.0072***	−0.0042***
	(−2.3075)	(−2.7802)	(−1.3594)	(−7.3812)	(−6.4239)	(−3.9065)
年度与行业	控制	控制	控制	控制	控制	控制
Adj-R^2	0.9106	0.8693	0.9101	0.7693	0.7946	0.8220
DW 值	1.9637	1.6600	1.6833	2.1103	2.1600	2.2347

注:括号中数值为 t 统计值;***,**,* 分别表示变量通过 1%,5%,10% 显著性水平检验。

根据表 8-40 可知,RL 对两组样本企业均产生显著负向影响,MG,$Credit$ 对两组样本企业研发投入则均具有显著正向影响。其中货币政策宽松对非政治关联组企业研发投入的促进效应要大于政治关联组企业。政治关联企业在获取信贷资源方面存在优势,大量研究表明构建政治关联能够有效降低企业遭受信贷歧视的概率,并获得更长的债务期限。这种信贷方面的优势削弱了企业研发投入对于货币政策的敏感度。同时,研究研究表明构建政治关联需要企业家大量时间以及精力的消耗,这种消耗会抑制企业家创新精神,损害货币政策宽松对政治关联企业研发投入的促进作用。此外,货币政策宽松往往在经济下行压力较大时实施,此时地方政府出于辖区经济增长压力的需要,往往会对政治关联企业施加干预,使政治关联企业投资出现短视化行为倾向。

表 8-41 列示了货币政策水平与政策扰动对于政治关联组与非政治关联组企业研发投入的交互影响效应。

表 8-41　政策水平、政策扰动与企业研发投入：基于政治关联的视角

变量	民营企业		地方国有企业		中央国有企业	
	(1)	(2)	(3)	(4)	(5)	(6)
C	0.0840** (2.3412)	−0.1007*** (−3.9343)	−0.0995*** (−3.9212)	0.0841*** (5.0020)	0.0920*** (3.0584)	−0.2868*** (−2.8302)
RL	−0.1292*** (−3.9721)	/	/	−0.3214** (−2.6025)		
$RL \times MPR_{RL}$	7.0560*** (3.4684)	/	/	12.2207*** (4.9654)	/	/
MPR_{RL}	−1.8014*** (3.4122)	/	/	−7.0660*** (−6.8993)	/	/
MG	/	0.0150*** (9.1666)	/	/	0.0235*** (5.1848)	
$MG \times MPR_{MG}$	/	−2.9693*** (6.4864)	/	/	−3.0930*** (3.2349)	
MPR_{MG}	/	−4.2799 (−0.8175)	/	/	−6.2515*** (−4.0791)	
$Credit$	/	/	0.3050*** (7.0493)	/	/	0.4703*** (4.9805)
$Credit \times MPR_{Credit}$	/	/	−8.5232*** (−5.2206)	/	/	−14.9410*** (−4.8738)
MPR_{Credit}			0.6871 (0.7250)	/	/	−6.0765*** (−3.5093)
$Growth$	−3.3E−05* (−1.8964)	−3.0E−05* (−1.7324)	−3.0E−05* (−1.7824)	−3.7E−05* (−1.7983)	−2.7E−05** (−2.3082)	−3.8E−05** (−2.2307)
CF	0.0061*** (2.9556)	0.0056*** (3.9391)	0.0037*** (3.7391)	0.0039*** (4.4648)	0.0046*** (3.1662)	0.0044*** (4.6377)
Age	0.0003*** (4.8040)	9.3E−04*** (7.9630)	0.0001*** (11.9630)	0.0001*** (17.0505)	7.8E−04*** (5.7017)	7.2E−04*** (6.1710)
ROE	−0.0001 (−0.5205)	−5.8E−04*** (−2.7097)	−6.7E−04** (−2.5097)	−0.0001** (−2.3013)	−6.7E−04** (−2.0435)	−6.2E−04*** (−6.0535)
$Size$	−0.0041** (−2.0254)	−0.0017** (−2.5268)	−0.0013* (−1.8268)	−0.0016*** (−3.5117)	−0.0072*** (−7.5375)	−0.0055*** (−5.3748)
年度与行业	控制	控制	控制	控制	控制	控制
Adj-R^2	0.9017	0.8643	0.8643	0.8215	0.8144	0.8755
DW 值	2.1390	2.1390	2.1390	2.0172	2.0720	2.2993

注：括号中数值为 t 统计值；***，**，*分别表示变量通过1%，5%，10%显著性水平检验。

表 8-41 中，货币政策水平与政策扰动交叉项系数表明高货币政策扰动情境下，货币政策宽松对于两组样本企业研发投入的促进作用均会受到抑制，但对非政治关联组企业的抑制作用要大于政治关联企业。可能的原因在于，政治关联组企业可能会利用政府影响在融资方面获取优势，从而减少其对银根紧缩、融资约束水平提升造成研发项目融资中断的担忧，从而表现出货币政策宽松对于政治关联组企业研发投入促进效应受到政策扰动负向作用相对较小。

表 8-42 列示了政治关联对于货币政策融资渠道效应的调节作用。

表 8-42　货币政策融资渠道效应回归结果：基于政治关联的视角

变量	政治关联			非政治关联		
	(1)	(2)	(3)	(4)	(5)	(6)
C	0.0934*** (2.9105)	0.0328** (2.0054)	0.0185 (0.6279)	0.0704*** (3.0926)	0.1175*** (5.4559)	−0.0969* (−1.6397)
RL	−0.1226*** (−6.3094)	/	/	−1.3540*** (−6.3565)	/	/
$RL \times CF$	1.8521*** (5.8899)	/	/	6.1355*** (3.3280)	/	/
MG	/	2.9032* (1.7946)	/	/	0.4358*** (2.9031)	/
$MG \times CF$	/	−1.7247** (−2.2265)	/	/	−7.9717* (−1.9249)	/
$Credit$	/	/	4.8147*** (3.4383)	/	/	2.4076*** (4.0323)
$Credit \times CF$	/	/	−5.3983*** (−4.9128)	/	/	−9.4157** (−2.2315)
$Growth$	−5.7E−05* (−1.7948)	−6.1E−05* (−1.6299)	−8.1E−05*** (−3.7818)	−6.0E−05*** (−3.3849)	−5.7E−05** (−2.3872)	−4.8E−05*** (−3.5837)
CF	0.0021** (2.4873)	0.0061** (2.8857)	0.0016*** (3.7523)	0.0021** (2.3925)	0.0083*** (3.1176)	0.0058** (2.7895)
Age	3.6E−04*** (6.1967)	5.1E−04*** (5.5341)	0.0001*** (7.5008)	0.0002*** (6.3529)	0.0031*** (5.3369)	0.0027*** (7.2509)
ROE	−6.9E−04*** (−2.7596)	−0.0001*** (−3.0595)	−7.7E−04* (−1.6894)	−3.7E−04** (−2.3068)	−0.0001*** (−3.2028)	−9.2E−04*** (−4.3165)
$Size$	−0.0046** (−2.5541)	−0.0058** (−2.6382)	−0.0016 (−1.0821)	−0.0062*** (−9.6964)	−0.0085*** (−6.1415)	−0.0023 (−1.2634)
年度与行业	控制	控制	控制	控制	控制	控制
Adj-R^2	0.9324	0.8612	0.9173	0.7813	0.7941	0.8781
DW 值	1.7592	1.7375	1.6851	1.9991	2.0142	2.2765

注：括号中数值为 t 统计值；***，**，* 分别表示变量通过 1%，5%，10% 显著性水平检验。

根据表 8-42 货币政策扰动与现金流交叉项系数可以看出,货币政策宽松对于政治关联组企业研发融资约束的缓解效应要小于非政治关联组企业。结合表 8-4 分析结果,政治关联企业能够利用与政府密切关系获取融资方面的优势地位,从而使其投资活动较少受到融资问题的限制。这一结果表明,相对而言,货币政策宽松对于非政治关联组企业研发投入影响主要通过融资渠道传递,而对政治关联组企业则主要通过研发动机渠道产生影响。

接下来,我们从经济影响力角度入手考察政企关系对于货币政策与企业研发投入关系的调节作用。结果如表 8-43 所示。

表 8-43   货币政策与企业研发投入:基于经济影响力的视角

变量	(1)	(2)	(3)
C	0.1299*** (3.5365)	0.0832*** (4.0993)	0.0089 (1.4049)
RL	−0.4706*** (−5.0075)	/	/
MG	/	0.5078*** (5.5538)	/
$Credit$	/	/	1.3010*** (4.7337)
$RL \times EI$	0.0003*** (3.6220)	/	/
$MG \times EI$	/	−0.0029*** (−5.9928)	/
$Credit \times EI$	/	/	−0.0156** (−1.9794)
EI	−2.9E−05*** (−4.2528)	−1.9E−05** (−2.2895)	−1.1E−05 (−1.2197)
$Growth$	−3.7E−05*** (−4.6941)	−4.8E−05*** (−4.7294)	−7.7E−05*** (−9.1637)
CF	0.0081** (2.8604)	0.0051*** (3.2473)	0.0020* (1.6389)
Age	8.9E−04*** (3.5833)	5.7E−04*** (4.3558)	6.2E−04*** (4.9604)

续表

变量	(1)	(2)	(3)
ROE	-0.0001^{**} (-2.2589)	-0.0001^{**} (-2.1360)	-0.0001^{***} (-3.7471)
$Size$	-0.0062^{***} (-2.8077)	-0.0048^{***} (-3.2110)	-0.0022^{*} (-1.8065)
年度与行业	控制	控制	控制
Adj-R^2	0.9155	0.8774	0.9126
DW 值	1.9019	1.6779	1.7246

注:括号中数值为 t 统计值;***,**,* 分别表示变量通过 1%,5%,10%显著性水平检验。

　　从 $MP \times EI$ 的系数看,经济影响力对货币政策宽松与企业研发投入产生了负向的调节作用,即货币政策宽松对高经济影响力企业研发投入的促进作用要弱于其他企业。高经济影响力企业由于其规模大、抵押品充足,在融资方面较低经济影响力企业更具优势。同时,由于高经济影响力企业对于地区经济的重要性,当这类企业面临经营困境时,地方政府往往会对金融机构施加干预,为企业提供资金融通,以避免该类企业破产产生的消极社会影响,从而形成了地方政府对于高经济影响力企业的隐性担保。因此,相对低经济影响力企业,高经济影响力企业研发活动更少受到研发融资约束问题的困扰,其研发投入对货币政策宽松的敏感度也相应较低。

　　表 8-44 列示了引入政策扰动因素后,经济影响力对货币政策对于企业研发投入影响的调节效应。

表 8-44　政策水平、政策扰动与企业研发投入:基于经济影响力的视角

变量	(1)	(2)	(3)
C	0.1429^{***} (3.5490)	0.0371^{***} (3.4002)	0.0367^{***} (2.8984)
$RL \times MPR_{RL}$	3.8705^{***} (4.3021)	/	/
$EI \times RL \times MPR_{RL}$	-0.0121^{**} (-2.5833)	/	/
$MG \times MPR_{MG}$	/	-8.6766^{***} (-7.9066)	/

续表

变量	(1)	(2)	(3)
$EI \times MG \times MPR_{MG}$	/	0.0167*** (4.5615)	/
$Credit \times MPR_{Credit}$	/	/	-3.1134*** (-9.8081)
$EI \times Credit \times MPR_{Credit}$	/	/	0.0527*** (5.8529)
Growth	-5.0E-05*** (-5.1745)	-4.4E-05*** (-3.4056)	-3.5E-05** (-2.3251)
CF	0.0075*** (3.8881)	0.0085*** (3.2995)	0.0084*** (3.5002)
Age	0.0001*** (3.9030)	0.0001*** (6.7695)	7.5E-04*** (3.1770)
ROE	-7.1E-04** (-2.4612)	-0.0001* (-1.8024)	-5.3E-04** (-2.0754)
Size	-0.0070*** (-2.9844)	-0.0019** (-2.2051)	-0.0013 (-1.2816)
年度与行业	控制	控制	控制
Adj-R^2	0.9042	0.8664	0.8802
DW 值	1.8789	2.1738	2.1997

注:括号中数值为 t 统计值;***,**,*分别表示变量通过1%,5%,10%显著性水平检验。

表 8-44 显示,在方程(1)—(3)中,$EI \times RL \times MPR_{RL}$ 与 $RL \times MPR_{RL}$ 之间、$EI \times MG \times MPR_{MG}$ 与 $MG \times MPR_{MG}$ 之间、$EI \times Credit \times MPR_{Credit}$ 之间的系数符号均相反,说明货币政策宽松对高经济影响力企业研发投入的正向促进作用受到政策扰动的负向影响相对较小。与其他企业相比,高经济影响力企业能够更好地保证研发项目资金支持的持续性,能够更好抵御货币政策扰动带来不确定性的负面影响。同时,高经济影响力资金资源相对充裕,具有更强的风险承担能力以及资金周转能力,这也有助于增强企业投资行为稳定性与持续性,从而减弱了货币政策扰动的不利影响。

表 8-45 列示了经济影响力对于货币政策融资渠道效应的调节作用。

表 8-45　货币政策融资渠道效应回归结果：基于经济影响力的视角

变量	(1)	(2)	(3)
C	0.0821*** (3.1452)	0.1647*** (2.8096)	0.0076 (0.3204)
RL	−0.1908*** (−6.5346)	/	/
RL × CF	1.3537*** (3.0579)	/	/
EI × RL × CF	−0.0220** (−2.1230)	/	/
MG	/	1.4101*** (3.7466)	/
MG × CF	/	−1.5141*** (−2.9583)	/
EI × MG × CF	/	0.0788** (2.2576)	/
Credit	/	/	9.8392*** (8.0322)
Credit × CF	/	/	−4.5788*** (−9.1630)
EI × Credit × CF	/	/	0.4780*** (5.0305)
Growth	−8.9E−05*** (−3.2891)	−6.5E−05** (−2.3534)	−3.2E−05*** (−5.9045)
CF	0.0095** 2.0881	0.0068*** (6.6147)	0.0075*** (2.4390)
Age	8.2E−04*** 8.6175	9.6E−04*** (−3.3085)	7.5E−04*** (13.1623)
ROE	−0.0001** −2.5196	−0.0001* (−1.8825)	−6.5E−04** (−2.3394)
Size	−0.0039*** −2.7570	−0.0066*** (−3.1395)	−0.0027*** (−4.5781)

续表

年度与行业	控制	控制	控制
Adj-R^2	0.9354	0.8798	0.9163
DW 值	1.7677	1.7382	1.7219

注:括号中数值为 t 统计值;***,**,* 分别表示变量通过 1%,5%,10% 显著性水平检验。

  表 8-45 对经济影响力对于货币政策扰动研发融资渠道效应的调节作用进行考察,结果显示 $EI \times MP \times CF$ 在方程(1)—(3)中均显著为正,意味着经济影响力对于货币政策宽松的研发融资渠道效应具有显著负向调节作用,即对于高经济影响力企业来说,货币政策宽松通过缓解企业研发融资约束渠道推动研发投入增长的作用效应相对较弱。货币政策宽松对于高经济影响力企业研发投入的正向促进作用更多通过投资机会渠道实现,而对于低经济影响力企业而言,这种促进效应同时通过投资机会与研发融资约束渠道作用。

2. 政企关系对货币政策与企业研发投入经济后果关系的调节

  表 8-46 列示了所有权性质对货币政策对于企业研发投入经济后果影响的调节作用。

表 8-46 货币政策与企业研发投入绩效相关性:基于所有权性质的视角

变量	民营企业	地方国有企业	中央国有企业
$RL \times RD$	0.2303***	0.1962***	0.1643***
	(3.4168)	(5.8910)	(4.0302)
$MPR_{RL} \times RD$	−0.0675***	−0.0106*	−0.0203
	(−3.9002)	(−1.8790)	(−1.2744)
$MG \times RD$	−0.1691**	−0.1342***	−0.0776***
	(−2.8355)	(3.7890)	(3.5651)
$MPR_{MG} \times RD$	−0.0345***	−0.0427	−0.0090**
	(−3.5449)	(−1.0080)	(−2.5342)
$Credit \times RD$	−0.3516**	−0.2869***	−0.2613***
	(−2.6681)	(−3.9741)	(−4.7765)
$MPR_{Credit} \times RD$	−0.0482***	−0.0216**	−0.0107***
	(−3.7470)	(−2.8653)	(−3.1114)

注:括号中数值为 t 统计值;***,**,* 分别表示变量通过 1%,5%,10% 显著性水平检验。

表 8-46 结果显示,货币政策宽松对各类企业研发投入经济后果均产生显著负向影响,其中对民营企业的负面效应要大于国有企业。由于我国金融业存在较为严重的所有权歧视,在货币政策紧缩时期,民营企业融资活动受到更大冲击,从而迫使企业加强资金使用管理,提高了研发资金使用效率。政策扰动方面,民营企业研发投入经济后果更容易受到政策扰动的负向冲击。与国有企业相比,民营企业研发项目资金支持对融资环境依赖度更高。

表 8-47 列示了政治关联对货币政策对于企业研发投入经济后果影响的调节效应。

表 8-47 货币政策与企业研发投入绩效相关性:基于政治关联的视角

变量	政治关联企业	非政治关联企业
$RL \times RD$	0.1542***	0.2033***
	(3.5564)	(3.7840)
$MPR_{RL} \times RD$	−0.0242**	−0.0403***
	(−2.7100)	(−3.2569)
$MG \times RD$	−0.0603**	−0.0863***
	(−2.4544)	(−3.3841)
$MPR_{MG} \times RD$	−0.0078***	−0.0223***
	(−3.5690)	(−3.9417)
$Credit \times RD$	−0.2425***	−0.3610***
	(−3.7180)	(−3.5944)
$MPR_{Credit} \times RD$	−0.0355*	−0.0680***
	(−2.0103)	(−4.1899)

注:括号中数值为 t 统计值;***,**,* 分别表示变量通过 1%,5%,10% 显著性水平检验。

表 8-47 结果显示,货币政策宽松、政策扰动对非政治关联企业研发投入经济后果的负向影响均大于政治关联企业。政治关联企业在融资方面处于优势地位,受到货币政策变动冲击相对较小,其研发资金使用效率、研发决策对融资环境依赖度相对较低,从而导致上述回归结果。

表 8-48 列示了经济影响力对货币政策对于企业研发投入经济后果影响的调节效应。

表 8-48　货币政策与企业研发投入绩效相关性：基于经济影响力的视角

变量	(1)	(2)	(3)	(4)	(5)	(6)
$RL \times RD$	0.1772*** (3.7910)	/	/	/	/	/
$RL \times RD \times EI$	−0.0854* (−2.2316)	/	/	/	/	/
$MPR_{RL} \times RD$		−0.0364** (−2.9637)	/	/	/	/
$MPR_{RL} \times RD \times EI$	/	0.0075*** (4.5209)	/	/	/	/
$MG \times RD$	/	/	−0.0711*** (−3.6871)	/	/	/
$MG \times RD \times EI$	/	/	0.0206** (2.7444)	/	/	/
$MPR_{MG} \times RD$	/	/	/	−0.0184*** (−3.2624)	/	/
$MPR_{MG} \times RD \times EI$	/	/	/	0.0086*** (3.2125)	/	/
$Credit \times RD$	/	/	/	/	−0.3809*** (−4.1318)	/
$Credit \times RD \times EI$	/	/	/	/	0.0179*** (3.9098)	/
$MPR_{Credit} \times RD$	/	/	/	/	/	−0.0447*** (−3.5979)
$MPR_{Credit} \times RD \times EI$	/	/	/	/	/	0.0118** (2.6981)

注：括号中数值为 t 统计值；***，**，* 分别表示变量通过 1％，5％，10％显著性水平检验。

　　表 8-48 结果显示货币政策宽松对于高经济影响力企业研发投入经济后果负面影响相对较小。高经济影响力企业具有较强的资金实力，其研发项目对外部融资环境依赖相对较小，从而使得其研发投入经济后果对货币政策敏感度相对较低。

8.3.3　政企关系对环境规制政策影响效应的调节

1.政企关系对环境规制政策与企业研发投入关系的调节

　　环境规制的实施主体来自政府，因此政企关系对于环境规制的影响效应具有直接影响。政企关系密切的企业往往能够从政府获取更多关于环境规制水平以及变动趋势的信息,从而降低政策扰动所产生的不确定性。同时,政企关系密切的企业即便发生环境违规,在处罚上也能够获取地方政府一定的"优待",减少了企业为应对环境规制进行研发活动的积极性。为考察环境规制扰动与企业研发投入是否受到政企关系密切程度的影响,我们依次对所有权性质、政治关联与企业经济影响力三方面的作用效应展开研究。

表 8-49 列示了环境规制对于不同所有权性质研发投入的影响效应。

表 8-49　环境规制与企业研发投入:基于所有权性质的视角

变量	民营企业		地方国有企业		中央国有企业	
	(1)	(2)	(3)	(4)	(5)	(6)
C	0.0252***	0.0454***	0.0973***	0.1104***	0.0968***	0.0960***
	(2.6851)	(8.6365)	(5.1106)	(5.6004)	(3.2827)	(4.0542)
ER_1	0.0020*	/	0.0001	/	0.0002	/
	(1.8535)		(0.9441)		(1.1572)	
ER_2	/	−0.0015**	/	−0.0007***	/	−0.0003
		(−2.3212)		(−3.1366)		(−0.8557)
$Growth$	−7.6E−05***	−2.7E−05***	−1.4E−05**	−9.2E−06*	1.0E−05*	1.6E−05*
	(−3.4620)	(−3.0968)	(−2.6624)	(−1.7216)	(1.8599)	(1.8417)
CF	0.0068**	0.0190***	0.0034**	0.0047***	0.0089*	0.0112*
	(2.4513)	(5.8291)	(2.0604)	(3.5807)	(1.9582)	(1.8375)
Age	8.5E−04***	0.0001***	6.2E−04***	7.7E−04***	3.5E−04**	4.9E−04***
	(4.4559)	(6.3081)	(4.3924)	(2.7283)	(2.8255)	(4.0825)
ROE	−5.3E−04**	−4.8E−04***	−7.6E−04	−5.9E−04*	−0.0001***	−0.0001***
	(−2.0874)	(−2.8364)	(−0.3927)	(−1.6966)	(−4.5316)	(−4.9122)
$Size$	−0.0025***	−0.0006*	−0.0032**	−0.0035**	−0.0053***	−0.0052***
	(−4.2657)	(−1.7836)	(−2.3590)	(−2.4503)	(−5.5915)	(−6.2778)
年度与行业	控制	控制	控制	控制	控制	控制
Adj-R^2	0.9441	0.9489	0.8872	0.9013	0.8745	0.8787
DW 值	1.99	1.92	2.20	2.24	1.62	1.56

注:括号中数值为 t 统计值;***,**,*分别表示变量通过1%,5%,10%显著性水平检验。

估计结果显示,在 ER_1 方面,环境规制对民营企业研发投入构成显著正向影响,而对地方国有企业与中央国有企业研发投入影响不显著;在 ER_2 方面,环境规制扰动对地方国有企业、民营企业研发投入均产生了显著的负向作用,其中对民营企业的负向作用大于地方国有企业,对中央国有企业研发投入并未产生显著影响。其经济含义在于,环境规制水平对国有企业研发投入的促进作用要明显弱于民营企业。由于国有企业在股权方面与政府的天然联系,环境规制对于国有企业的约束力要弱于民营企业,无论在日常对企业排污检查方面还是环境污染后的惩罚,国有企业更容易获得一定"优待"。此外,国有企业的委托代理问题更为严重,对企业利润的敏感性相对较低,因此对环境规制对于企业利润所造成负面效应的敏感度不如民营企业,创新补偿效应相对较弱。这些因素弱化了环境规制强化对于国有企业研发投入的激励效应。

表 8-50 列示了引入环境规制扰动后,所有权性质对环境规制对于企业研发投入影响的调节效应。

表 8-50　环境规制扰动的调节效应:基于所有权性质的视角

变量	民营企业		地方国有企业		中央国有企业	
	(1)	(2)	(3)	(4)	(5)	(6)
C	0.0138*** (2.3551)	0.0725*** (6.6283)	0.1074*** (4.9826)	0.1191*** (7.9458)	0.0844*** (3.3958)	−0.0573 (−1.1016)
ER_1	6.89E−05* (2.0326)	/	0.0001 (1.1555)	/	0.0003 (1.2447)	/
ER_2	/	−0.0220*** (−3.9173)	/	−0.0088 (−0.9901)	/	−0.0374 (−0.8600)
$ER_1 \times PR_1$	−0.0013*** (−2.9965)	/	−0.0001** (−1.8779)	/	−0.0002*** (−4.3317)	/
$ER_2 \times PR_2$	/	0.0025*** (6.3254)	/	−0.0026 (−1.0136)	/	0.0107 (0.3059)
PR_1	−2.59E−05*** (−3.1178)	/	−0.0011*** (−4.3700)	/	−0.0031*** (−3.2326)	/
PR_2	/	−0.0075*** (−5.6013)	/	−0.0009*** (−4.5253)	/	−0.0059*** (−6.3812)
$Growth$	−0.0015*** (−6.6224)	−0.0002*** (−7.3145)	−0.0004* (−1.7163)	−1.3E−05*** (−3.4542)	0.0024 (1.2460)	−0.0001*** (−3.8166)
CF	0.0076** (2.4585)	0.0085** (2.1709)	0.0759** (2.2150)	0.0716** (2.2732)	0.0050*** (3.5268)	0.0224** (2.1673)
Age	2.81E−04 (1.2641)	0.0001* (1.6860)	8.6E−04** (2.4337)	0.0001*** (6.1496)	4.7E−04*** (8.5613)	4.2E−04*** (5.2847)
ROE	−6.90E−04* (−1.7044)	−4.87E−04** (−2.3609)	−0.0001 (−1.6652)	−6.41E−04** (−2.1295)	−0.0001*** (−5.1910)	−7.3E−04*** (−3.5420)
$Size$	−0.0018** (−2.1913)	−0.0013** (−1.9880)	−0.0053*** (−3.8476)	−0.0041*** (−5.3354)	−0.0049*** (−4.2238)	−0.0020 (−1.3516)
年度与行业	控制	控制	控制	控制	控制	控制
Adj-R^2	0.9458	0.9476	0.8841	0.8906	0.8911	0.8768
DW 值	1.93	1.96	2.21	2.35	1.60	1.69

注:括号中数值为 t 统计值;***,**,* 分别表示变量通过 1%,5%,10% 显著性水平检验。

表 8-50 列示了环境规制扰动对于环境规制与企业研发投入关系调节效应的所有权性质差异。$ER_1 \times PR_1$ 方面,无论是民营企业、地方国有企业还是中央国有企业的变量系数均显著为负,但民营企业最小,中央国有企业次之,地方国有企业最大。$ER_2 \times PR_2$ 方面,仅民营企业变量系数显著为正,地方国有企业和中央国有企业的变量系数不显著。在考虑地区环境规制扰动因素的条件下,环境规制对于企业研发投入的作用效应仍然受到政企关系密切程度的影响,民营企业对于环境规制扰动的反应敏感度要高于国有企业。由于民营企业较国有企业政企关系相对疏远,对环境规制变动信息掌握有限,更依赖通过对地区环境规制水平与扰动程度分析形成未来地区环境规制水平预期,因此其研发投入决策更容易受地区环境规制扰动的影响。较高的政策扰动增加了环境规制政策不确定性,弱化了环境规制对企业研发投入的激励效应,最终表现为环境规制扰动负向调节环境规制水平与民营企业研发投入相关关系。而国有企业由于密切的政企关系,更容易从政府方面获取未来环境规制水平的内部信息,其研发投入行为更多依赖这些内部信息进行决策判断,表现出其研发投入与地区环境规制水平以及扰动程度敏感度不足或不敏感的特点。

表 8-51 列示了不同所有权性质环境规制政策融资渠道效应的估计结果。

表 8-51　环境规制政策融资渠道效应回归结果:基于所有权性质的视角

变量	民营企业		地方国有企业		中央国有企业	
	(1)	(2)	(3)	(4)	(5)	(6)
C	0.0557***	0.0485***	0.0710***	0.0649***	0.0540**	0.0481**
	(4.1562)	(3.9566)	(3.2209)	(4.1511)	(2.7691)	(2.4436)
ER_1	0.0002***	/	0.0003**	/	0.0002***	/
	(3.6681)		(2.5233)		(3.4509)	
ER_2	/	−0.0007***	/	−0.0010***	/	−0.0008***
		(−4.8177)		(−5.6085)		(−4.2292)
$ER_1 \times CF$	0.0012*	/	0.0007**	/	0.0005***	/
	(1.8549)		(2.0061)		(4.1466)	
$ER_2 \times CF$	/	−0.3555***	/	−0.1023***	/	−0.1618***
		(−5.9091)		(−4.4463)		(−3.8714)
$Growth$	−2.56E−05***	−2.48E−05***	−2.41E−05*	−2.43E−05*	−2.67E−05**	−2.66E−05*
	(−3.2069)	(−3.9910)	(−1.7548)	(−1.8225)	(−2.7620)	(−1.8514)
CF	0.0015**	0.0016**	0.0021***	0.0019***	0.0018**	0.0023**
	(2.2619)	(2.5913)	(3.4355)	(4.0220)	(2.1209)	(2.5569)
Age	6.2E−04***	6.4E−04***	0.0019***	0.0003***	0.0001***	0.0006***
	(5.8890)	(4.5762)	(4.2759)	(3.6569)	(3.9103)	(3.8588)
ROE	−9.5E−04***	−0.0001***	−0.0001***	−0.0001***	−0.0001***	−8.3E−04***
	(−4.5913)	(−3.6102)	(−4.2213)	(−3.7446)	(−3.3471)	(−4.0817)

续表

变量	民营企业		地方国有企业		中央国有企业	
	(1)	(2)	(3)	(4)	(5)	(6)
$Size$	−0.0027***	−0.0024***	−0.0035***	−0.0033***	−0.0028***	−0.0027***
	−3.6208	(−5.2599)	(−3.1187)	(−3.8154)	(−3.5692)	(−3.6258)
年度与行业	控制	控制	控制	控制	控制	控制
Adj-R^2	0.7879	0.8152	0.9034	0.9258	0.8845	0.8457
DW 值	1.9052	1.9488	1.7443	1.7950	2.1349	2.2548

注:括号中数值为 t 统计值,***,**,*分别表示变量通过 1%,5%,10%显著性水平检验。

表 8-51 列示不同所有权性质企业的环境规制政策融资渠道效应分组回归结果,结果显示环境规制强度的提升显著地强化了各类所有权性质企业的研发融资约束水平,其中对民营企业的正向影响效应明显大于国有企业。经计算,环境规制水平提升对民营企业研发动机的刺激效应也要强于国有企业。其原因可能在于,受到"父爱主义"因素的影响,环境规制对于国有企业的约束相对较软,弱化了其对该类企业研发动机的刺激作用。

表 8-52 列示了政治关联对环境规制对于企业研发投入影响的调节效应。

表 8-52　环境规制与企业研发投入:基于政治关联的视角

变量	政治关联		非政治关联	
	(1)	(2)	(3)	(4)
C	0.0770***	0.08328**	0.2246***	0.1613***
	(6.3958)	(7.2010)	(6.9625)	(5.5941)
ER_1	6.81E−05	/	0.0010***	/
	(1.5263)		(3.5002)	
ER_2	/	0.0002	/	−0.0010***
		(1.3830)		(−3.6653)
$Growth$	−3.61E−05***	−3.62E−05***	−5.75E−05**	−1.77E−05
	(−4.7811)	(−4.9053)	(−2.0961)	(−0.4762)
CF	0.0075***	0.0058***	0.0045***	0.0116***
	(4.3001)	(4.2719)	(3.6163)	(3.2258)
Age	8.7E−04***	0.0001***	0.0001*	6.2E−04***
	(8.6552)	(9.2618)	(1.7945)	(8.2386)
ROE	−0.0001***	−0.0001***	−8.3E−04**	−9.1E−04*
	(−2.9354)	(−3.1503)	(−2.4103)	(−2.1065)

续表

变量	政治关联		非政治关联	
	(1)	(2)	(3)	(4)
$Size$	-0.0026^{***}	-0.0029^{***}	-0.0103^{***}	-0.0078^{***}
	(-4.0075)	(-4.7160)	(-4.9622)	(-5.9100)
年度与行业	控制	控制	控制	控制
Adj-R^2	0.9426	0.9472	0.7839	0.7870
DW 值	1.7141	1.7365	2.0779	2.1782

注:括号中数值为 t 统计值;***,**,* 分别表示变量通过 1%,5%,10% 显著性水平检验。

表 8-52 显示,环境规制对于非政治关联组企业研发投入产生了显著的促进作用,而对政治关联组企业研发投入的影响效应不显著。与非政治关联组企业相比,政治关联组企业受到环境规制约束相对较弱,在日常检查以及污染事后处罚方面,政治关联组较非政治关联组更容易获取"优待",从而弱化了环境规制对于企业研发活动的激励效应。

表 8-53 列示了引入政策扰动因素后,政治关联对环境规制对于企业研发投入影响的调节效应。

表 8-53　环境规制扰动调节效应:基于政治关联的视角

变量	政治关联		非政治关联	
C	0.0666^{***}	0.0818^{***}	0.2112^{***}	0.1550^{***}
	(4.9517)	(12.1533)	(5.2305)	(4.6074)
ER_1	0.0003	/	0.0022^{***}	/
	(1.1759)		(3.6346)	
ER_2	/	-0.0020	/	-0.0998^{**}
		(-0.8716)		(-1.9327)
$ER_1 \times PR_1$	$-3.67\text{E}-06$	/	-0.0006^{**}	/
	(-0.9973)		(-2.7991)	
$ER_2 \times PR_2$	/	-0.0009	/	0.0079^{***}
		(-0.7335)		(9.6248)
PR_1	-0.0001^{**}	/	-0.0002^{***}	/
	(-2.0327)		(-4.7763)	
PR_2	/	-0.0004^{**}	/	-0.0051^{***}
		(-2.1680)		(-8.8166)

续表

变量	政治关联		非政治关联	
	(1)	(2)	(3)	(4)
Growth	−3.67E−05***	−3.79E−05***	4.61E−05	−3.68E−05
	(−7.6163)	(−5.7115)	(1.1787)	(−1.0100)
CF	0.0093***	0.0097***	0.0611***	0.0511***
	(3.2177)	(4.7645)	(5.5443)	(6.9865)
Age	8.1E−04***	0.0001***	7.6E−04***	6.9E−04***
	(12.1684)	(7.2382)	(7.1784)	(3.3011)
ROE	−0.0001***	−0.0001***	−0.0001***	−8.8E−04***
	(−3.2238)	(−3.1039)	(−5.9370)	(−4.9298)
Size	−0.0024***	−0.0029***	−0.0088***	−0.0014***
	(−3.3834)	(−5.9795)	(−4.2262)	(−3.6457)
年度与行业	控制	控制	控制	控制
Adj R^2	0.9356	0.9402	0.9572	0.9454
DW 值	1.70	1.71	2.85	2.41

注:括号中数值为 t 统计值;***,**,* 分别表示变量通过 1%,5%,10%显著性水平检验。

　　进一步对环境规制水平与政策扰动的交互影响进行考察,表 8-53 列示了相关回归结果。从中可以发现,环境规制水平与政策扰动交互项 $ER \times PR$ 在政治关联组中回归系数不显著,而在非政治关联组中回归系数通过显著性检验,且系数符号显示高环境规制扰动条件下,环境规制水平的提升对企业研发投入的促进效应会受到抑制。政治关联企业由于密切的政企关系,在获取环境规制政策变动信息方面处于优势地位,因此能够依据更为可靠信息进行研发投入决策,而非政治关联企业更多依据环境规制公开信息进行决策,从而更容易受到环境规制政策扰动的干扰。这一结果进一步验证了表 8-52 的回归结果,即非政治关联对环境规制水平及其扰动较政治关联企业更为敏感。

　　表 8-54 列示了政治关联对环境规制政策融资渠道效应调节作用的估计结果。

表 8-54　环境规制政策融资渠道效应回归结果:基于政治关联的视角

变量	政治关联		非政治关联	
	(1)	(2)	(3)	(4)
C	0.0003**	0.0010**	0.0005***	0.0015**
	(2.4479)	(2.5200)	(3.2229)	(2.6829)
ER_1	0.0002***	/	0.0001*	/
	(3.8560)		(1.9092)	
ER_2	/	−0.0002***	/	−0.0001***
		(−3.7791)		(−3.5483)
$ER_1 \times CF$	0.0009**	/	0.0015***	/
	(2.5144)		(3.0600)	
$ER_2 \times CF$	/	−0.0183***	/	−0.0229***
		(−4.5406)		(−3.6680)
$Growth$	−3.76E−05***	−3.68E−05***	−3.54E−05***	−3.63E−05***
	(−5.6293)	(−4.7885)	(−3.5660)	(−4.0021)
CF	0.0015**	0.0023**	0.0018***	0.0033***
	(2.3784)	(2.5621)	(3.2980)	(4.3662)
Age	9.1E−04***	8.4E−04***	0.0001***	9.3E−04***
	(6.8255)	(3.5917)	(5.0213)	(3.9065)
ROE	−0.0001***	−0.0001***	−8.3E−04**	−9.6E−04**
	(−3.4966)	(−3.5920)	(−2.4103)	(−2.7543)
$Size$	−0.0077***	−0.0048**	−0.0031***	−0.0064*
	(−3.9001)	(−2.5337)	(−3.5543)	(−1.6622)
年度与行业	控制	控制	控制	控制
Adj-R^2	0.8750	0.8947	0.8369	0.8578
DW 值	1.8863	1.8579	1.9244	1.9350

注:括号中数值为 t 统计值;***,**,* 分别表示变量通过 1%,5%,10%显著性水平检验。

表 8-54 结果显示,环境规制对非政治关联企业研发融资约束的正向影响大于政治关联企业,政治关联企业在融资活动中具有的优势弱化了环境规制对研发融资约束的正向影响。经计算,环境规制对非政治关联企业研发动机的刺激效应也要大于政治关联企业。由于政治关联企业具有密切的政企关系,受到环境规制约束相对较弱,环境规制强度的提升对政治关联企业研发动机的刺激效应相对较弱。

表 8-55 列示了经济影响力对于环境规制与企业研发投入关系的调节作用。

表 8-55　环境规制与企业研发投入：基于经济影响力的视角

变量	经济影响力	
	(1)	(2)
C	0.0687***	0.0862***
	(6.0742)	(6.2960)
ER_1	0.0009***	/
	(4.3383)	
$EI \times ER_1$	1.99E−05***	/
	(−3.4837)	
ER_2	/	−0.0007***
		(−7.8972)
$EI \times ER_2$	/	−0.0001***
		(−3.5951)
EI	−3.3E−05***	−2.6E−05***
	(−5.5982)	(−4.8319)
$Growth$	−5.7E−05***	−5.2E−05***
	(−5.5030)	(−5.2946)
CF	0.0073***	0.0049***
	(4.7958)	(4.0813)
Age	0.0003***	9.6E−04***
	(8.0537)	(8.6572)
ROE	−7.3E−04***	−0.0001***
	(−3.2799)	(−5.2269)
$Size$	−0.0023***	−0.0062***
	(−3.6482)	(−4.3345)
年度与行业	控制	控制
Adj-R^2	0.9386	0.9468
DW 值	1.75	1.82

注：括号中数值为 t 统计值；***，**，* 分别表示变量通过 1%，5%，10%
显著性水平检验。

结果显示，$EI \times ER_1$ 系数显著为正，$EI \times ER_2$ 系数显著为负，说明与低经济影响力企业相比，环境规制对高经济影响力企业研发投入的激励效应更强。经济影响力对于环境规制与研发投入关系的调节作用存在两面性。一方面，由于高经济影响力企业与地方政府相互依赖度更强，更容易建立密切政企关系，受环境规制约束相对较弱，从而使得经济影响力弱化环境规制对于企业研发投入的激励效应;但另一方面,高经济影响力企业往往承担更大的社会责任,在环境规制约束条件下,更容易成为政府监察的重点对象,使得高经济影响力企业利润水平更容易受到环境规制的负向冲击,从而产生更强的"创新补偿"激励,导致上述回归结果。

表 8-56 列示了引入政策扰动因素后,经济影响力对环境规制对于企业研发投入影响的调节效应。

表 8-56　环境规制扰动调节效应:基于经济影响力的视角

变量	(1)	(2)
C	0.0655***	0.1178***
	(6.2306)	(10.3811)
$ER_1 \times PR_1$	−4.65E−05***	/
	(−4.3782)	
$ER_2 \times PR_2$	/	0.0003***
		(3.0460)
$ER_1 \times PR_1 \times EI$	6.91E−07***	/
	(8.0596)	
$ER_2 \times PR_2 \times EI$	/	−7.28E−06**
		(−2.2001)
$Growth$	−3.84E−05***	−3.59E−05***
	(−6.4150)	(−5.7369)
CF	0.0083***	0.0111***
	(4.0388)	(4.4073)
Age	0.0012***	0.0023***
	(9.5862)	(6.8949)
ROE	−8.7E−04***	−9.6E−04***
	(−3.7729)	(−3.6425)
$Size$	−0.0029***	−0.0047***
	(−5.8614)	(−7.0044)
年度与行业	控制	控制
Adj-R^2	0.9367	0.9533
DW 值	1.80	1.79

注:括号中数值为 t 统计值;***,**,* 分别表示变量通过 1%,5%,10%显著性水平检验。

表 8-56 进一步考察环境规制水平与政策扰动交互影响，$ER_1 \times PR_1 \times EI$ 变量系数显著为正，而 $ER_2 \times PR_2 \times EI$ 变量系数显著为负，其经济含义在于：与低经济影响力企业相比，环境规制扰动对环境规制水平提升与企业研发投入关系的负向调节作用在高经济影响力企业中相对不明显。由于高经济影响力企业搜集整理环境规制政策信息方面能力较强，在面对环境规制扰动时观望心态相对较弱，从而在一定程度上克服环境规制扰动带来不确定性的消极影响。

表 8-57 列示了经济影响力对于环境规制政策融资渠道效应调节作用的估计结果。

表 8-57　环境规制政策融资渠道效应回归结果：基于经济影响力的视角

变量	(1)	(2)
C	0.0655*** (6.2352)	0.0526*** (5.3571)
$ER_1 \times CF$	0.0010*** (4.5592)	/
$ER_2 \times CF$	/	−0.0221** (−2.7824)
$ER_1 \times CF \times EI$	−0.0029* (−2.1103)	/
$ER_2 \times CF \times EI$	/	0.0059*** (3.6069)
$Growth$	−3.68E−05*** (−5.7700)	−3.53E−05*** −4.2352
CF	0.0090*** 4.0343	0.0086*** 3.0891
Age	0.0016*** 3.8529	0.0030*** 3.6602
ROE	−0.0001*** −3.5819	−0.0001*** −3.7228
$Size$	−0.0026*** −3.9763	−0.0023*** −3.6505
年度与行业	控制	控制
Adj-R^2	0.9247	0.9056
DW 值	2.2419	2.1187

注：括号中数值为 t 统计值；***，**，* 分别表示变量通过 1%，5%，10%显著性水平检验。

表 8-57 结果显示,经济影响力负向调节环境规制政策与企业研发融资约束关系,即环境规制扰动对高经济影响力企业研发融资约束的正向影响相对较弱。一方面,高经济影响力企业能够凭借密切的政企关系弱化环境规制对于企业的约束作用;另一方面,高经济影响力企业自身具有较强的资金实力,能够通过内部资金市场、资金调拨弱化环境规制提升对于资金的挤占效应。

2. 政企关系对环境规制政策与企业研发投入经济后果关系的调节

表 8-58 列示了环境规制政策对于不同所有权性质企业研发投入经济后果的影响效应。

表 8-58 环境规制政策与企业研发投入绩效相关性:基于所有权性质的视角[①]

变量	民营企业	地方国有企业	中央国有企业
$RD \times ER_1$	-1.0289^{***} (-3.4259)	-0.8813^{*} (-2.0348)	-0.7956^{**} (-2.8776)
$RD \times PR_1$	-0.0057^{*} (-1.9743)	-0.0032^{***} (-3.3217)	-0.0030^{***} (-3.0389)
$RD \times ER_2$	0.4521^{***} (3.4776)	0.3216^{***} (3.0988)	0.2790^{**} (2.5513)
$RD \times PR_2$	-0.0348^{**} (-2.6690)	-0.0156^{***} (-3.1820)	-0.0241^{***} (-3.2901)

注:括号中数值为 t 统计值;$***$,$**$,$*$ 分别表示变量通过 1%,5%,10% 显著性水平检验。

由表 8-58 可知,环境规制、政策扰动对民营企业研发投入经济后果的负面效应大于国有企业。国有企业凭借天然的政企关系受到环境规制的约束相对较软,弱化了环境规制对其研发活动经济效益导向的负面影响。从政策扰动角度看,一方面,国有企业受到环境规制约束相对较软,同时,国有企业对未来政策变动掌握相对更多的信息,从而减少了政策扰动对其研发投入经济后果的负面影响。

表 8-59 列示了政治关联对环境规制政策对于企业研发投入经济后果的调节效应。

---

① 为了便于列示,这里略去控制变量及截距项估计结果,表 8-59,8-60 也做了简化处理。

表 8-59　环境规制政策与企业研发投入绩效相关性:基于政治关联的视角

变量	政治关联	非政治关联
$RD \times ER_1$	-0.8993^{***} (-3.1345)	-1.2567^{**} (-2.7645)
$RD \times PR_1$	-0.0155^{***} (-4.8905)	-0.0396^{***} (-3.3315)
$RD \times ER_2$	0.2276^{***} (3.2775)	0.4043^{***} (3.0941)
$RD \times PR_2$	-0.0277^{*} (-2.0615)	-0.0411^{***} (-3.5966)

注:括号中数值为 t 统计值;"***","**","*"分别表示变量通过 1%,5%,10%显著性水平检验。

表 8-59 结果显示,环境规制、政策扰动对非政治关联企业研发投入经济后果的负面效应大于政治关联企业。与所有权性质类似,政治关联企业凭借密切的政企关系受到环境规制政策约束相对较弱,从而在一定程度上抵御了环境规制对企业研发投入经济后果的负面效应。

表 8-60 列示了经济影响力对环境规制政策对于企业研发投入经济后果的调节效应。

表 8-60　环境规制政策与企业研发投入绩效相关性:基于经济影响力的视角

变量	(1)	(2)	(3)	(4)
$RD \times ER_1$	-0.7550^{***} (-3.7887)	/	/	/
$RD \times ER_1 \times EI$	1.0349^{**} (2.7413)	/	/	/
$RD \times PR_1$	/	-0.0247^{***} (-3.5411)	/	/
$RD \times PR_1 \times EI$	/	2.2464^{***} (2.9091)	/	/
$RD \times ER_1$	/	/	0.3014^{***} (3.7981)	/
$RD \times ER_1 \times EI$	/	/	-1.0652^{**} (2.4543)	/

变量	(1)	(2)	(3)	(4)
$RD \times PR_1$	/	/	/	-0.0564^{***} (4.5229)
$RD \times PR_1 \times EI$	/	/	/	0.8537^{***} (3.7905)

注:括号中数值为 t 统计值;***,**,* 分别表示变量通过 1％,5％,10％显著性水平检验。

表 8-60 结果表明,经济影响力负向调节了环境规制、政策扰动对企业研发投入经济后果的负面效应。高经济影响力企业能够利用政企关系弱化环境规制的影响,减弱了环境规制对企业技术创新经济性的限制作用。

8.4　本章小结

本章从所有权性质、政治关联与经济影响力三方面对政企关系对于制度及政策环境影响企业研发投入及其经济后果的调节效应进行实证分析,研究发现:

(1)政企关系对金融发展与企业研发投入及其经济后果的关系具有重要调节作用。金融发展对企业研发投入影响方面,所有权性质维度下,金融深化对国有企业研发投入的促进作用大于民营企业;信贷配置市场化对民营企业与中央国有企业研发投入产生显著正向影响,但对地方国有企业研发投入水平产生抑制效应;政治关联维度下,与非政治关联企业相比,具有政治关联企业研发投入从金融发展中受益更多;经济影响力维度下,金融发展对于高经济影响力企业研发投入的促进效应更为明显。

(2)政企关系对知识产权保护与企业研发投入及其经济后果的关系具有重要调节作用。知识产权对企业研发投入影响方面:所有权性质维度下,知识产权保护对地方国有企业研发投入促进效应最强,中央国有企业次之,民营企业最弱;政治关联维度下,知识产权保护对政治关联企业研发投入的促进效应强于非政治关联企业;经济影响力维度下,知识产权保护对高经济影响力企业研发投入的促进作用更为明显。

(3)政企关系对政府干预与企业研发投入关系具有重要调节作用。政府干预对企业研发投入影响方面:所有权性质维度下,财政分权与晋升激励对地方国有企业研发投入的抑制效应大于民营企业与中央国有企业;政治关联维度下,财政分权与晋升激励对政治关联企业研发投入的负向影响更为明显;经济影响力维度下,财政分权对高经济影响力企业研发投入具有更大的推动作用,但经济影响力对晋升激励对于企业研发投入影响的调节作用不显著,财政分权与晋升激励交互效应对于高经济影响力企业研发投入具有更强的抑制效应。

(4)政企关系对政府研发资助与企业研发投入关系具有重要调节作用。所有权性质方面,政府研发资助对民营企业研发投入的激励效应大于国有企业,政策扰动对民营企业政府研发资助激励效应的负向影响大于国有企业,政府研发资助对于民营企业研发融资约束的缓释效应较国有企业更为明显;政治关联方面,政府研发资助对非政治关联企业研发投入的激励效应大于政治关联企业,政策扰动对非政治关联企业政府研发资助激励效应具有更大的负向影响,政府研发资助对于非政治关联研发融资约束的缓释效应较政治关联企业更为明显;经济影响力方面,企业经济影响力负向调节政府研发资助与企业研发投入关系,高经济影响力企业更能抵御政策扰动的负面影响,政府研发资助对于高经济影响力企业研发融资约束的缓解作用相对较弱。

(5)政企关系对货币政策与企业研发投入关系具有重要调节作用。所有权性质方面,货币政策宽松对于民营企业研发投入的促进作用明显大于国有企业,政策扰动对于民营企业货币政策宽松激励效应的负面作用大于国有企业,货币政策宽松对于不同所有权性质企业研发投入的影响在融资约束渠道与研发动机渠道两方面均成立;政治关联方面,货币政策宽松对于非政治关联企业研发投入的促进作用大于政治关联企业,政策扰动对于非政治关联企业货币政策宽松激励效应的负面作用大于政治关联企业,货币政策宽松对于非政治关联组企业研发投入影响主要通过融资渠道传递,而对政治关联组企业则主要通过研发投入动机渠道实现;经济影响力方面,货币政策宽松对高经济影响力企业研发投入的促进作用要弱于其他企业,高经济影响力企业更能抵御货币政策扰动产生的负面效应,与其他企业相比,货币政策宽松通过缓解企业研发融资约束渠道推动高经济影响力企业研发投入增长的作用效应相对较弱。

(6)政企关系对环境规制政策与企业研发投入关系具有重要调节作用。所有权性质方面,环境规制提升对民营企业研发投入的促进作用大于国有企业,政策扰动对民营企业环境规制政策激励效应的负面影响大于国有企业,从影响渠道看,环境规制对于民营企业研发动机的刺激效应更为明显;政治关联方面,环境规制提升对非政治关联企业研发投入的促进作用大于政治关联企业,政策扰动对非政治关联企业环境规制政策激励效应的负面影响大于政治关联企业,从影响渠道看,环境规制对于非政治关联企业研发动机的刺激效应更为明显;经济影响力方面,环境规制提升对高经济影响力企业研发投入的促进作用更大,政策扰动对高经济影响力企业环境规制政策激励效应的负面影响相对较小,从影响渠道看,环境规制对于高经济影响力企业研发动机的刺激效应弱于其他企业。

(7)政企关系对制度及政策环境对于企业研发投入经济后果均具有重要调节作用。政企关系方面,金融发展、知识产权保护对于政企关系较为密切企业的研发投入经济后果产生的促进作用相对较弱,而密切的政企关系强化了政府干预对企业研发投入经济后果的正向影响。政策动因方面,货币政策宽松、研发资助政策对政企关系密切企业研发投入经济后果的负面影响更为明显,而环境规制政策对政企关系密切企业研发投入经济后果的负面影响相对较弱。研发资助政策扰动对政企关系密切企业研发投入经济后果的增进效应相对较弱,货币政策扰动、环境规制政策扰动则对政企关系密切企业研发投入经济后果的负面影响相对较小。

第九章　研究总结与展望

本章对全文进行总结。具体结构安排如下:首先对得到的主要研究结论进行归纳与总结,提出针对性的政策建议;明确全书主要创新点;最后在分析本书研究存在的局限性基础上,指出未来值得进一步研究的问题和方向。

9.1　研究结论与政策建议

首先,笔者从理论上分析了制度环境及政策环境对企业研发投入决策行为的影响以及政企关系的调节机理。在理论上,制度环境及政策环境决定了企业从事研发创新活动所提供的激励结构,理性的企业家会根据不同制度环境和政策环境对研发项目的收益与成本进行选择,选择有利于自身利益最大化的研发行为,进而作用于企业研发投入水平。同时,在转轨期的中国,正式制度的缺失使政企关系在制度环境及政策环境与企业研发行为之间的关系中扮演重要的调节作用,政企关系疏密程度受到产权性质、高管政治关联以及经济影响力等多维因素影响。在此基础上笔者通过实证分析对理论假设进行相应检验。

9.1.1　研究结论

在理论分析的基础上,笔者利用 2008—2014 年沪深交易所制造业与信息技术业上市公司的经验数据,对制度环境和政策环境对于企业研发投入和研发投入经济后果的影响以及政企关系的调节效应进行实证检验,得到相应的研究成果,具体如下几点。

1.制度环境与企业研发投入

(1)金融发展对企业研发投入具有显著的激励效应;在影响渠道上,金融深化对于企业研发投入的促进作用通过融资渠道与研发动机渠道两方面实现,而信贷配置市场化主要通过融资渠道对企业研发投入产生促进作用;金融发展水平的提高显著地改善了企业研发投入经济后果。

(2)知识产权保护对企业研发投入及其经济后果均产生显著的激励效应。

(3)政府干预方面,财政分权对企业研发投入影响不显著,晋升激励对企业研发投入产生显著负向影响,交互效应方面,财政分权放大了晋升激励对企业研发投入的负向效应;政府干预对企业研发投入经济后果产生了显著正向影响。

2.政策环境与企业研发投入

(1)政府研发资助对企业研发投入具有显著的激励效应,政策扰动限制了政府研发资助对于企业研发投入的正向激励效应;影响渠道方面,政府研发资助对于企业研发投入的激励作用主要通过融资渠道传递;政府研发资助及政策扰动对企业研发投入经济后果产生了显著的负向影响。

(2)货币政策宽松对企业研发投入具有显著的激励效应,政策扰动弱化了货币政策宽松产生的激励效应;货币政策宽松对于企业研发投入的影响渠道在融资约束与研发动机两方面均成立;货币政策宽松及政策扰动均对企业研发投入经济后果产生了显著的负向影响。

(3)环境规制强度的提升对企业研发投入具有显著的正向影响,政策扰动限制了环境规制政策产生的激励效应,规制俘获负向调节了环境规制的研发投入效应;环境规制对于企业研发投入的影响渠道在融资约束与研发动机两方面均成立;此外,环境规制提升及政策扰动均对企业研发投入经济后果产生了显著的负向影响。

3.政企关系的调节作用

(1)政企关系对金融发展与企业研发投入关系具有重要调节作用。所有权性质方面,金融深化对国有企业研发投入的促进作用大于民营企业,信贷配置市场化对民营企业与中央国有企业研发投入产生显著正向影响,但对地方国有企业的研发投入水平产生抑制效应;金融发展对政治关联企业以及高经济影响力企业的研发投入具有更为明显的促进作用。

(2)政企关系密切程度对知识产权保护对于企业研发投入的积极影响具有正向调节作用,即知识产权保护对地方国有企业、政治关联企业以及高经济影响力企业研发投入的促进效应较其他企业更为明显。

(3)政企关系对政府干预与企业研发投入关系具有重要调节作用。所有权性质方面,财政分权与晋升激励对地方国有企业研发投入的抑制效应大于民营企业与中央国有企业;政治关联方面,财政分权与晋升激励对政治关联企业研发投入的负向影响更为明显;经济影响力方面,财政分权与晋升激励交互效应对于高经济影响力企业研发投入具有更强的抑制效应。

(4)政企关系密切程度对政府研发资助对于企业研发投入的激励效应具有负向调节作用,政府研发资助对民营企业、非政治关联企业以及低经济影响力企业研发投入的激励效应大于其他企业。密切的政企关系有助于企业抵御政策扰动对政府研发资助激励效应的负向影响,政府研发资助对于具有密切政企关系企业的研发融资约束的缓释效应相对较弱。

(5)政企关系密切程度对货币政策宽松对于企业研发投入的促进作用具有负向调节作用。密切的政企关系有助于企业抵御政策扰动对货币政策宽松激励效应产生的负面影响。影响渠道方面,所有权性质维度下,货币政策宽松对于不同所有权性质企业研发投入的影响在融资约束渠道与研发动机渠道两方面均成立;政治关联维度下,对非政治关联企业研发投入影响主要通过融资渠道传递,对政治关联组企业主要通过研发投入动机渠道实现;与其他企业相比,货币政策宽松对高经济影响力企业研发投入的融资渠道效应相对较弱。

(6)政企关系密切程度对环境规制政策对于企业研发投入的激励效应具有负向调节作用,环境规制提升对民营企业、非政治关联企业以及低经济影响力研发投入的促进作用更为明显。密切的政企关系有助于企业抵御政策扰动对环境规制政策激励效应的负面影响。影响渠道方面,环境规制对于民营企业研发动机的刺激效应更为明显,对非政治关联企业研发动机的刺激效应更为明显,对高经济影响力企业研发动机的刺激效应相对较弱。

(7)政企关系对制度及政策环境对于企业研发投入经济后果均具有重要调节作用。制度环境方面,金融发展、知识产权保护对于政企关系较为密切企业的研发投入经济后果具有相对较弱的促进作用,而密切的政企关系强化了政府干预对企业研发投入经济后果的正向影响。政策环境方面,货币政策宽松、研发资助政策对政企关系密切企业研发投入经济后果的负面影响更为明显,而环境规制政策对政企关系密切企业研发投入经济后果的负面影响相对较弱。政策扰动方面,研发资助政策扰动对政企关系密切企业的研发投入经济后果增进效应相对较弱,货币政策扰动、环境规制政策扰动则对政企关系密切企业研发投入经济后果的损害效应相对较小。

9.1.2 政策建议

1.加快推进市场化进程,增强市场在资源配置中的支配地位

研究结果表明,尽管我国在市场化改革方面取得显著成效,初步建立了社会主义市场经济体系,但在经济活动中,仍然存在产权保护制度不完善、市场公平竞争环境不足等诸多问题。在同一制度环境下,民营企业与国有企业、小规模企业与大规模企业之间所面临的融资约束、环境规制强度以及知识产权保护水平等均存在一定差异,对民营企业、中小企业研发创新行为激励造成负面影响,损害了市场主体的整体创新活力。一方面,应进一步加强法制建设,强化对知识产权的保护力度,降低企业维权成本,增强司法公正性,保证在法律面前不同类型企业获得平等待遇,在知识产权保护和环境规制政策执行时一视同仁,压缩政府官员的自由裁量权空间;另一方面,应推进金融资源市场化配置程度,强化债权人利益保护机制,降低政府对金融资源配置的干预程度,同时构建多层次金融市场体系,降低市场准入门槛,为企业研发创新活动提供相对应的融资平台与融资渠道。

2.适度减少政策扰动,提高政策透明度

政策对于企业行为的影响机制除了政策水平外还受到政策扰动产生的溢出效应的影响,频繁的政策扰动降低了企业对政策水平预期的稳定性,加剧了研发投资活动面临的风险,对研发投入产生不利影响。要克服政策扰动产生的负面溢出效应,一方面应尽力增强政策的前瞻性、稳定性、连续性,避免因政策制定偏误所造成的政策频繁调整问题,在政府研发资助政策方面,应制定规范化的制度规章明确研发资助的获取规则以及资助标准,明确政府资助项目的技术导向,给予企业稳定预期;另一方面,还应完善政府与公众特别是企业之间政策信息沟通机制,注重政府政策信誉度建设,使企业形成相对确定性的政策预期,合理安排投融资活动,降低政策不确定性对研发投入的挤出效应。

3.完善官员治理机制,克服以增长为主导政绩考核体系带来的消极后果

毋庸置疑,以经济增长为主导的政绩考核体系在促进中国经济长期高速发展过程中发挥着重要的作用。但随着经济社会发展水平的不断提高,制度改革进入深水区,该项管理机制的弊端逐渐显现。本书研究结果表明,现行的中国式分权制度安排在一定程度上扭曲了地方政府行为,遏制了企业研发投入强度的提升并导致技术研发行为短视化。晋升竞争的时效性、考核指标的局限性以及市场化水平有限提升,使地方政府对辖区企业经济活动以及资源配置的干预行为仍然普遍并带来一定消极后果。要改变现有阻碍企业研发投入提升以及导致技术研发行为短时化的制度环境,需继续改革完善官员政绩考核体系,在加大官员政绩考核中对创新投入考核权重、转变考核重心的同时,强化官员政绩动态考评以及责任追溯机制建设,通过对政府官员工作进行科学、公正的考核,合理引导政府行为,促进企业研发投入的提升以及研发方向选择的长期性。

4.理清政企利益纽带,构建新型政企关系

政企关系是一把双刃剑,亲密的政企关系一方面能够为企业带来诸如信贷

便利、进入壁垒放宽等正面效益,另一方面也会须承担容易受政府干预、创新意识丧失以及非生产性支出增加等消极后果。同时,过度凸显政企关系在资源配置、政策扶持等方面的作用也容易导致腐败、寻租行为滋生。习近平同志在十二届全国政协会议上提出构建新型政企关系,新型政企关系的核心特征在于"亲"和"清","亲"是政府应与企业保持密切合作关系,为企业提供必要政策支持,优化地区投资环境,"清"是指政企关系应避免受到腐败寻租行为的干扰,在规范框架下开展互动。政府方面,避免在资源配置、政策扶持方面受到政企关系过度干扰,应坚持客观公正原则,建立规范有效的工作流程规范;企业方面,在制度环境存在缺陷条件下可以通过构建密切政企关系,为自身创新活动创造有利条件,但同时应努力避免将政企关系构建作为一种寻租手段,以免对自身经济效率和长远发展构成损害。

9.2 主要创新点

本书在全面回顾国内外相关文献的基础上,深入分析了制度环境、政策环境对企业研发投入影响的内在机制以及政企关系调节效应的作用机理。并利用我国上市公司数据进行了实证检验,为企业技术创新活动研究提供来自中国的实证依据。具体来说,本书的创新之处主要表现在以下三方面:

(1)将制度环境、政策环境引入企业研发投入的研究之中。从金融发展水平、知识产权保护等方面对企业研发投入的影响进行系统考察。已有研究文献要么从整体制度环境出发,使用诸如市场化指数等综合性指标对制度环境的影响效应进行研究,要么从金融发展、知识产权保护等单一维度制度因素展开分析。本书研究将制度环境及政策环境细分为金融发展、知识产权保护等多方面,分别对不同制度环境和政策环境的影响进行分析研究,既避免综合性指标过于笼统的缺陷,又避免单一方面考察产生的缺乏系统性问题。此外,本研究对制度环境、政策环境对企业研发投入的影响渠道做了进一步探讨,将影响渠道区分为投资意愿和资金支持两方面,并利用引入交叉项的方式在实证上进行了检验,从而有助于揭开制度环境、政策环境对企业研发投入影响方式的"黑箱"。

(2)将政策扰动纳入政策环境影响企业研发投入的分析范畴。已有研究主要关注政策安排静态政策水平如政府补贴数量、税收优惠幅度等对于企业研发投入的影响,对于政策因素在一定期间内变更调整所产生的影响效应关注不足,忽视了政策扰动通过影响企业预期对研发投入所产生的影响效应,而政策的易变性和不稳定性是转型经济制度的重要特征。本书通过探讨政策扰动影响研发投入的理论机制,设计构造政策扰动测度指标并进行针对性实证分析,为研发投入政策影响效应研究提供新视角,有助于更全面理解政策环境对企业研发投入的影响渠道。

(3)作为正式制度的替代,政企关系在转型经济期扮演十分重要角色。企业政企关系的亲疏程度在很大程度上会对企业决策行为以及政策、制度的影响效应产生影响。笔者基于政企关系内涵本质,从产权性质、高管政治关联、经济影响力三方面对政企关系可能产生的调节效应进行研究,对以往政企关系研究在考察维度上进行拓展,有助于更全面深入地了解政企关系在转型经济情境下调节作用的运作机理以及不同维度政企关系影响效应的差别。

9.3　研究不足与进一步研究的展望

本书在综合视野下,从制度环境与政策环境两方面对企业研发投入决策行为的作用效应以及政企关系的调节效应进行剖析,明确了现行制度政策环境下企业研发投入的驱动因素和制度障碍。由于本书部分机理分析与研究视角属于尝试性探索,本书尚存在一些缺陷和不足,大体归结如下:

其一,在进行实证研究时,受到资料获取的限制,选择沪深上市公司作为主要研究样本。由于上市公司资源获取渠道以及社会影响力的特殊性,上市公司与非上市公司技术创新行为特别是研发投入行为是否存在系统性差异有待检验,结论的一般性有待进一步确认。

其二,囿于制度、政策环境的模糊性,本书在代理指标的选取上存在一定局限性,所选择测度变量存在一定噪音。例如使用所有权性质作为政企关系的替代变量,所有权性质的确对政企关系具有重要影响,但其影响究竟是来源于政企关系的密切程度还是内部治理结构的异质性尚无法从中分离。

其三,在综合视野下的机理分析和阐述还不够透彻,仅在局部均衡的框架下进行简单的数理推导,未能将政企关系、制度及政策环境与研发创新活动之间理论模型进行综合考虑,对制度环境与政策环境之间交互影响的讨论也不够充分。同时,根据创新"三阶段论",在考察制度环境与政策环境对企业研发创新活动的影响时,还需要考虑制度环境、政策环境对研发创新效率和研发创新产出的影响,从而能够更完整的反映和评估制度环境和政策环境对于企业研发创新活动的影响。

基于上述缺陷和不足,本书提出了未来有待于进一步研究的方向:

　　首先，通过调研走访获取更具普遍性的企业微观数据，进一步增强研究结论的一般性；其次，理论上，进一步在一个综合框架下补充和完善制度及政策环境、政企关系与企业研发创新活动之间的数理推导；最后，围绕制度环境与政策环境对于企业研发投入的交互影响机制展开更深入讨论，寻求更合理的代理变量对转轨期制度环境和政策环境予以刻画，以及进一步考察制度环境、政策环境与企业研发创新效率及研发创新产出的相关性问题。

参考文献

[1] ACEMOGLU D,ZILIBOTTIZ F. Was Prometheus Unbound by Chance? Risk, Diversification and Growth[J]. Journal of Political Economy,1997, (4):709-751.

[2] AGHION P, DEWATRIPONT M, REY P. Corporate Governance, Competition Policy and Industrial Policy[J]. European Economic Review, 1997(41):797-805.

[3] ALLEN F,QIAN J,QIAN M. Law,Finance and Economic Growth in China[J]. Journal of Financial Economics,2005(77):57-116.

[4] ANG J B. Research,Technological Change and Financial Liberalization in South Korea[J]. Journal of Macromarketing . 2010,32(1):457-468.

[5] ANG J,CHENG Y,WU C. Does Enforcement of Intellectual Property Rights Matter in China? Evidence from Financing and Investment Choices in the High Tech Industry[J]. Review of Economics and Statistics,2014 (96):332-348.

[6] ANGELOPOULOU E,GIBSON H D. The Balance Sheet Channel of Monetary Policy Transmission: Evidence from the United Kingdom[J]. Economica,2009,76(304):675-703.

[7] ANTWEILER W, COPELAND B R,TAYLOR M S. Is Free Trade Good for the Environment? [J]. American Economic Review, 2001 (91): 877-907.

[8] ARROW K J. Economic Welfare and the Allocation of Resources for Invention. The Rate and Direction of Inventive Activity: Economic and Social Factors [M]. Oxford:Oxford University Press,1962.

[9] AROURI M E H, CAPORALE G M, SOVAR, et al. Environmental

Regulation and Competitiveness: Evidence from Romania[J]. Ecological Economics,2012,81(9):130-139.

[10] ASCHCRAFT A B. New Evidence on the Lending Channel[J]. Journal of Money,Credit and Banking,2006,38(3):751-775.

[11] AYYAGARI M. Firm Innovation in Emerging Markets[J]. Social Science Electronic Publishing,2007,46(6):1-56.

[12] BARBERA A J, MCCONNELL V D. The Impact of Environmental Regulations on Industry Productivity: Direct and Indirect Effects[J]. Journal of Environmental Economics and Management, 1990, (18): 50-65.

[13] BARDHAN P. Decentralization of Governance and Development[J]. Journal of Economic Perspectives,2002,16(4):185-205.

[14] BARNEY J B. Firm Resources and Sustained Competitive Advantage [J]. Journal of Management,1991,17(1):99-120.

[15] BAUMOL et al. Earnings Retention,New Capital and the Growth of the Firm[J]. Review of Economics and Statistics,1970,52(4):345-355.

[16] BENFRATELLO et al. Banks and Innovation: Micro-econometric Evidence on Italian Firms[J]. Journal of Financial Economics,2008(2): 197-217.

[17] BERMAN E,BUI L T M. Environmental Regulation and Productivity: Evidence from Oil Refineries[J]. Rev. Econ. Stat,2001(83):498-510.

[18] BERNANKE B S, BLINDER A S. Credit, Money and Aggregate Demand[J]. The American Economic Review,1988,78(2):435-439.

[19] BERNANKE B, GERTLER M. Inside the Black Box: The Credit Channel of Monetary Policy Tansmission[J]. Journal of Economic Perspectives,1995,9(4):27-48.

[20] BOETTKE P J, COYNE C J. Context Matters: Institutions and Entrepreneurship[J]. Foundations and Trends in Entrepreneurship, 2009,5(3):135-209.

[21] BOUBAKRI N,COSSET J,SAFFAR W. Politically Connected Firms: An International Event Study [R]. SSRN Working Paper,2009.

[22] BOUBAKRI N, GUEDHAMI O, MISHRA D R et al. Political Connections and the Cost of Equity Capital [J]. Journal of Corporate Finance,2012,18(3): 541-559.

[23] BRANDT L, LI H. Bank Discrimination in Transition Economies: Ideology, Information or Incentives? [J]. Journal of Comparative Economics, 2003, 31(3): 387-413.

[24] BRANSTETTER L G, FISMAN R, FOLEY C F. Do Stronger Intellectual Property Rights Increase International Technology Transfer? [J]. Quarterly Journal of Economics, 2006(121): 321-349.

[25] BREALEY R, LELAND H E, PYLE D H. Informational Asymmetries, Financial Structure, and Financial Intermediation [J]. The Journal of Finance, 1977(32): 371-387.

[26] BROCKHOFF K. Exploring Strategic R&D Success Factors [J]. Technology Analysis and Strategic Management, 2003, 15(3): 333-348.

[27] BRUNNERMEIER S B, COHEN M A. Determinants of Enviromental Innovation in U. S. Manufacturing Industries [J]. Journal of Environmental Economics and Management, 2003, 45(2): 278-293.

[28] CAGAN P. The Monetary Dynamics of Hyperinflation [M]. Chicago: University of Chicago Press, 1956.

[29] CHANEY P M, FACCIO D, PARSLEY. The Quality of Accounting Information in Politically Connected Firms [J]. Journalof Accounting and Economics, 2011, 51(1): 58-76.

[30] CHARLES BÉRUBÉ, PIERRE MOHNEN. Are Firms that Receive R&D Subsidies More Innovative? [J]. Canadian Journal of Economics, 2009, 42(1): 206-225.

[31] CHEN Y, PUTTITANUN T. Intellectual Property Rights and Innovation in Developing Countries [J]. Journal of Development Economics, 2005(78): 474-493.

[32] CICCARELLI M, MADDALONI A, PEYDRO J L. Trusting the Bankers: A New Look at the Credit Channel of Monetary Policy [R]. Frankurt: European Central Bank, 2011.

[33] CLAESSENS S, LAEVEN L. Financial Development, Property Rights and Growth [J]. The Journal of Finance, 2003, 58(6): 2401-2436.

[34] CLAESSENS S, FEIJEND E, LAEVEN L. Political Connections and Preferential Access to Finance: The Role of Campaign Contributions [J]. Journal of Financial Economics, 2008, 88(3): 554-580.

[35] COLE M A, ELLIOTT R. Do Environmental Regulations Influence

Trade Patterns? Testing Old and New Trade Theories[J]. World Economy,2003(26):1163-1186.

[36] COLE M A, ELLIOTT R. Determining the Trade-Environment Composition Effect: The Role of Capital, Labor and Environmental regulations[J]. Journal of Environmental Economics and Management, 2003,46(3):363-383.

[37] COVER J P. Asymmetric Effects of Positive and Negative Money-Supply Shocks[J]. The Quarterly Journal of Economics,1992(4):1261-1282.

[38] DAVID J, TEECE. Profiting from Technological Innovation: Implications for Integration, Collaboration, Licensing and Public Policy [J]. Research Policy,1986,15(6):285-305.

[39] DEAN T J,BROWN R L. Environmental Regulation as a Barrier to the Formation of Small Manufacturing Establishments: a Longitudinal Examination[J].Journal of Environmental Economics and management, 2000(40):56-75.

[40] DE LA FUENTE A,MARIN J M. Innovation, Bank Monitoring and Endogenous Financial Development[J]. Journal of Monetary Economics, 1996(38):269-301.

[41] DEMIRGUC-KUNT A,VOJISLAV M. Law, Finance and Firm Growth [J]. Journal of Finance,1998(53):2107-2137.

[42] DEWATRIPONT,MATHIAS,MASKIN et al. Credit and Efficiency in Centralized and Decentralized Economies [J]. Review of economic Studies,1995(62):541-555.

[43] DE WAEGENAERE, SANSING, WIELHOUWER. Multinational Taxation and R&D Investments[J]. The Accounting Review,2012(87): 1197-1217.

[44] DU J, LU Y, TAO Z. Bank Loans and Trade Credit under China's Financial Repression[R]. Working paper,2008

[45] EISNER R,ALBERT S H,SULLIVAN M A. The New Incremental Tax Credit for R&D: Incentive or Disincentive [J]. National Tax Journal, 1984(2):171-183.

[46] EDERINGTON J, MINIER J. Is Environmental Policy a Secondary Trade Barrier? An Empirical Analysis [J]. Canadian Journal of Economics,2003,36(1):137-154.

[47] ELENA H,LOURDES M. Subsidies or Loans? Evaluating the Impact of R&D Support Programmes[J]. Research Policy,2017,46(7):1198-1214.

[48] FACCIO M,MASULIS R W,MCCONNELL J J. Political Connections and Corporate Bailouts [J]. The Journal of Finance, 2006, 61 (6): 2597-2635.

[49] FACCIO M. Politically connected firm[J]. American Economic Review, 2006,96(1):39-386,.

[50] FAN J P H,RUI O M,ZHAO M. Public Governance and Corporate Finance: Evidence from Corrution Cases[J]. Journal of Comparative Economics,2008,36(3):343-364.

[51] FAZZARI S,HERZON B. Capital Gains Taxes and Economic Growth [R]. NY: the Jerome Levy Economics Institute of Bard College,1995.

[52] FERSHTMAN C,MARKOVICH S. Patents,Imitation and Licensing in An Asymmetric Dynamic R&D Race [J]. International Journal of Industrial Organization,2010,28(2):113-126.

[53] FISCHER S. Long Term Contracts, Rational Expectations and the Optimal Money Supply Rule[J]. Journal of Political Economy,1977,85 (1):191-205.

[54] FISMAN R J S. Are Corruption and Taxation Really Harmful to Growth? Firm Level Evidence[J]. Journal of Development Economics, 2007,83(1):63-75.

[55] FOLSTER S. The Art of Encouraging Invention: A New Approach to Government Innovation Policy[R]. Institute of Economic and Social Research: Stockholm,1991.

[56] GILBERT R,SHAPIRO C. Optimal Patent Length and Breadth[J]. Rand Journal of Economics,1990(21):106-112.

[57] GINARTE J C,PARK W G. Determinants of Patent Rights: Across-National Study [J]. Research Policy,1997(26):283-301.

[58] GOLDMAN E, ROCHOLL J SO J. Political Connections and the Allocation of Procurement Contracts [R]. SSRN WorkingPaper 965888,2008.

[59] GOLLOP F M, ROBERTS M J. Environmental Regulations and Productivity Growth: the Case of Fossil-Fueled Electric Power Generation[J]. Journal of Political Economy,1983,(91),654-674.

［60］GONZFILEZ X,JAUMANDREU J,PZAO C. Barriers to Innovation and Subsidy Effectiveness[J]. The Rand Journal of Economics，2005(36)：371-389.

［61］GOOLSBEE A. Does Government R&D Policy Mainly Benefit Scientists and Engineers？[R]NBER Working Paper No. 6532,1998.

［62］GORG H,STROBL E. The Effect of R&D Subsidies on Private R&D [J]. Economica ,2007,74(294):215-234.

［63］GRAY W B,Shadbegian R. Pollution Abatement Costs，Regulation，and Plant Level Productivity[R]. NBER Working Paper No. 4994,1998.

［64］GRANOVETTER,MARK S. Economic Action and Social Structure：the Problem of Embeddedness[J]. The American Journal of Medicine,1985, 91(3):481-510.

［65］GREENSTONE M，LIST J，SYVERSON C. The Effects of Environmental Regualtion on the Competiveness of U. S. Manufaturing [R]. NBER Working Paper No. 18392,2012.

［66］GUELLEC D,VAN POTTELSBERGHE. The Impact of Public R&D Expenditure Onbusiness R&D [J]. Economic Innovation New Technology,2003,12(3):225-243.

［67］HALL，BRONWYN，VAN REENEN J. How Effective Are Fiscal Incentives for R&D？A Review of the Evidence[J]. Research Policy, 2000(29):449-469.

［68］HALL B H,LERNER J. The Financing of R&D and Innovation[R]. Massachusetts：NBER Working Paper No. 15325,2009.

［69］HICKS J R. Value and capital：An Inquiry into Some Fundamental Principles of Economic Theory[M]. Oxford:Clarendon Press,1939.

［70］HILL C W L,SNELL S A. External Control,Corporate Strategy,and Firm Performance in Research-intensive Industries [J]. Strategic Management Journal,1988,9(6):577-590.

［71］HONGBIN L I，ZHOU LI-AN. Political Turnover and Economic Performance：the Incentive Role of Personnel Control in China[J]. Journal of Public Economics,2005(89):1743-1762.

［72］HSU P H,TIAN X,XU Y. Financial Development and Innovation:Cross Country Evidence[J]. Journal of Financial Economics,2014,112(1):116-135.

[73] HU C X Leverage,Monetary Policy and Firm Investment[J]. Economic Review,2000(2):32-39.

[74] JAFFE A B,Palmer K. Environmental Regulation and Innovation: a Panel Data Study[J]. Rev. Econ. Stat. 1997(79):610-619.

[75] JIN CHEN et al. The Distinct Signaling Effects of R&D Subsidy and Non-R&D Subsidy on IPO Performance of IT Entrepreneurial Firms in China[J]. Research Policy,2018(47):108-120.

[76] JOSEPH A. SCHUMPETER. Capitalism, Socialism and Democracy [M]. New York: Harpercollins,1942.

[77] JOSHUA L,ROSENBLOOM,GINTHER D K. Show me the Money: Federal R&D Support for Academic Chemistry:1990—2009[J]. Research Policy,2017,46(8):1454-1464.

[78] JOSEF P,CLAUDIA D. The Firm-Level Innovation Impact of Public R&D Funding: Evidence from the Greman Renewable Energy Sector[J]. Energy Policy,2018(113):430-438.

[79] JULIO B,YOOK Y. Political Uncertainty and Corporate Investment Cycles[J]. The Journal of Finance,2012(67):45-83.

[80] KASHYAP A K,STEIN J C,WILCOX D W. Monetary Policy and Credit Conditions: Evidence From the Composition of External Finance [J]. American Economic Review,1993,83(1):78-98.

[81] KASHYAP,ANIL K,STEIN J C. What Do a Million Observations on Banks Say About the Transmission of Monetary Policy? [J]. American Economic Review,2000(3):7-28.

[82] KATRIN H. R&D and Subsidies at the Firm Level: an Application of Parametric and Semiparametric Two-Step Selection Models[J]. Applied Econometrics,2008 (6):729-747.

[83] KENNEDY P. Innovation Stochastique et cout de la Reglementation Environnementale[J]. L'Actualite Economique,1994(70):199-209.

[84] KEYNES J M. The General Theory of Employment, Interest and Money [M]. London:MacMillan,1936.

[85] KHANNA T,PALEPU K. Is Group Affiliation Profitable in Emerging Markets? An Analysis of Diversified Indian Business Groups[J]. Journal of Finance,2000,55(2):867-892.

[86] KING,LEVINE. Finance, Enterpreneurship and Growth: Theory and

Evidence[J]. Journal of Monetary Economics,1993(32):513-542.

[87] KLEER R. Government R&D Subsidies as a Signal for Private Investors. Bavarian Graduate Program in Economics[J]. Research Policy,2010(39):1361-1374.

[88] KLEMPERER P. How Broad Should the Scope of Patent Protection be?[J]. RAND Journal of Economics,1990(21):113-130.

[89] KNELLER R, MANDERSON, E. Environmental Regulations and Innovation Activity in UK Manufacturing Industries[J]. Resour. Energy Econ,2012(34):211-235.

[90] KORNAI, JANOS. Economics of shortange[M]. Amsterdam:North-holland,1980.

[91] KOR Y Y,MAHONEY T J. Edith Penrose's(1959) Contributions to the Resource-based View of Strategic Management [J]. Journal of Management Studies,2004,41(1):183-191.

[92] KRUEGER. The Political Economy of the Rent-Seeking Society[J]. The American Economic Review,1974(64):291-303.

[93] KUMAR N,SAQIB M. Firm Size, Opportunities for Adaptation and In-house R&D Activity in Developing Countries:the Case of Indian Manufacturing[J]. Research Policy,1996,25(5):713-722.

[94] LAVIGNE M. The Economics of Transition:From Socialist Economy to Market Economy[M]. New York:St. Martin's Press,1999.

[95] LAWRENCE P R, LORSCH J W. Organization and Environment:Managing Differentiation and Integration [M]. Boston:Harvard University Press,1967.

[96] LÉGER A. Intellectual Property Rights in Developing Countries:DO They Play a Role[J]. World Development,2005,33(11):1865-1880.

[97] LEVINE R. Financial Development and Economic Growth:Views and Agenda[J]. Journal of Economic Literature,1997,35(2):688-726.

[98] LEVINSON A,TAYLOR M S. Unmasking the Pollution Ha-ven Effect [J]. International Economic Journal,2008,49(1):223-254.

[99] LICHTENBERG F. The Privat e R&D Investment Response to Federal Design and Technical Competitions [J]. American Economic Review,1988,8(3):550-559.

[100] LI H,ZHOU L A. Political Turnover and Economic Performance:The

Incentive Role of Personnel Control in China[J]. Journal of Public Economics,2005(89):1743-1762.

[101] LI J S. Relation-Based versus Rule-Based Governance:an Explanation of the East Asian Miracle and Asian Crisis[J]. Review of International Economics,2003,11(4):651-673.

[102] LI K. China's Total Factor Productivity Estimates by Region, Investment Sources and Ownership[J]. Economic Systems, 2009, 33 (3):213-230.

[103] LILY F,JOSH L,CHAOPENG W U. Intellectual Property Rights Protection,Ownership and Innovation:Evidence from China[R]. NBER Working Paper No. 22685,2016.

[104] LIN Y. Economic Development and Transition:Thought, Strategy and Viability[M]. New York:Camridge University Press,2009.

[105] LOW P, YATS A. Do 'Dirty' Industries Migrate[R]. International Trade and the Environment, World Bank Discussion Paper No. 159,1992.

[106] LUCAS R, PRESCOTT E. C. Investment under Uncertainty [J]. Econometrica,1971,39(5):659-681.

[107] LUCAS,ROBERT E J R. Econometric Policy Evaluation:A Critique [J]. Carnegie-Rochester Conference Series on Public Policy,1976(1): 19-46.

[108] LUNAWAT R. Reputation Effects of Disclosure[J]. Social Science Electronic Publishing,2009(11):1-52.

[109] MA Y, QU B, ZHANG Y. Judicial Quality,Contract Intensity and Trade:Firm-Level Evidence from Developing and Transition Countries [J]. Journal of Comparative Economic,2010,38(20):146-159.

[110] MACCALLUM B. Alternative Monetary Policy Rules: A Comparison with Historical Settings for the United States, the United Kingdom, and Japan. Federal Reserve Bank of Richmond [J]. Economic Quarterly,2000,86(1):49-79.

[111] MANI M,WHEELER D. In Search of Pollution Havens? [J]. Journal of Environment and Development,1998,7(3):215-247.

[112] MANSFIELD E. International Property Protection,Direct Investment, and Technology Transfer: Germany,Japan, and the United States[R].

World Bank, International Finance Corporation, 1995.

[113] MARIA M M. Political Connections and SEC Enforcement[J]. Journal of Accounting and Economics, 2014, 57(2):241-262.

[114] MARSHALL A. Principles of Economics[M]. London: Macmillan and Co., Ltd., 1890.

[115] MASKUS, KEITH E. Intellectual Property Rights in the Global Economy[M]. Institute for International Economics: Washington, D. C., 2000.

[116] MCMILLAN J. Market in Transition[M]. Cambridge: Cambridge University Press, 1997.

[117] MERTON R C. A Functional Perspective of Financial Intermediation [J]. Financial Management, 1995(24):23-41.

[118] METZLER L. The Nature and Stability of Inventory Cycles[J]. Review of Economics and Statistics, 1941(23):113-129.

[119] MEYER J W, ROWAN B. Institutionalized Organizations: Formal Structure as Myth and Ceremony[J]. American Journal of Sociology, 1977, 83(2):340-363.

[120] MINSHIK S, SOOEUN K. The Effects of Cash Holdings on R&D Smoothing of Innovative Small and Medium Sized Enterprises[J]. Asian Journal of Technology Innovation, 2011(2):169-183.

[121] MUTH J F. Rational Expectations and Theory of Price Movements[J]. Econometrica, 1961, 29(3):315-335.

[122] NEWBERT L S. Empirical Research on The Resource-based View of the Firm: An Assessment and Suggestions for Future Research[J]. Strategic Management Journal, 2007, 28(2):121-146.

[123] NORDHAUS W. Invention, Growth and Welfare: A Theoretical Treatment of Technological Change[M]. Cambridge: MIT Press, 1969.

[124] NORTH D. Institutions, Institutional Change and Economic Performance[M]. Cambridge: Cambridge University Press, 1990.

[125] NOURZAD F. Financial Development and Productive Efficiency: A Panel Study of Developed and Developing Countries[J]. Journal of Economics and Finance, 2002(26):138-149.

[126] OLINER S D, RUDEBUSCH G D. Monetary Policy and Credit Conditions: Evidence from the Composition of External Finance[J].

American Economic Review,1996,86(1):300-309.

[127] OLSON M. Power Prosperity:Outgrowing Communist and Capitalist Dictatorships[M]. New York: Basic Books,2000.

[128] PALMER L,OATES W E,Portney P R. Thightening Environmental Regulation Standard: The Benefit-Cost or The No-Cost Paradigm? [J]. Journal of Economic Perceptivities,1995,9(4):119-132.

[129] PENG M W,SUN S L,PINKHAM et al. The Institution-based View as a Third Leg for a Strategy Tripod[J]. Academy of Management Perspectives,2009,23(4): 63-81.

[130] PING F,SHANZI K E. Self-Selection and Performance of R&D Input of Heterogeneous Firms: Evidence from China's manufacturing industries[J]. China Economic Review,2016(41):181-195.

[131] PORTER M E. The Competitive Advantage of Nations[M]. New York:Free Press,1990.

[132] PORTER M E,VANDER LINDE C. Towards a New Conception of the Environment:Competitiveness Relationship[J]. Journal of Economic Perspectives,1995,9(4):97-118.

[134] RAPP R T,ROZEK R P. Benefits and Costs of Intellectual Property Protection in Developing Countries[J]. Journal of World Trade,1990 (75):75-102.

[135] ROMER C D, ROMER D H. New Evidence on the Monetary Transmission Mechanism[J]. Brookings Paper on Economic Activity, 1990(1):149-213.

[136] SARGENT T J,WALLACE N. Rational Expectations, the Optimal Monetary Instrument and the Optimal money Supply Rule[J]. Journal of Political Economy,1975(83):241-254.

[137] SARGENT T J,WALLACE N. Rational Expectations and the Theory of Monetary Policy[J]. Journal of Monetary Economics, 1976 (2): 169-183.

[138] SCOTT W R. The Institutional Construction of Organizations[M]. Thousand Oaks:Sage,2001.

[139] SHERWOOD R M. Intellectual Property Systems and Investment Stimulation: the Rating of Systems in Eighteen Developing Countries [J]. Journal of Law and Technology,1997,37(2) :261-370.

[140] SIMON G D, HITT A M, IRELAND D R. Managing Firm Resources in Dynamic Environments to Create Value: Looking Inside the Black Box [J]. Academy of Management Review, 2007, 32(1):273-292.

[141] ROMER P. Endogenous Technological Change[J]. Journa of Political Economy, 1990(97):71-102.

[142] TADESSE S. Financial Architecture and Economic Performance[J]. Journal of Financial Intermediation, 2002(11):429-454.

[143] WALLSTEN S J. The Effects of Government-Industry R&D Programs on Private R&D: The Case of the Small Business Innovation Research Program[J]. Rand Journal of Economics, 2000, 31(1):82-100.

[144] WERNERFELT B. A Resource-Based View of the Firm[J]. Strategic Management Journal, 1984(2):171-180.

[145] XIN K R, PEARCE J L. Guanxi: Connections as Substitutes for Formal Institutional Support[J]. The Academy of Management Journal, 1996, 39(6):1641-1658.

[146] YAGER L, SCHMIDT R. The Advanced Technology Program: A Case Study in Federal Technology Policy[R]. AEI Press, 1997.

[147] YANA R, MARZIO G, ELENA V. Environmental Regulation and Competitiveness: Empirical Evidence on the Porter HypothJesis from European manufacturing sectors [J]. Energy Policy, 2015, (83): 288-300.

[148] YANG H, PHELPS C, STEENSMA H K. Learning from What Others have Learned from You: The Effects of Knowledge Spillovers on Originating Firms[J]. The Academy of Management Journal, 2010(2): 371-389.

[149] ZUCKER L G. Production of Trust: Institutional Sources of Economic Structure[J]. Resarch in Organizational Behaviror, 1986(8):1840-1920.

[151] 安同良,施浩,ALCORTA A. 中国制造业企业 R&D 行为模式的观测与实证——基于江苏省制造业企业问卷调查的实证分析[J]. 经济研究, 2006(2):21-56.

[152] 巴曙松,吕国亮. 股份制改革后国有银行的治理结构缺陷及其国际差异 [J]. 管理学报,2005,2(1):33-36.

[153] 鲍宗客. 知识产权保护、创新政策与中国研发企业生存风险[J]. 财贸经济,2017(5):147-161.

[154]蔡地,万迪昉,罗进辉.产权保护、融资约束与民营企业研发投入[J].研究与发展管理,2012(2):85－93.

[155]蔡地,万迪昉.制度环境影响企业的研发投入吗?[J].科学学与科学技术管理,2012(4):121－128.

[156]曹琪格,任国良,骆雅丽.区域制度环境对企业技术创新的影响[J].财经科学,2014(1):71－80.

[157]陈玲,杨文辉.研发税收抵扣的分配机制和政策效果[J].科研管理,2017(7):37－43.

[158]陈爽英,井润田,龙小宁,等.民营企业家社会关系资本对研发投资决策影响的实证研究[J].管理世界,2010(1):88－97.

[159]陈维,吴世农,黄飘飘.政治关联、政府扶持与公司业绩——基于中国上市公司的实证研究[J].经济学家,2015(9):48－58.

[160]陈仲常,余翔.企业研发投入的外部环境影响因素研究——基于产业层面的面板数据分析[J].科研管理,2007(2):78－84.

[161]戴小勇,成力为.金融发展对企业融资约束与研发投资的影响机理[J].研究与发展管理,2015(3):25－33.

[162]杜颖洁,杜兴强.银企关系、政治联系与银行借款——基于中国民营上市公司的经验证据[J].当代财经,2013(2):108－118.

[163]高扬志,冉茂盛.民营企业腐败对研发投入的影响研究[J].中国管理科学,2017(3):59－67.

[164]龚光明,孟澌.货币政策调整、融资约束与公司投资[J].经济与管理研究,2012(11):95－104.

[165]龚强,徐朝阳.政策性负担与长期预算软约束[J].经济研究,2008(2):44－55.

[166]顾夏铭,潘士远.融资方式与创新:来自我国制造业 R&D 的证据[J].浙江社会科学,2015(7):4－14.

[167]顾元媛,沈坤荣.地方政府行为与企业研发投入——基于中国省际面板数据的实证分析[J].中国工业经济,2012(10):77－88.

[168]郭平.政策不确定性与企业研发投资:"延迟效应"还是"抢救效应"——基于世界银行中国企业调查数据的分析[J].山西财经大学学报,2016(10):1－12.

[169]郭园园,成力为.外部融资渠道与企业异质性 R&D 投资[J].科学学研究,2016(6):887－895.

[170]韩东平,张鹏.货币政策、融资约束与投资效率——来自中国民营上市公

司的经验证据[J]. 南开管理评论,2015(4):121—129.

[171]韩玉雄,李怀祖.关于中国知识产权保护水平的定量分析[J].科学学研究,2005(3):377—382.

[172]洪怡恬.银企和政企关系、企业所有权性质与融资约束[J]. 宏观经济研究,2014(9):115—125.

[173]胡华夏,等.税收优惠与研发投入—产权性质调节与成本粘性的中介作用[J].科研管理,2017(6):135—143.

[174]黄俊,陈信元.集团化经营与企业研发投资——基于知识溢出与内部资本市场视角的分析[J].经济研究,2011(6):80—92.

[175]黄鹏,张宇.融资歧视与中国企业的技术创新——基于微观企业数据的Probit 检验[J].现代财经,2014(8):44—55.

[176]黄彦彦,李雪松.涉房决策与中国制造业企业研发投入[J].财贸经济,2017(8):144—160.

[177]纪晓丽.地区法制化进程对企业专利投资的影响研究——基于产权特征的实证分析[J].中国软科学,2010(10):37—46.

[178]纪志宏,周黎安,王鹏,等.地方官员晋升激励与银行信贷——来自中国城市商业银行的经验证据[J].金融研究,2014(1):1—15.

[179]江伟,李斌.制度环境、国有产权与银行差别贷款[J].金融研究,2006(11):116—126.

[180]江希和,王水娟.企业研发投资税收优惠政策效应研究[J].科研管理,2015(6):46—52.

[181]蒋为.环境规制是否影响了中国制造业企业研发创新?——基于微观数据的实证研究[J].财经研究,2015(2):76—87.

[182]解维敏,方红星.金融发展、融资约束和企业研发投入[J].金融研究,2011(5):171—183.

[183]解维敏,唐清泉,陆姗姗.政府 R&D 资助,企业 R&D 支出与自主创新——来自中国上市公司的经验证据[J].金融研究,2009(6):86—99.

[184]解维敏.财政分权、晋升竞争与企业研发投入[J].财政研究,2012(6):30—32.

[185]金江,麦均洪,郑西挺.政治关联、社会资本与企业研发投入——基于信息不对称的视角[J].学术研究,2016(2):95—102.

[186]李爱玲,王振山.政府研发资助能否帮助企业获得外部融资[J].中国科技论坛,2015(12):115—119.

[187]李后建.政治关联、地理邻近性与企业联盟研发投入[J].经济评论,2016

(7):75—88.

[188]李建标,梁馨月.民营企业是为创新而寻租吗?——基于税负的中介效应研究[J].科学学研究,2016(3):453—461.

[189]李蕊,沈坤荣.中国知识产权保护对企业创新的影响及其变动机制研究[J].经济管理,2014(4):51—58.

[190]李停.市场结构、环境规制工具与R&D激励[J].中国经济问题,2016(4):109—122.

[191]李万福,杜静,张怀.创新补助究竟有没有激励企业创新自主投资——来自中国上市公司的新证据[J].金融研究,2017(10):130—145.

[192]李小平,卢现祥,陶小琴.环境规制强度是否影响了中国工业行业的贸易比较优势[J].世界经济,2012(4):62—78.

[193]李晓龙,冉光和,郑威.金融要素扭曲如何影响企业创新投资——基于融资约束的视角[J].国际金融研究,2017(12):25—35.

[194]李阳,党兴华,韩先锋,等.环境规制对技术创新长短期影响的异质性效应——基于价值链视角的两阶段分析[J].科学学研究,2014(6):937—949.

[195]李永,王砚萍,马宇.制度约束下政府R&D资助挤出效应与创新效率[J].科研管理,2015(10):58—65.

[196]李志军,王善平.货币政策、信息披露质量与公司债务融资[J].会计研究,2011(10):56—62.

[197]梁彤缨,冯莉,陈修德.税式支出、财政补贴对研发投入的影响研究[J].软科学,2012(5):32—35.

[198]梁玉成.社会资本和社会网无用吗?[J].社会学研究,2010(5):50—82.

[199]林毅夫,李志赟.政策性负担、道德风险与预算软约束[J].经济研究,2004(2):17—27.

[200]刘放,杨筝,杨曦.制度环境、税收激励与企业创新投入[J].管理评论,2016(2):61—73.

[201]刘凤朝,赵雪键,马荣康.政府采购促进了企业R&D投入吗——给予中小企业上市公司的实证分析[J].科学学与科学技术管理,2017(7):42—52.

[202]刘瑞明,白永秀.晋升激励、宏观调控与经济周期:一个政治经济学框架[J].南开经济研究,2007(5):19—31.

[203]刘星,张超,郝颖.货币政策对企业投资存在需求影响吗——一项投资-现金流敏感性的研究[J].经济科学,2014(4):62—79.

[204]卢馨,何小华,戴欣婷,等.金融发展、政府补贴与企业研发投入——来自

战略性新兴产业上市公司的经验证据[J].首都经济贸易大学学报,2018, 20(1):49—58.

[205]陆铭,陈钊,严冀. 收益递增、发展战略与区域经济的分割[J].经济研究, 2004(1):54—63.

[206]陆铭,潘慧. 政企纽带:民营企业家成长与企业发展[M].北京:北京大学 出版社,2009.

[207]路甬祥. 提高创新能力 推动自主创新[J].求是,2005(13):5—7.

[208]罗党论,赖再洪. 重污染企业投资与地方官员晋升——基于地级市1999— 2010年数据的经验证据[J]. 会计研究,2016(4):42—48.

[209]罗党论,刘晓龙. 政治关系、进入壁垒与企业绩效——来自中国民营上市 公司的经验证据[J].管理世界,2009(5):97—106.

[210]罗党论,应千伟. 政企关系、官员视察与企业绩效——来自中国制造业上 市企业的经验证据[J].南开管理评论,2012(5):74—83.

[211]马文超,胡思玥. 货币政策、信贷渠道与资本结构[J]. 会计研究,2012 (11):41—50.

[212]穆天,杨建君. 公共支出政策对企业R&D支出的效应研究[J]. 研究与发 展管理,2015(5):44—52.

[213]潘越,宁博,肖金利. 地方政治权力转移与政企关系重建——来自地方官 员更替与高管变更的证据[J]. 中国工业经济,2015(6):135—147.

[214]皮永华,宝贡敏. 我国企业多角化战略与研发强度之间关系的实证研究— 以浙江省为例[J].科研管理,2005(2):76—82.

[215]裘益政.政治关系、预算软约束与过度投资——基于民营上市公司的经验 证据[J].商业经济与管理,2014(3):88—96.

[216]邵传林,邵姝静.信贷配给影响企业研发投资的实证研究——地区差异视 角[J].2015(11):86—96.

[217]沈能,刘凤朝. 高强度的环境规制真能促进技术创新吗——基于"波特假 说"的再检验[J]. 中国软科学,2012(4):49—59.

[218]史宇鹏,周黎安. 地区放权与经济效率:以计划单列为例[J]. 经济研究, 2007(1):17—28.

[219]水会莉,韩庆兰,杨洁辉. 政府压力、税收激励与企业研发投入[J]. 科学 学研究,2015(12):1828—1838.

[220]孙刚,陆铭,张吉鹏. 反腐败、市场建设与经济增长[J].经济学(季刊), 2005(S1):1—22.

[221]孙晓华,李明珊. 研发投资:企业行为还是行业特征[J].科学学研究,2014

(5):724—734.

[222]孙晓华,王昀,徐冉.金融发展、融资约束缓解与企业研发投资[J].科研管理,2015(5):47—54.

[223]孙铮,刘凤委,李增泉.市场化程度、政府干预与企业债务期限结构——来自我国上市公司的经验证据[J].经济研究,2005(5):52—63.

[224]谭光荣,周游,李乐."营改增"对服务型制造业研发投入的影响[J].财经理论与实践,2017(6):86—91.

[225]谭劲松,陈艳艳,谭燕.地方上市公司数量、经济影响力与企业长期借款——来自我国 A 股市场的经验数据[J].中国会计评论,2010(3):31—52.

[226]唐清泉,巫岑.银行业结构与企业创新活动的融资约束[J].金融研究,2015(7):116—134.

[227]田伟.考虑地方政府因素的企业决策模型——基于企业微观视角的中国宏观经济现象解读[J].管理世界,2007(5):16—23.

[228]汪伟,潘孝挺.金融要素扭曲与企业创新活动[J].统计研究,2015(5):26—31.

[229]王德祥,李昕.政府补贴、政治关联与企业创新投入[J].财政研究,2017(8):79—89.

[230]王海成,吕铁.知识产权司法保护与企业创新——基于广东省知识产权案件"三审合一"的准自然实验[J].管理世界,2016(10):118—133.

[231]王杰,刘斌.环境规制与企业全要素生产率——基于中国工业企业数据的经验分析[J].中国工业经济,2014(3):44—56.

[232]王俊.R&D 补贴对企业 R&D 投入及创新产出影响的实证研究[J].科学学研究,2010(9):1368—1374.

[233]王贤彬,徐现祥,周靖祥.晋升激励与投资周期——来自中国省级官员的证据[J].中国工业经济,2010(12):16—26.

[234]王小龙,李斌.经济发展、地区分工与地方贸易保护[J].经济学(季刊),2002(2):625—638.

[235]王亚星,周方.我国知识产权保护量化测评与实证分析[J].北京工业大学学报(社会科学版),2014(12):39—46.

[236]王永钦,张晏,章元,等.中国的大国发展道路——论分权式改革的得失[J].经济研究,2007(1):4—16.

[237]巫岑,黎文飞,唐清泉.银企关系、银行业竞争与民营企业研发投资[J].财贸经济,2016(1):74—91.

[238]吴敬琏.中国增长模式抉择.上海:上海远东出版社,2006.

[239]吴亮,刘衡.资源拼凑与企业创新绩效研究:一个被调节的中介效应[J].中山大学学报(社会科学版),2017(7):193—208.

[240]吴先明,黄春桃,张亭.后发国家研发投入的影响因素分析——知识产权保护的调节作用[J].科学学研究,2016(4):503—511.

[241]吴祖光,万迪昉,王文虎.税收优惠方式对研发投入激励效果的实验研究[J].系统工程理论与实践,2017(12):3025—3039.

[242]吴祖光,万迪昉,吴卫华.税收对企业研发投入的影响:挤出效应与避税激励——来自中国创业板上市公司的经验证据[J].研究与发展管理,2013(5):1—11.

[243]夏冠军,陆根尧.资本市场促进了高新技术企业研发投入吗——基于中国上市公司动态面板数据的证据[J].科学学研究,2012(9):1370—1377.

[244]肖虹,肖明芳.企业 R&D 投资的货币政策效应——基于 A 股上市公司的经验证据[J].现代管理科学,2014(3):51—53.

[245]谢家智,刘思亚,李后建.政治关联、融资约束与企业研发投入[J].财经研究,2014(8):81—93.

[246]谢乔昕,宋良荣.中国式分权、经济影响力与研发投入[J].科学学研究,2015(12):1797—1804.

[247]谢乔昕,张宇.政府干预、经济影响力与融资约束[J].软科学,2013(11):6—10.

[248]谢乔昕.财政分权对研发融资约束的影响[J].科技与经济,2014(6):67—70.

[249]谢乔昕.环境规制扰动、政企关系与企业研发投入[J].科学学研究,2016(5):713—719.

[250]谢乔昕.货币政策冲击对企业 R&D 投入的影响研究[J].科学学研究,2017(1):93—100.

[251]熊彼特.经济发展理论:创新是资本积累、个人财富之源[M].孔伟艳,朱攀峰,娄季芳,编译.北京:北京出版社,2008.

[252]徐光伟,孙铮.货币政策信号、实际干预与企业投资行为[J].财经研究,2015(7):54—67.

[253]徐业坤,李维安.政绩推动、政治关联与民营企业投资扩张[J].经济理论与经济管理,2016(5):5—22.

[254]杨其静.企业成长:政治关联还是能力建设[J].经济研究,2011,(10):54—66.

[255]杨星,田高良,司毅,等. 所有权性质、企业政治关联与定向增发——基于我国上市公司的实证分析[J]. 南开管理评论,2016(1):134—141.

[256]尹志锋,叶静怡,黄阳华,等. 知识产权保护与企业创新:传导机制及其检验[J]. 世界经济,2013(12):111—129.

[257]于蔚. 政治关联为何降低企业绩效——基于生产效率的解释[J]. 浙江社会科学,2016(4):4—14.

[258]余菲菲,钱超. 政府科技补助对企业创新投入的门槛效应——基于科技型中小企业的经验研究[J]. 科研管理,2017(10):40—47.

[259]余明桂,回雅甫,潘红波. 政治联系、寻租与地方政府财政补贴有效性[J]. 经济研究,2010(3):65—77.

[260]余明桂,潘红波. 政治关系、制度环境与民营企业银行贷款[J]. 管理世界,2008(8):9—21.

[261]余伟婷,蒋伏心. 公共研发投资对企业研发投入杠杆作用的研究[J]. 科学学研究,2017(1):85—92.

[262]曾海舰,苏冬蔚. 信贷政策与公司资本结构[J]. 世界经济,2010(8):17—42.

[263]翟海燕,董静,汪江平. 政府科技资助对企业研发投入的影响——基于Heckman样本选择模型的研究[J]. 研究与发展管理,2015(5):34—43.

[264]战明华,许月丽. 公司融资结构调整、部门异质性与中国信贷渠道的存在性[J]. 财经研究,2010,36(12):72—82.

[265]张保柱,黄辉. 考虑政府干预的企业 R&D 行为研究[J]. 财经论丛,2009(3):9—14.

[266]张成,陆旸,郭路,等. 环境规制强度和生产技术进步[J]. 经济研究,2011,46(2):113—124.

[267]张鸿武,钟春平. 知识产权保护还是 R&D 补贴?——提升中国工业技术创新能力的公共政策选择[J]. 东南学术,2016(2):55—67.

[268]张杰,卢哲,郑文平,等. 融资约束、融资渠道与企业 R&D 投入[J]. 世界经济,2012,35(10):66—90.

[269]张杰,芦哲. 知识产权保护、研发投入与企业利润[J]. 中国人民大学学报,2012(5):88—98.

[270]张军,金煜. 中国的金融深化和生产率关系的再检测:1987—2001[J]. 经济研究,2005(11):34—45.

[271]张军. 增长而竞争:中国之谜的一个解读[J]. 东岳论丛,2005(4):15—19.

[272]张军.谁制造了中国的宏观经济繁荣[J].探索与争鸣,2007(2):52—54.

[273]张龙鹏,蒋为.政企关系是否影响了中国制造业企业的产能利用率?[J].产业经济研究,2015(6):82—90.

[274]张前程,杨德才.货币政策、投资者情绪与企业投资行为[J].中央财经大学学报,2015(12):57—68.

[275]张三峰,卜茂亮.环境规制、环保投入与中国企业生产率——基于中国企业问卷数据的实证研究[J].南开经济研究,2011(2):129—146.

[276]张望.知识产权保护、金融市场效率与企业研发强度[J].国际贸易问题,2014(9):77—87.

[277]张晓慧.中国货币政策[M].北京:中国金融出版社,2012.

[278]张璇,刘贝贝,汪婷,等.信贷寻租、融资约束与企业创新[J].经济研究,2017(5):161—174.

[279]张亚斌,易先忠,刘智勇.后发国家知识产权保护与技术赶超[J].中国软科学,2016(7):60—67.

[280]张晏,龚六堂.分税制改革、财政分权与中国经济增长[J].经济学(季刊),2005(10):75—108.

[281]张玉喜,赵丽丽.中国科技金融投入对科技创新的作用效果——基于静态和动态面板数据模型的实证研究[J].科学学研究,2015(2):177—184.

[282]赵娜,王博.知识产权保护对企业技术创新:促进还是抑制?——2008—2014年我国高技术产业的经验证据[J].中央财经大学学报,2016(5):113—122.

[283]郑妍妍,戴晓慧,魏倩.融资约束与企业研发投入——来自中国工业企业的微观证据[J].中央财经大学学报,2017(5):58—66.

[284]周海涛,张振刚.政府研发资助方式对企业创新投入与创新绩效的影响研究[J].管理学报,2015(12):1797—1804.

[285]周黎安,赵鹰妍,李力雄.资源错配与政治周期[J].金融研究,2013(3):15—29.

[286]周黎安.中国地方官员的晋升锦标赛模式研究[J].经济研究,2007(7):36—50.

[287]周立群,邓路.企业所有权性质与研发效率——基于随机前沿函数的高技术产业实证研究[J].当代经济科学,2009(4):70—75.

[288]朱丽娜,贺小刚,贾植涵."穷困"促进了企业的研发投入——环境不确定性与产权保护力度的调节效应[J].经济管理,2017(11):67—84.

[289]朱平芳,徐伟民.政府的科技激励政策对大中型工业企业R&D投入及其

专利产出的影响——上海市的实证研究[J].经济研究,2003(6):45-53.

[290]朱彤,漆鑫,张亮.金融扭曲导致FDI大量流入我国吗——来自我国省级面板数据的证据[J].南开经济研究,2010(4):33-47.

[291]朱益宏,周翔,张全成.私营企业家政治关联:催化了投机行为还是技术创新[J].科研管理,2016(4):77-84.

[292]祝继高,陆正飞.货币政策、企业成长与现金持有水平变化[J].管理世界,2009(3):152-158.

[293]庄新霞,欧忠辉,周小亮,等.风险投资与上市企业创新投入:产权属性和制度环境的调节[J].科研管理,2017,38(11):48-56.

[294]宗庆庆,黄娅娜,钟鸿钧.行业异质性、知识产权保护与企业研发投入[J].产业经济研究,2015(2):47-57.

[295]左晶晶,唐跃军,季志成.政府干预、市场化改革与公司研发创新[J].研究与发展管理,2016(6):80-90.

附　录

样本公司列表

序号	公司代码	公司名称	序号	公司代码	公司名称
1	000049	德赛电池	20	300052	中青宝
2	000066	长城电池	21	300053	欧比特
3	000078	海王生物	22	300054	鼎龙股份
4	000528	柳工	23	300056	三维丝
5	000547	航天发展	24	300057	万顺股份
6	000566	海南海药	25	300059	东方财富
7	000568	泸州老窖	26	300061	康耐特
8	000572	海马汽车	27	300062	中能电气
9	000599	青岛双星	28	300065	海兰信
10	000630	铜陵有色	29	300067	安诺其
11	000661	长春高新	30	300068	南都电源
12	000680	山推股份	31	300069	金利华电
13	000708	大冶特钢	32	300072	三聚环保
14	000727	华东科技	33	300073	当升科技
15	000731	四川美丰	34	300075	数字政通
16	000733	振华科技	35	300077	国民技术
17	000748	长城信息	36	300078	中瑞思创
18	000777	中核科技	37	300079	数码视讯
19	000778	新兴铸管	38	300080	新大新材

续表

序号	公司代码	公司名称	序号	公司代码	公司名称
39	000782	美达股份	67	300082	奥克股份
40	000786	北新建材	68	300083	劲胜股份
41	000790	华神集团	69	300085	银之杰
42	000795	太原刚玉	70	300086	康芝药业
43	000800	一汽轿车	71	300088	长信科技
44	000811	烟台冰轮	72	300089	长城集团
45	000821	京山轻机	73	300090	盛运股份
46	000836	鑫茂科技	74	300091	金通灵
47	000848	承德露露	75	300092	科新机电
48	000862	银星能源	76	300093	金刚玻璃
49	000868	安凯客车	77	300095	华伍股份
50	000878	云南铜业	78	300097	智云股份
51	000895	双汇发展	79	300098	高新兴
52	000903	云内动力	80	300099	尤洛卡
53	000919	金陵药业	81	300100	双林股份
54	000923	河北宣工	82	300101	振芯科技
55	000949	新乡化纤	83	300102	乾照光电
56	000951	中国重汽	84	300103	达刚路机
57	000973	佛塑科技	85	300105	龙源技术
58	000990	诚志股份	86	300107	建新股份
59	001696	宗申动力	87	300108	双龙股份
60	002001	新和成	88	300109	新开源
61	002003	伟兴股份	89	300110	华仁药业
62	002004	华邦健康	90	300111	向日葵
63	002005	德豪润达	91	300112	万讯自控
64	002007	华兰生物	92	300113	顺网科技
65	002008	大族激光	93	300114	中航电测
66	002009	天奇股份	94	300115	长盈精密

续表

序号	公司代码	公司名称	序号	公司代码	公司名称
95	002010	传化股份	123	300116	坚瑞沃能
96	002011	盾安环境	124	300118	东方日升
97	002013	中航机电	125	300119	瑞普生物
98	002014	永新股份	126	300120	经纬电材
99	002017	东信和平	127	300121	阳谷华泰
100	002018	华信国际	128	300124	汇川技术
101	002020	京新药业	129	300126	锐奇股份
102	002021	中捷资源	130	300127	银河磁体
103	002022	科华生物	131	300128	锦富新材
104	002025	航天电器	132	300129	泰胜风能
105	002026	山东威达	133	300130	新国都
106	002028	思源电器	134	300131	英唐智控
107	002029	七匹狼	135	300132	青松股份
108	002030	达安基因	136	300134	大富科技
109	002031	巨轮智能	137	300135	宝利沥青
110	002036	联创电子	138	300136	信维通信
111	002038	双鹭药业	139	300137	先河环保
112	002043	兔宝宝	140	300138	晨光生物
113	002044	美年健康	141	300139	福星晓程
114	002045	国光电器	142	300140	启源装备
115	002048	宁波华翔	143	300141	和顺电气
116	002050	三花智控	144	300142	沃森生物
117	002052	同洲电子	145	300145	南方泵业
118	002053	云南盐化	146	300146	汤臣倍健
119	002054	德美化工	147	300147	香雪制药
120	002055	得润电子	148	300149	量子高科
121	002056	横店东磁	149	300151	昌红科技
122	002057	中钢天源	150	300152	燃控科技

序号	公司代码	公司名称	序号	公司代码	公司名称
151	002058	威尔泰	179	300153	科泰电源
152	002064	华峰氨纶	180	300154	瑞凌股份
153	002066	瑞泰科技	181	300150	世纪瑞尔
154	002067	景兴纸业	182	600006	东风汽车
155	002071	长城影视	183	600019	宝钢股份
156	002073	软控股份	184	600031	三一重工
157	002074	国轩高科	185	600056	中国医药
158	002076	雪莱特	186	600059	古越龙山
159	002079	苏州固	187	600060	海信电器
160	002080	中材科技	188	600061	中纺投资
161	002084	海鸥卫浴	189	600062	双鹤药业
162	002085	万丰奥威	190	600071	凤凰光学
163	002088	鲁阳节能	191	600081	东风科技
164	002090	金智科技	192	600089	特变电工
165	002094	青岛金王	193	600095	哈高科
166	002096	南岭民爆	194	600096	云天化
167	002097	山河智能	195	600103	青山纸业
168	002098	浔兴股份	196	600104	上海汽车
169	002099	海翔药业	197	600111	包钢稀土
170	002100	天康生物	198	600112	长征电气
171	002101	广东鸿图	199	600114	东睦股份
172	002102	冠福股份	200	600118	中国卫星
173	002103	广博股份	201	600141	兴发集团
174	002104	恒宝股份	202	600143	金发科技
175	002106	莱宝高科	203	600148	长春一东
176	002108	沧州明珠	204	600150	中国船舶
177	002110	三钢闽光	205	600151	航天机电
178	002111	威海广泰	206	600152	维科精华

续表

序号	公司代码	公司名称	序号	公司代码	公司名称
207	002112	三变科技	235	600156	华升股份
208	002115	三维通信	236	600160	巨化股份
209	002117	东港股份	237	600161	天坛生物
210	002119	康强电子	238	600166	福田汽车
211	002120	新海股份	239	600169	太原重工
212	002121	科陆电子	240	600171	上海贝岭
213	002122	天马股份	241	600172	黄河旋风
214	002123	荣信股份	242	600177	雅戈尔
215	002124	天邦股份	243	600183	生益科技
216	002125	湘潭电化	244	600191	华资实业
217	002126	银轮股份	245	600192	长城电工
218	002129	中环股份	246	600195	中牧股份
219	002130	沃尔核材	247	600206	有研硅股
220	002131	利欧股份	248	600210	紫江企业
221	002132	恒星科技	249	600211	西藏药业
222	002136	安纳达	250	600216	浙江医药
223	002137	麦达数字	251	600218	全柴动力
224	002138	顺络电子	252	600220	江苏阳光
225	002139	拓邦股份	253	600226	升华拜克
226	002144	宏达高科	254	600227	赤天化
227	002147	方圆支承	255	600230	沧州大化
228	002149	西部材料	256	600231	凌钢股份
229	002150	通润装备	257	600235	民丰特纸
230	002152	广电运通	258	600237	铜峰电子
231	002154	报喜鸟	259	600238	海南椰岛
232	002156	通富微电	260	600241	时代万恒
233	002157	正邦科技	261	600243	青海华鼎
234	002158	汉钟精机	262	600249	两面针

序号	公司代码	公司名称	序号	公司代码	公司名称
263	002161	远望谷	291	600251	冠农股份
264	002165	红宝丽	292	600252	中恒集团
265	002166	莱茵生物	293	600255	鑫科材料
266	002167	东方锆业	294	600260	凯乐科技
267	002168	深圳惠程	295	600261	浙江阳光
268	002171	楚江新材	296	600262	北方股份
269	002175	东方网络	297	600267	海正药业
270	002176	江特电机	298	600268	国电南自
271	002177	御银股份	299	600271	航天信息
272	002179	中航光电	300	600276	恒瑞医药
273	002182	云海金属	301	600282	南钢股份
274	002184	海得控制	302	600285	羚锐制药
275	002189	利达光电	303	600288	大恒科技
276	002190	成飞集成	304	600293	三峡新材
277	002191	劲嘉股份	305	600298	安琪酵母
278	002194	武汉凡谷	306	600300	维维股份
279	002196	方正电机	307	600302	标准股份
280	002197	证通电子	308	600303	曙光股份
281	002201	九鼎新材	309	600308	华泰股份
282	002204	大连重工	310	600311	荣华实业
283	002205	国统股份	311	600312	平高电气
284	002209	达意隆	312	600315	上海家化
285	002211	宏达新材	313	600337	美克股份
286	002212	南洋股份	314	600343	航天动力
287	002213	特尔佳	315	600345	长江通信
288	002214	大立科技	316	600351	亚宝药业
289	002215	诺普信	317	600353	旭光股份
290	002216	三全食品	318	600355	铜峰电子

续表

序号	公司代码	公司名称	序号	公司代码	公司名称
319	002218	拓日新能	347	600356	恒丰纸业
320	002219	恒康医疗	348	600360	华微电子
321	002220	天宝股份	349	600363	联创光电
322	002222	福晶科技	350	600366	宁波韵升
323	002223	鱼跃医疗	351	600367	红星发展
324	002224	三力士	352	600378	天科股份
325	002225	濮耐股份	353	600379	宝光股份
326	002226	江南化工	354	600388	龙净环保
327	002227	奥特迅	355	600389	江山股份
328	002228	合兴包装	356	600391	成发科技
329	002229	鸿博股份	357	600392	太工天成
330	002231	奥维通信	358	600399	抚顺特钢
331	002233	塔牌集团	359	600400	红豆股份
332	002235	安妮股份	360	600405	动力源
333	002236	大华股份	361	600408	安泰集团
334	002237	恒邦股份	362	600409	三友化工
335	002239	金飞达	363	600416	湘电股份
336	002240	威华股份	364	600418	江淮汽车
337	002241	歌尔声学	365	600420	现代制药
338	002242	九阳股份	366	600422	昆明制药
339	002243	通产丽星	367	600423	柳化股份
340	002246	北化股份	368	600425	青松建化
341	002247	帝龙新材	369	600429	三元股份
342	002249	大洋电机	370	600433	冠豪高新
343	002250	联化科技	371	600438	通威股份
344	002252	上海莱士	372	600448	华纺股份
345	002254	泰和新材	373	600456	宝钛股份
346	002255	海陆重工	374	600458	时代新材

序号	公司代码	公司名称	序号	公司代码	公司名称
375	002256	彩虹精化	403	600459	贵研铂业
376	002258	利尔化学	404	600460	士兰微
377	002259	升达林业	405	600468	百利电气
378	002260	伊立浦	406	600469	风神股份
379	002263	大东南	407	600470	六国化工
380	002270	法因数控	408	600475	华光股份
381	002271	东方雨虹	409	600480	凌云股份
382	002272	川润股份	410	600487	亨通光电
383	002273	水晶光电	411	600488	天药股份
384	002274	华昌化工	412	600493	凤竹纺织
385	300001	特锐德	413	600495	晋西车轴
386	300003	乐普医疗	414	600501	航天晨光
387	300004	南风股份	415	600513	联环药业
388	300005	探路者	416	600517	置信电气
389	300006	莱美药业	417	600518	康美药业
390	300007	汉威电子	418	600521	华海药业
391	300009	安科生物	419	600522	中天科技
392	300011	鼎汉技术	420	600526	菲达环保
393	300014	亿纬锂能	421	600527	江南高纤
394	300016	北陆药业	422	600529	山东药玻
395	300018	中元股份	423	600530	交大昂立
396	300019	硅宝科技	424	600535	天士力
397	300020	银江股份	425	600560	金自天正
398	300021	大禹节水	426	600563	法拉电子
399	300023	宝德股份	427	600572	康恩贝
400	300024	机器人	428	600577	精达股份
401	300025	华星创业	429	600582	天地科技
402	300026	红日药业	430	600584	长电科技

续表

序号	公司代码	公司名称	序号	公司代码	公司名称
431	300028	金亚科技	454	600586	金晶科技
432	300029	天龙光电	455	600587	新华医疗
433	300030	阳普医疗	456	600590	泰豪科技
434	300031	宝通带业	457	600592	龙溪股份
435	300032	金龙机电	458	600594	益佰制药
436	300033	同花顺	459	600597	光明乳业
437	300034	钢研高纳	460	600626	申达股份
438	300035	中科电气	461	600636	三爱富
439	300036	超图软件	462	600660	福耀玻璃
440	300037	新宙邦	463	600664	哈药股份
441	300038	梅泰诺	464	600686	金龙汽车
442	300039	上海凯宝	465	600690	青岛海尔
443	300040	九洲电气	466	600703	三安光电
444	300041	回天新材	467	600707	彩虹股份
445	300042	朗科科技	468	600731	湖南海利
446	300044	赛为智能	469	600746	江苏索普
447	300045	华力创通	470	600761	安徽合力
448	300046	台基股份	471	600789	鲁抗医药
449	300047	天源迪科	472	600839	四川长虹
450	300048	合康变频	473	600883	博闻科技
451	300049	福瑞股份	474	600961	株冶集团
452	300050	世纪鼎利	475	600980	北矿磁材
453	300051	三五互联	476	600990	四创电子

索　引

后　记

　　本书是我在博士论文的基础上修改而成。对制度领域问题的关注始于我的硕士研究阶段,通过检索阅读文献,制度环境与地方政府规模这一研究问题引起了我的浓厚兴趣。在整个硕士学习阶段,我对不同制度环境下地方政府规模大小的差异以及同一制度环境下不同地区地方政府规模大小的差异问题进行了一定程度的分析和探究,力图从制度视角解释地方政府规模差异的衍生机理,取得了一定的成果。进入博士研究阶段后,受到在财务管理专业教学研究的影响,我的研究兴趣开始转向制度环境与微观企业行为领域。我发现,受到个体企业异质性因素的影响,与地方政府相比较,制度环境框架下微观企业行为往往更为纷繁复杂,而相关问题的探讨却相对稀缺。通过博士期间以及博士毕业后的思考、写作、研讨,我以企业研发投入为切入点,对制度环境特别是具备转型经济和发展中国家双重特殊背景下的中国制度环境,对于微观企业行为的影响机理和影响效应,做了初步的挖掘和分析,最终形成了本书的主要观点和基础框架。在本书出版前,除了一些工作底稿尚在修改投稿阶段,部分内容和观点已经分别在《科学学研究》《科技管理研究》和《软科学》等杂志上发表。

　　时间是一条永不回头的河,浸润二十三年求学路的艰辛与喜悦。席慕蓉曾经说过,"每一条走上来的路,都有它不得不那样跋涉的理由。每一条要走下去的路,都有它不得不那样选择的方向"。在攻读博士学位的三年时间里,我经历过选题的迷茫,文章撰写的纠结,杂志社拒稿的惆怅,小论文经历外审和终审阶段的焦虑,也体会过归整文献的充实,论文录用的喜悦以及获取研究感悟的欢欣。回首自己的博士岁月,自己每一点进步和成长,凝聚着太多人的支持和关爱。谨借本书出版之机,向曾提供指导和帮助的各位师友和同窗表示感谢!

　　在这,我首先要感谢我的博士生导师宋良荣教授。我在攻读博士学位期间,得益于宋老师的悉心指导,无论是研究方向的判断和选择还是论文的构思和写作,宋老师都倾注了大量时间和精力,并在研究过程中时常给予我鼓励和支持,如一盏明灯,引领我在科研路上不断前行。宋良荣教授以其渊博的学识、卓越的研究能力和开阔的研究视野将我引入科学研究的殿堂,其严谨的治学态度、缜密的思维逻辑和积极进取的科研心态为我树立了学习的榜样,感念之情铭记于心。

其次,我还要感谢各位老师。感谢雷良海教授、徐福缘教授、张永庆教授、叶春明教授、高广阔教授、葛玉辉教授在论文开题、预审及预答辩中提供的宝贵意见;感谢上海理工大学管理学院的孔刘柳教授、王小芳副教授、陈明艺副教授在硕士和博士学习生活中给予的无私帮助与指导;感谢浙江工商大学金融学院钱水土教授、栾天虹副教授、曹伟副教授在学术研究之路上给予的启发与帮助;感谢浙江工业大学之江学院的王斐波院长、蒋建华院长、孙捷副院长、徐晋书记、端木青系主任、赵舒颖主任等人在我读博期间给予的关心以及工作上的便利,使我能够在学习、工作与家庭中维持平衡。在此,我向以上各位老师致以崇高敬意。

再次,感谢管理学院各位同窗好友的真诚相助!感谢贾天明、潘坚、严瑛、刘晓露、李仁德等博士同学,有你们的陪伴,让三年的学习生活有了更多的精彩,为我博士求学生涯增添了许多愉悦、美好的记忆。此外,我要感谢挚友丁婵娟、曹丽、邓越,通过与他们的交流,我勇敢地坚持下来,度过了博士学习生涯的低谷,一路走到现在。

最后,我要感谢我的家人,感谢父母含辛茹苦的养育之恩,支持我完成了漫长的学业。感谢爱人张宇博士在学习和生活方面给予的大力支持。感谢岳母在我的儿子出世后承担大量繁重的照顾任务和家务工作。我感谢自己在低谷期的执着和勇气,顺利地完成从学士到博士各阶段的学习科研任务。

温斯顿·丘吉尔说过,"没有最终的成功,也没有致命的失败,最可贵的是继续前进的勇气"。博士毕业不是终点,而是人生新征程的起点,它将激励我在学术道路上继续前进。

是为后记。

图书在版编目（CIP）数据

政企关系视角下制度与政策环境对企业研发投入的影响研究 / 谢乔昕著. —杭州：浙江大学出版社，2018.7
ISBN 978-7-308-18213-3

Ⅰ.①政… Ⅱ.①谢… Ⅲ.①企业－技术开发－研究－中国 Ⅳ.①F279.23

中国版本图书馆 CIP 数据核字（2018）第 099183 号

政企关系视角下制度与政策环境对企业研发投入的影响研究
谢乔昕　著

责任编辑	周卫群
责任校对	虞雪芬
封面设计	周　灵
出版发行	浙江大学出版社
	（杭州市天目山路 148 号　邮政编码 310007）
	（网址：http://www.zjupress.com）
排　版	浙江时代出版服务有限公司
印　刷	虎彩印艺股份有限公司
开　本	710mm×1000mm　1/16
印　张	15
字　数	277 千
版 印 次	2018 年 7 月第 1 版　2018 年 7 月第 1 次印刷
书　号	ISBN 978-7-308-18213-3
定　价	49.00 元